산중암자에서 듣다

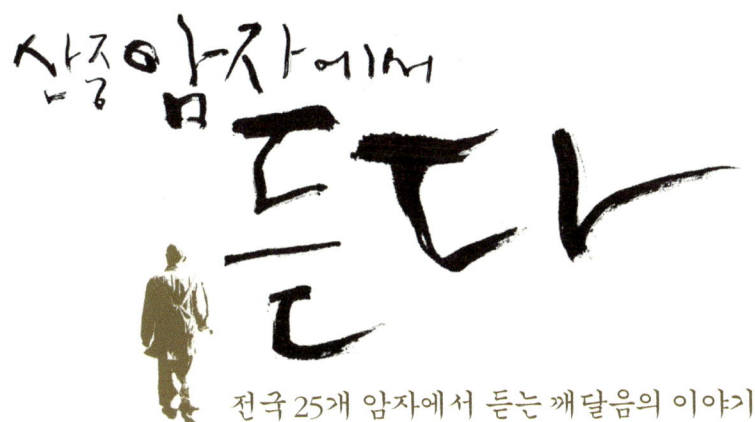

산중 암자에서 듣다

전국 25개 암자에서 듣는 깨달음의 이야기

글 박원식 | 사진 주민욱

북하우스

들어가며

　한동안 산사를 찾아 돌아다녔다. 높고 외진 산상山上엔 꽃이 피거나 눈이 내렸고, 때로는 비구름이 휘감겼다. 두두물물頭頭物物이 부처라, 풍경의 변주에 아랑곳없이 암자는 언제나 절하듯 낮고 정결했다. 세상의 악다구니와 냉혈한 시스템이 침범 못 할 산문山門의 고요. 그건 그 자체로 풍경의 절정이자 소리 없는 소리였다. 나는 아득한 전생의 어느 하오下午에 절집을 떠돌던 하루살이였을까. 온몸으로 느껴지는 정적이 기꺼워 참새처럼 가벼워지곤 했다. 그러나 돌아서 하산하면 그뿐, 마음은 다시 새장에 갇힌다. 누가 부른 노래였던가. 내 낡은 기타는 서러운 악보만을 기억하네.

　깊이 없는 아름다움이 있겠는가. 도란, 깨달음이란, 천박한 인생에 깊이를 부여하여 파란을 넘어서는 노하우를 얻는 일이리라. 암자에 은거하며 도를 구하는 선승들. 그들은 저만치 홀로 피어 있는 풀꽃처럼 고독하고 도도했다. 향기로운 꽃을 몸에 두른 듯, 또는 호수처럼 괸 상처를 혀로 핥는 듯, 흔연히 심취하여 차라리 처연했다. 스님들의 언설은 때로 시원한 단비였다. 또 때로는, 결례되는 소리겠지만 낡고 모호한 정신주의로 들렸다. 아무튼 부단히 깨어 있어야 할 까닭을 말하는 그들의 음성에 솔깃했던 나의 귀는 행복한 귀다. 그러나 돌아서 하산하면 그뿐, 귀는 다시 벽창호로 돌아간다. 어쩌랴. 칼을 들어 내가 내 귀를 찌를 수밖에.

암자를 돌아다니며 보았던 것, 들었던 것을 챙기니 책이 되었다. 먼지의 집이다. 앗! 먼지를 욕보이지 말자. 나 언제 한번 먼지처럼 가벼운 적이 있었던가. 삶이 황홀한 악몽인 것은 먼지와 달리 행복을 탐할 오감을 구비했으나, 결국은 용을 써봤자 먼지에 미치지 못한다는 바로 그 점 때문이 아닐까. 나무먼지보살!

2011년 2월

박원식

차례

들어가며 • 4

순천 조계산 **천자암**	9
장흥 천관산 **탑산사**	23
순천 조계산 **불일암**	37
남원 지리산 **약수암**	51
포항 운제산 **원효암**	65
함양 지리산 **도솔암**	79
영주 소백산 **성혈사**	95
변산 쌍선봉 **월명암**	109
구례 오산 **사성암**	123
제천 금수산 **정방사**	139
보은 속리산 **상고암**	155
동해 두타산 **관음암**	169
평창 오대산 **적멸보궁**	185

김천 황악산 **중암**	199
해남 두륜산 **일지암**	213
거창 우두산 **고견사**	229
영암 월출산 **상견성암**	245
함양 지리산 **금대암**	259
화순 무등산 **규봉암**	273
대구 팔공산 **중암암**	289
완주 불명산 **화암사**	303
서산 연암산 **천장사**	317
경산 팔공산 **천성암**	331
고창 선운산 **도솔암**	347
김천 수도산 **수도암**	361

순천 조계산 **천자암**

따뜻한 것이 있을 때,

따뜻한 것이 가기 전에 추운 것을 생각한다

한 숨 뒤 두 숨의 뜻을 아는가

밭두렁에 애기똥풀 흐드러져 숫제 노랑 화단이다. 다랑논 이고 있는 석축에 어린 그늘이 푸르도록 짙은 건 햇살이 밝아서다. 민들레는 벌써 수과瘦果를 매단 채 건듯 부는 바람에 갓털을 휘날린다. 연두에서 초록으로 익어가는 잎사귀들. 산과 들에 뿌리박은 초목들은 저마다 초록을 가득 머금은 채 득의양양하다. 길로 나다니는 사람만이 계절을 탄다. 풀숲에 나앉으니 작고 여린 꽃이 눈물 젖은 속눈썹처럼 애잔하다. 마음에 물살 번진다. 자연 속에서 느끼는 5월이란 문득 견디기 힘든 철이다.

꼬리에 꼬리를 물고 이어지는 가파른 산길을 맹렬하게 오른다. 숨이 차다. 그러나 연등이 단아하게 내걸린 그윽한 산길. 부처님 다녀가신 날이 접때이니 이 길이 환했겠다. 숨 쉬지 않으면 살 수 없다. 꿈꾸지 않으면 오를 수 없다. 그리지 않으면 만날 수 없다. 연등공양이란 부처를 숨 쉬고 꿈꾸고 그리는 일일 게다. 나를 낮추고 나를 태우고 나를 지우는 행위일 게다.

부처님 재세在世 시에 '난타'라는 이름의 가난한 여인이 있었다. 부처 오신다는 소식에 이 여인은 종일 동냥을 해 얻은 동전 두 닢으로 등불을 밝혔다. 세상에서 가장 존귀한 분을 위한 갸륵한 공양이었다. 왕과 귀족들이 밝힌 등불은 세찬 바람에 모두 꺼졌지만, 여인의 등불은 이튿날 새벽까지 꺼지질 않았다. 이에 부처님 제자 아난이 여인의 등불을 끄려 했다. 이를 지켜보던 부처가 말씀하셨다.

"아난이여! 부질없이 애쓰지 마라. 그 등불은 가난하지만 마음 착한 여인이 커다란 서원과 정성으로 밝힌 불이니 결코 꺼지지 않으리라. 그 여인은 이 공덕으로 앞으로 삼십 겁 뒤에 반드시 성불하여 수미등광여래가 되리라."

『현우경賢愚經』「빈녀난타품貧女難陀品」에 나오는 '빈자일등貧者一燈' 이야기다. 부자의 만 개 등보다 가난한 자의 등 하나가 낫다는 전갈이다. 물질의 결핍만이 가난이랴. 욕망을 벗어난 몸, 집착을 버린 마음 역시 어떤 의미로는 미더운 가난일 것이다. 부처님 오신 날을 맞아 연등을 걸며 모처럼 겨우 낮아지는 그 마음 역시 수려한 가난이지 않겠는가.

조계산曹溪山, 884m 송광사松廣寺에 딸린 암자 중에 천자암天子庵은 가장 높고 외진 곳에 있다. 높기에 하늘과 이마를 맞대고 앉으며, 외져서 구름마저 본체만체 건성으로 지난다. 앉음새가 이러하니 세속의 더러운 먼지가 침입할 여지가 없다. 절은 왜 산에 숨는가. 어이 세상에 등 돌리는가. 외톨박이 암자를 보면 그 은둔하는 모양새에 종종 의구심이 들곤 한다. 저 혼자 오붓하게 좋아라고 휙 하니 돌아앉은 자폐가 생각나기도 한다. 속세에도 득도의 길은 있을 텐데, 고통에 빠져 아우성치는 중생들의 증상마저 법문으로 읽을 수 있을 텐데 어쩌자고 고립무원 산중 오금팽이에 묘기처럼 웅크린 것인가, 하는 회의에 빠지기도 한다.

그러나 수행이란 죽을힘을 다해 매달려야 하는 절체절명의 고독한 여행이다. 세상을 연꽃밭으로 일구기 위해 우선은 홀로 호미 들고 내 마당의 우북한 잡초부터 뽑아야 하는 노역이다. 몸뚱이가 갈기갈기 찢어질지라도 집착의 화살을 뽑아내지 못하는 한, 먹지도 마시지도 않겠다는 게 선가의 결의다. 그래서 승냥이 우는 후미진 산방에 홀로 머물라 한다. 그렇게 구한 도로써 중생을 구한다는 서원誓願이다. 상구보리上求菩提 하화중생下化衆生이다. 애당초 산과 저자를 따로 구분할 일이 아니렷다. 도량이란 어떤 곳인가. 일찍이 유마거사維摩가 야무지게 일렀다.

"보리심이 도량이요, 행을 시작함이 도량이다. 진심이 곧 도량이니 거기엔 가짜와 진짜가 없도다."

'조계산 호랑이' 활안스님

법화루 아래를 통과하는 층계를 밟아 천자암 뜰에 들어선다. 아담하고 담백한 대웅전으로 쏟아지는 햇살이 황홀하다. 기척 없이 불어온 미풍이 버선발로 슬쩍 뜰을 건너는 중에 경쇠를 건드려 쨍그랑! 하는 경쾌한 소리를 내 잠든 숲의 미물들을 깨우는 시늉을 한다. 암자를 두른 숲의 초록 위로 산란하는 누런빛이 어리니 저건 송홧가루가 아니면 무엇이란 말이냐. 그러고 보면 산사의 봄이 절정이다.

물을 마시러 왔나? 물에 비친 제 그림자에 넋을 잃었나? 물가에 올라선 다람쥐 한 마리가 굳은 듯 미동도 없다. 불경에는 '굳이 무엇 때문에 자기의 이목耳目만을 고집하여 미혹에 빠져듦을 자초하려는가'라는 경책이 있다. 차라리 세상 사람들의 이목을 자기의 이목으로 삼으라는 통첩이다. 그러면 밝은 눈으로 보지 못할 것이 없고, 밝은 귀로 듣지 못할 것이 없다 했다. 다람쥐는 지금 세상 이목을 자기 이목으로 삼는 일에 정진하고 있는가. 몰입한 저놈이 가상하다.

다람쥐가 사는 천자암엔 호랑이도 산다. 이 호랑이의 이름은 중후하여 산자락을 뒤덮는다. '조계산 호랑이' 활안스님活眼이다. 천자암 조실이자 대한불교조계종 원로위원이다. 이 스님은 항상 새벽처럼 깨어 있는 정진으로 평생을 일관했다. 열아홉 살에 입산, '나고 죽는 그 이전의 나는 무엇인가'라는 화두를 일념으로 정진했다. 천자암으로 오기 전에는 오대산에 삼십 년 가까이 머물렀다. 부처의 진신사리를 모신 오대산 적멸보궁과 북대를 오가며 수행하는 동안 자신을 꾸미거나 덧칠하는 대신 공부면 공부, 참선이면 참선, 울력이면 울력,

고루 치열하여 무엇 하나 흐트러짐 없는 청규淸規의 견본이었으니 '오대산 호랑이'라는 별명이 지나칠 게 하나 없었다. 한번 좌복에 바위처럼 뭉쳐앉으면 온종일 꼼짝을 하지 않아 선방 스님들 누구나 혀를 내둘렀다. 스러져가는 오대산 북대를 오늘의 도량으로 일궈낸 이가 바로 활안스님이다. 한국전쟁 당시 월정사의 탄허스님吞虛, 1913~1983이 인민군에게 잡혀갔을 때 홀로 찾아가 담판을 지어 스승을 구출한 일화도 장하다.

공양실 보살에게 들으니 활안스님은 오늘 찻잎을 땄다 한다. 지금은 오수 중이시란다. 차밭을 내려와 푸걱푸걱 시원하게 세수한 뒤 오수삼매에 드셨나? 암자는 맑고 고즈넉하다. 골짝 저편으로 건너다보이는 앞산이 멀지도 가깝지도, 높지도 낮지도 않아 편하고 다정하다.

천자암은 천자의 아들, 즉 중국 금나라 왕자가 고려로 건너와 창건했다는 창건 설화를 가지고 있다. 이 왕자가 바로 송광사가 모시는 16국사 가운데 9세에 해당하는 담당국사湛堂다. 금나라 왕자가 어쩌다 고려로 와서 무슨 사연으로 송광사의 중이 되었는지 신빙할 기록은 없다. 다만 설화 한 자락이 구전으로 전해진다. 금나라 장종章宗의 왕비가 등창을 앓아 국내외의 고승을 찾고 있었다. 그러나 여의치 않았다. 그런 어느 날 송광사 16국사 중 1세인 보조국사 지눌스님이 선정에 들었다가 왕비를 보았으며, 기도로 업을 씻어주어 등창을 깨끗이 낫게 했다. 이에 크게 감읍한 장종이 셋째 아들로 하여금 지눌스님에게 출가할 것을 권했고, 이에 응한 왕자가 지눌을 따라 고려로 들어왔으니, 이 왕자가 곧 훗날의 담당국사라는 이야기이다.

그러나 지눌스님과 담당국사의 생존 연대부터가 크게 차이가 나기에 아귀가 맞질 않는다. 그래서 설화다. 설화는 두 스님이 향나무 지팡이를 짚고 고려로 들어왔다고 전한다. 지팡이를 여기 천자암 뜰에 나란히 꽂아두었는데, 그것에서 뿌리가 내리고 쑥쑥 자라 오늘까지 생명을 부지하고 있다는 게 아닌가. 천자암의 명물인 두 그루 향나무, 즉 쌍향수 천연기념물 제88호다. 대략 팔백 년 나이를 자신 노거수다. 남한에서는 유일하다는 곱향나무다.

왜 사는가? 빨리 말해봐!

팔백 년 세월이 부질없는 것만은 아니어서 두 그루 향나무의 위용은 하늘을 찌른다. 무거운 노구가 무시無時로 피곤하련만 그걸 다 안으로 거두고 그저 묵묵히 서서 천년 세월을 지켜봤을 것이다. 둥치 곳곳에 땜질을 입은 것은 비바람의 농간이 극심했다는 뜻이겠다. 상처 없는 지속이 있는가. 장애 없는 활보가 가능하겠는가. 오랜 시간 살아남은 것의 오래된 풍상을 웅변하며, 실은 풍상이 곧 비결임을 암시하는 저 두 그루 향기로운 늙은이를 바라보는 내 몸에 살 비린내 진동한다. 저 나무 꼭대기에서는 도솔천이 보일까?

공양실에 앉아 과일을 대접받는 중에 활안스님이 기침했다는 전갈이 온다. 법당에 붙은 염화조실에 들자 스님이 엿을 휙 뿌린다. 히힛! 난데없는 엿가락에 웃음이 난다. 엿이나 먹어라! 짜식아! 노승은 정작 말이 없으나 다탁에 던져진 한 움큼 엿가래를 바라보자니 웃음이 새는 중에도 괜히 속이 켕겨 뜨악하다. 매사에 졸렬한 자의 진상이 이와 같으니 노장 앞에서 이는 상념이 황잡하다.

팔순 노납에도 불구하고 활안스님의 근골은 고루 짱짱하다. 동안의 살색이 화사한데 잽싸게 째진 눈매가 매섭다. 이 물건이 무슨 물건이고, 하듯 마주 앉은 객을 골똘히 여겨보시더니 나이가 몇이냐, 식구가 몇이냐, 돈은 벌어두었느냐 시시콜콜 묻는다. 이어서 느닷없는 정치 평론이 길게 늘어진다. 노아무개, 이아무개를 운위하는 시국 평론이 맵차다.

"여봐, 여봐. 큰일이여. 걱정이구마. 한반도에 운이 오긴 왔는데 상처가 많아 걱정이야. 정치인도 그렇고 종교인도 그렇고 달리 보면 다 미개인이여. 먹는 것은 자연의 것을 먹고 뒤처리는 시비是非로 하고 있잖은가? 정치인들이 현실을 한 치도 못 내다봐. 사회에 독을 뿌리는 형국이여. 병신들 육갑하고 자빠졌다 그 말이여. 심성은 고립되고, 거지떼만 설쳐대. 결국은 박치기로 끝나는 판이여. 끙."

강퍅한 언설에 가차가 없다. 괄괄한 목청으로 세사를 개탄한다. 무릇 틀린 말씀이 아니다. 그렇다면 어이할 것인가. 바깥을 다그침은 그렇다 치고 이루어지는 바 없는 세상인데, 산에 앉은 스님은 무엇을 보태시려는가. 장醬도 없는 놈이 국을 즐긴다고 허세처럼 스님에게 뇌까렸다.

"그래서 어쩌시겠다는 것인지요?"

"여봐, 여봐. 다시 고古로 돌아가야 혀. 옛길로 돌아가 새로 선택을 해야 혀."

순천 조계산 천자암 17

호흡의 대가라는 거, 쉬운 것이 아니여!

그걸 모르면 통은 통인데 먹통이지!

"옛길의 무엇을 말하시는 것입니까?"

"자네 특기가 무엇인가?"

"특기라 할 만한 게 없습니다."

"내게 물어보라. 특기가 뭐냐 물어보라."

"스님 특기는 무엇입니까?"

"따뜻한 것이 있을 때, 따뜻한 것이 가기 전에 추운 것을 생각한다."

"아니, 따뜻할 때 따뜻한 걸 즐기면 그만이지 뭐하러 내일을 미리 걱정하십니까?"

"왜 사는가? 빨리 말해봐!"

"숨을 쉬니 삽니다."

"그람 숨을 한 번만 쉬면 될 것을 왜 두 번 쉬는가? 빨리 말해봐!"

"숨이 붙어 있어 자꾸 숨을 쉽니다."

"그것 말고! 핑계 대지 말고! 여봐, 여봐! 빨리 말해봐!"

추궁하는 스님의 기세에 말문이 막히는데 잔머리를 굴려봤댔자 숨을 쉬는 그럴싸한 이유를 냉큼 둘러대기 어렵다. 오, 이해하기 어려운 삶이여. 도대체 삶이란 무엇이란 말이냐. 나라는 게 있기나 한가? 오리무중, 내 열 번 전생의 어느 하오下午로 퇴행한 듯 혼미한데 노승이 손가락질로 달을 가리킨다.

"호흡의 대가라는 거, 쉬운 것이 아니여! 그걸 모르면 통은 통인데 먹통이지!"

활안스님이 벌렁 눕는다. 꼰 다리를 들까불며 코를 후빈다. 콧바람 시원하겠다.

쌍향수와 노스님이 정진하는 천자암

산중암자로 전남 순천시 송광면 조계산 자락에 있는 송광사는 삼보사찰 가운데 승보사찰이다. 16국사를 비롯해 수많은 고승대덕이 나온 절이다. 조계산 일대에는 16국사를 상징하는 16암자가 있었다. 현재는 7개의 암자만 남아 있는데 이 가운데 천자암은 가장 외진 곳에 자리했다. 천자암 주차장에서 꽤 가파른 산길을 20분 정도 걸으면 천자암이다. 송광사에서 등산로를 탈 경우에는 1시간 30분가량 소요된다.

암자에 들어서면 조촐한 전각들이 아담한 조화를 이루고 있는 천자암의 성물은 아무래도 쌍향수다. 800년 세월을 한자리에서 버텨온 두 그루 노거수의 위용은 이곳에서만 볼 수 있는 절경이다.

또한 천자암 조실 활안스님을 친견하는 일도 놓칠 수 없다. 널리 알려진 큰스님이지만 사람을 가려 만나거나 꺼리는 이가 아니다. 팔순 노납이지만 지금도 시퍼런 기개로 수행에 전념해 문중의 귀감이 되고 있다. 새벽 2시면 어김없이 일어나 도량석을 손수 돌고 예불 목탁까지 직접 잡는다. 새벽 예불에는 만생명을 위한 축원이 끝없이 이어진다. 특히 정초와 백중에는 일주일간 하루 17시간씩 사분정진을 한다. 그것도 꼿꼿이 서서 목탁을 치며 하는 기도여서 함께 시작했던 젊은 스님들도 버텨내지 못하고 나가떨어지곤 한다.

암자를 벗어나면 송광사 우화각 앞에 키가 6.7미터인 말라 죽은 나무가 있는데 고향수(枯香樹)라 부른다. 보조국사 지눌스님이 향나무 지팡이를 꽂아놓은 것에서 유래했다는 전설이 있다. 지눌스님이 "너하고 나하고 생사를 같이 하자. 내가 떠날 때 너 또한 마찬가지이리라"라는 시를 지어놓고 입적하니 이 향나무도 말라 죽었다고 한다. 현재에도 썩지 않고 남아 있어 고향수라고 부른다. 이 나무에 잎과 꽃이 피면 지눌스님이 다시 돌아오신다는 전설 또한 내려오고 있으니, 사람들의 염원이 아직도 고향수를 죽지 않게 하는지도 모른다. 천자암 쌍향수와 더불어 고향수를 답사한다면 보람이 커질 것이다.

암자로 가는 길

승용차 호남고속도로 주암IC – 27번 국도 – 송광사 방면으로 진행 – 곡천 – 송광면 소재지 – 천자암 이정표 – 천자암 주차장

대중교통 동서울종합터미널에서 순천행 버스 이용 – 순천종합버스터미널에서 111번 버스 이용

장흥 천관산 탑산사

우는 사람에겐 같이 울어주고

덕을 쌓고

포행을 하고

그러면 그게 수행이죠

목숨마저 내줄 수 있다

설마 여태 동백꽃이 피어 있으랴, 하면서도 동백을 보고 싶었다. 동백은 필 때와 질 때 두 번 보아야 제격이라 했던가. 꽃의 성聖처럼 일제히 붉음을 토하고 극치의 정숙함으로 핀다. 그토록 단아하면서도 안으로 감춘 아름다움을 견디지 못해 급기야 뚝뚝 통째로 진다. 그러하니 개화도 낙화도 절정이다.

천관산天冠山, 723m은 동백으로 유명하다. 약 육만 평에 이르는 동백 군락지도 있다. 한국기록원으로부터 국내 최대 규모의 동백나무숲으로 인정받았다. 어디 있나, 동백꽃? 하는 심사로 천관산에 접어드는데, 미처 지지 않은 동백꽃이 수줍어 붉다. 그저 몇 송이 어렵사리 남은 5월의 동백꽃이지만 초롱을 켠 듯 숲이 밝다. 나무 밑동엔 화염처럼 눈부신 붉음. 이미 낙화했으되 지상에 기별할 소식이 아직 남은 양, 목 부러진 꽃들이 뒹굴며 주홍을 내뿜는다. 미구에 풀거름으로 돌아갈 저 꽃들, 다시는 생을 받아 태어나지 않을 게다. 꽃의 아라한이다.

산을 어느 정도 오르자 물소리가 문득 끊긴다. 대신에 새소리가 어지럽다. 새들은 어디를 순례하다 이 산에 들었을까. 아무리 작은 새도 발톱은 날카롭고 부리는 투철하다. 생의 여정 중에 움켜쥔 것도 많고, 삼킨 것도 많을 것이다. 그렇다면 저 열렬한 지저귐은 생의 노래인가. 날아온 길과 날아갈 길을 말함인가. 무릇 정지한 것들은 애착이나 집착이라는 뿌리를 키울 수밖에 없다.

구룡봉이 저만치서 그 헌칠한 바위츠렁을 드러낼 즈음 드디어 탑산사塔山寺가 나타난다. 천관산은 장흥 사람들이 사자 어금니처럼 귀히 여기는 산으로 천관보살이 머문 산이라 해서 천관산이라 한다. 기묘한 바위들이 늘어선 능선이 마치 주옥으로 치장한 천자의 면류관 같다 하여 지어 붙인 이름이라고도 한다. 신라의 김유신을 사랑했던 천관녀가 숨어 살았다 해서 유래한 산명이라는 전설도 있다.

아무려나, 이 잘난 산엔 예로부터 팔십구 암자가 있었다 하니 어쩌면 불국이다. 그중에서 탑산사는 '큰집'으로 불렸다. 큰집이란 스케일을 일컫는 것만은 아니라서, 가풍의 웅대함이나 역사의 유서를 동시에 이야기한다. 한마디로 탑산사는 천관산의 으뜸 사찰이었다. 그러나 이런! 막상 당도해서 보니 절이 조막만 하다. 덜렁 민가풍의 허름한 집 한 채가 있을 뿐이다. 큰집은 어디로 갔는가.

절이 작고 초라해 아예 절로 치지 않는 눈들도 있다. 그저 절터 정

도로 폄하한다. 그러나 절의 크기를 집의 사이즈로 가늠함은 어리석은 일이다. 전각이 산을 덮고, 불탑이 하늘을 찌르면 부처가 가까운가. 아닐 것이다. 부처는 천년의 바람이 지워버린 폐허 위에도 있다. 마음이 청산이라면 거기가 법당이며 무문관이다. 절에서 크기를 재는 일은 헛수고다. 탑산사에서 이게 무슨 절이냐 타박하는 일은 결례다.

게다가 이 암자는 정갈하기가 맑은 샘을 닮았다. 또 들어앉은 자리가 호방하여 산세를 통솔한다. 천관산의 가장 수려한 자리에 위치하였으니 명당이다. 높고 쓸쓸하여 아득하다. 그런고로 '큰집'이다. 이 절이 큰집으로 불린 이유를 알고 나면 더욱 영락없는 큰집이다. 그럴 만한 역사가 서린 게 아닌가.

불교의 첫 도래지

몇 해 전, 탑산사 측은 이 절이 우리나라 불교의 첫 도래지라는 문헌 근거를 들고 나왔다. 어떤 문헌인가. 『동문선東文選』의 「천관산기天冠山記」와 보물 제523호로 지정된 『석보상절釋譜詳節』 23권, 24권 등에 나타나는 기록들이다. 가령, 『석보상절』에는 이런 요지의 기록이 보인다.

인도의 전법왕 아쇼카왕은 부처님 사리를 금, 은, 동으로 만든 통과 병 팔만사천 개에 담아 팔만사천 탑을 쌓았다. 이 탑은 중국에 열아홉 개가 있고 우리나라에는 전라도 천관산과 강원도 금강산에 있어 영험한 일이 일어났다.

이 기록에 등장하는 천관산의 옛 절이 바로 탑산사라는 주장이다. 한국기록원은 지난 2007년, 한반도 불교 도래지 등과 관련된 이 두 문헌의 기록, 즉 '부처님의 진신사리가 처음 들어온 곳'이라는 기록을 공식기록으로 인정했다. 이로써 탑산사가 한반도 최초의 불교 태동지로 추정되고 있는 것이다. 그동안 한국 불교의 최초 도래설은 백제 침류왕 때(384년), 인도 마라난타가 영광에 불갑사佛甲寺를 세우면서부터라는 백제최초불교도래설과, 가야국 김수로왕 7년(48년)에 인도 아유타국에서 건너온 김수로왕의 왕비 허황후 등에 의해 불교가 처음으로 전해졌다는, 이른바 남방불교전래설이 무게를 가지고 제기돼왔다. 여기에 탑산사를 통한 도래설이 가세하게 된 셈이다. 이에 고무된 장흥군은 현재 학술조사를 진행 중이다. 만약 조사를 통해 사실이 인정될 경우, 우리의 불교 역사가 오백 년 이상 앞당겨질 가능성이 높다. 학술조사는 현재 중간보고서만 나온 상태다.

문헌에서 전하는 내용들이 과연 구체적인 유적의 발굴을 통해 확증될 것인지는 향후의 관심사다. 주지 도성스님은 근 팔 년째 이 문제를 붙들고 발에 땀이 나도록 뛰고 있다. 밤이나 낮이나 서늘한 바람이 부는 산중암자에서 불철주야 탑산사의 역사성을 알리기 위해 분발하는 이다.

이 스님이 왜 이러나? 제 공부는 팽개치고 어이 사판승事判僧으로

뛰어다니나? 일체가 공空하거늘 불교의 첫 도착역이면 어떻고 종착역이면 또 무슨 상관이란 말인가? 언뜻 이런 의문이 스쳤으나 사안이 크다. 제갈공명은 호랑이를 만나면 호랑이가 되고 여우를 만나면 여우가 됐다던가. 비유가 맞을지 모르지만, 도성스님은 시방 덩치 큰 물건 등짝에 올라탄 낌새다. 문헌 등속을 복사한 서류 한 뭉텅이를 던져주며 그가 껄껄 웃어젖힌다.

"팔 년을 썩었어요. 중의 출세간出世間이 뭐겠어요? 내 도를 닦는 거 아닌감? 세속 사람들은 돈을 벌고, 내 도는 부처님이 되는 것. 천일기도를 해서 도를 얻기 위해 이 절을 왔었는디, 내 수행을 야무지게 해야 하는디, 다 빼앗기고 있당게. 그려. 주지를 허면 안 되는 것이여. 자유롭덜 못해. 하하핫!"

"그만두시면 될 것을요?"

"아무리 그래도 이 절이 우리 불교에서 가장 중요한 역사를 지닌 거이 아니겠어요? 근디 말이죠. 와서 보니 절 자체가 없어지게 생겼더라고요. 그래선 안 되잖여? 역사를 알려야 하잖여?"

도반道伴들이 많이 부러워하는 절이라고 한다. 지금과 달리 오랫동안 전기도 안 들어오는 깜깜한 토굴이었지만 한철 옴팡지게 나고픈 운수들이 무시로 드나든 절이었다고 한다. 그러나 단 백 일을 버티는 스님이 없었다. 그러던 참에 도성스님이 천일기도를 작정하고 올라왔다가 그 길로 발목을 잡히고 말았다는 것.

"일단은 이 절이 어떤 절인가 알아봐야겠다 하고 백일기도부터 했어요. 그런데 어느 날 새벽 참선을 하는데 키가 작고 얼굴이 동글동글

한 노스님이 나타나 이러는 거 아니겠소? 야야, 이 절이 중요한 절이 다잉. 니가 아니면 언제 복원될 지 모르는 기라. 깜빡 깨어 정색하며 생각하니 심상치 않은 꿈이었어요. 그 길로 문헌을 뒤지며 돌아다니기 시작했고요잉."

꿈도 꿈 나름인가. 속세의 건달로 간신히 살아가는 나의 꿈도 꿈인가. 돼지가 개꼬리를 물고 늘어지는 꿈이 있다면 그게 개꿈인가 돼지 꿈인가. 뒤척이며 잠든 침상에서 반짝하고 스쳐가는 꿈이라는 게 대충 그런 식이다. 그러나 도성스님의 현몽은 얼마나 참신한가. 품질이 다르잖은가. 현몽은 한 번에 그치질 않았다고 한다. 그러하니 차고 나서지 아니할 도리가 없었으렷다.

남 탓이 아니라 내 탓임을 아는 게 수행

이상한 일은 꿈만이 아니었다는 게 저 목청 큰 도성스님의 이야기다. 천관산은 천관보살이 사무실을 두고 이 산에 근무한 적이 있기에 천관산이라 부른다는 설이 있다. 그런데 도성이 알기로 천관보살이란 생판 모르던 이름이었다. 그래서 경전을 뒤졌더란다. 마침내 고려대장경에 나오는 걸 알았다. 하여, 한자에 능통한 이들에게 글자 한 자당 번역료 오백 원을 주고 번역을 의뢰해 천관보살 경전을 챙겼다. 그러던 차 하루는 누가 녹슨 불상이 하나 있는데 가져가라는 연락을 받았다고 한다. 불상이란 곧 부처이니 외면할 길이 없었다.

"일단 녹부터 벗겨내야 하지 않았겠어요? 근데 녹을 벗기고 보니까

내가 나를

부리고

보고

아는 게

바로 도라

불상 등짝에 글이 딱 새겨져 있더라고요. 이게 뭐시냐? 전문가에게 문의했더니 이분이 바로 천관보살이더라고요. 천관불 조성기造成記가 새겨진 겁니다. 서기 1407년에 지역민들이 서원을 품고서 한마음으로 만든 천관불이라는 내력이 적혀 있었어요. 참 묘하지 않습니까? 이 절에서 내 도만 닦고 그냥 들어앉을 수가 있겠어요?"

스님의 얘기는 탑산사와 얽혀들어간 기막힌 연을 도무지 피할 길이 없다는 거다. 그저 전생의 과보로 알고 조속히 해치워야 될 일을 조속히 해낼 따름이라는 얘기다. 그렇게 지낸 팔 년간의 수고 덕분에 이젠 과업의 팔 할 내지 구 할은 원하는 대로 이루어졌다고 한다.

"제 은사 스님이 늘 그랬어요. 중도 기생과 같다! 그게 왜냐면, 모든 사람들의 비위를 맞춰줘야 하고, 오만 소리를 다 들어야 하고, 죄다 달래줘야 하기 때문이에요. 그러고서 뒤에 남는 찌꺼기는 나 혼자 소화해야 하는 것 아니겠어요? 달리 말하면 스님이라는 거, 그게 서비스맨입니다. 안 하고 싶어요. 하하하!"

"말은 그리하셔도 제대로 중노릇하고 싶어 죽겠다는 눈치인데요?"

"맞아요. 수행이란 아무 곳에서나 하는 거지만, 그래도 명당이라는 게 있어요. 탑산사도 해발 육백 고지, 수행하기 좋은 곳이지만 번잡을 벗어나 마땅한 수행처에서 마냥 염불이나 하고 싶어요. 닭벼슬만도 못한 게 중벼슬이라지만 아튼간 깨달음을 얻어야 하지 않겠습니까?"

"깨달음을 얻어, 도를 얻어 어디에 쓰시렵니까?"

"본시 수행이란 모든 것이 결국은 나의 문제라는 걸 아는 공부입니다. 가령, 내가 아프고 외롭고 괴롭다고 한다면 그건 남 탓이 아니라

내 탓이에요. 내가 나를 알게 되면 문제가 풀리는 것이여. 절을 찾을 때, 절보고 내려오라 하면 내려오나요? 내가 갈 수밖에. 이처럼 내가 나를 부리고, 보고, 아는 게 바로 도라."

"세상의 일은 어찌되나요? 만사가 내 탓임을 알고 나서도 바라보이는 세상의 아픔과 모순엔 무엇으로 가담할 수 있나요?"

"도인이 사용하던 문고리만 잡아도 삼악도三惡道를 면할 수 있다고 해요. 법력 높은 스님이 하나 나오면 그 지역 일대가 정화돼서 고요해지는 법입니다. 제 경우를 말할까요? 저는 어릴 적에 저놈 상을 보니 빌어먹을 팔자라는 소리를 많이도 들었어요. 그런데 승려가 돼 가만 생각하니 그게 맞는 얘깁니다. 승이란 남들의 복을 빌어주고 밥을 얻어먹는 존재가 아니겠어요? 우는 사람에겐 같이 울어주고, 덕을 쌓고, 포행을 하고, 그러면 그게 수행이죠. 진정한 도인이 된다면 목숨마저 내줄 수 있을 겁니다. 하하하!"

살면 살수록 이기심으로 작아지기 십상인 생. 습관적인 후회와 반성으로 가득한 나날. 그런 나를 직시하는 일의 어지러움. 헌신만 하다가 헌신짝처럼 버려지는 사랑. 우리네 삶은 겨우 그 언저리에 걸려 있는 쪽배일지도 모른다. 도성스님은 은연중에 그것을 질타함인가. 그의 언설은 푸짐하여 시원하게 귀를 뚫는다. 암자의 뜰, 저편 기슭에 핀 때늦은 동백꽃에 눈을 맞추며 일어서는데 스님이 옷깃을 부여잡는다.

"공양이나 한번 해보고 가실라요?"

불교의 첫 도래지 탑산사

산중암자로 탑산사는 장흥의 명산 천관산 자락에 있다. 천관산 문학공원을 지나 포장도로가 끝나는 곳인 주차장에 이르면 바로 탑산사가 나오지만 이 탑산사는 앞서 말한 탑산사가 아니다. 무속을 행하는 신생 절집일 뿐이다. 그럼에도 탑산사라는 사명을 표방해 분쟁의 소지를 안고 있다. 본문에 나오는 탑산사를 가기 위해서는 주차장에서 왼편으로 난 등산로를 따라가야 한다. 탑산사까지는 800미터이며, 느리게 올라도 1시간이면 닿는다.

암자에 들어서면 탑산사는 불교의 첫 도래지로 추정되는 절인 만큼 볼 것이 많다. 바위굴, 바위탑, 구들장, 석축, 기와편 등 절 곳곳에서 오랜 역사와 성세를 엿볼 수 있는 유적을 만날 수 있다. 무엇보다 풍경이 빼어나다. 누구든 내 집처럼 편히 차를 마시며 쉬어갈 수 있게 배려한 인정도 여느 사찰과 다르다.

암자를 벗어나면 천관산 등산과 병행하면 답사의 묘를 배가할 수 있다. 천관산은 지리산, 내장산, 월출산, 변산과 더불어 호남의 5대 명산에 속한다. 관산읍과 대덕읍 경계에 있는 해발 723미터의 산으로 온 산이 바위로 이루어져 봉우리마다 하늘을 찌를 듯 솟아 있다. 기바위, 사자바위, 부처바위 등 이름난 바위들이 제각기의 모습을 자랑하고 있으며, 특히 꼭대기 부분에 바위들이 삐쭉삐쭉 솟아 있는데, 그 모습이 주옥으로 장식된 천자의 면류관 같다 하여 천관산이라 불렸다는 말도 있다. 산에 오르면 남해안 다도해가 한 폭의 동양화처럼 펼쳐지고, 북으로는 영암의 월출산, 광주의 무등산이 한눈에 들어온다. 날씨가 맑으면 제주도 한라산마저 볼 수 있다. 등산은 탑산사에 오른 뒤 닭봉이나 구룡봉을 거쳐 연대봉을 오르는 코스가 일반적이다.

암자로 가는 길
승용차 호남고속도로 동광주IC – 제2순환도로 – 화순(외곽도로) – 29번 국도 – 이양 삼거리 – 장평 봉림 삼거리 – 유치 – 장흥 – 23번 국도 – 대덕 방면 – 천관산 문학공원

대중교통 동서울종합터미널 또는 센트럴시티터미널에서 광주행 버스 이용(수시 운행) – 금호터미널에서 장흥행 버스 이용 – 장흥에서 장천재행 군내버스 이용

순천 조계산 불일암

검소하게 살며 게으르지 말라

말이 많으면 쓸 말이 적다

방문객은 흔연히 맞이하되 해 떨어지기 전에 내려가도록 하라

세속적인 인정에 끄달리지 말라

꽃밭 위로 나비 날아가네

어리석음을 피해 어떻게 나날을 살 수 있으랴만 가끔은 치명적인 어리석음의 노예가 된다. 이렇게 되면 생활은 괴로움으로 치닫는다. 어이하나. 진상을 알아보기 위해 스스로를 자세히 들여다볼 수밖에 없다. 그러면 거기에 팔삭둥이처럼 미숙한 내가 보인다. 본질에서 벗어난 집착이 가득하다. 어리석은 탓이다. 아내가 바가지를 긁는 데에도 이유가 있으니 다 내 어리석음 탓이다. 가깝던 친구가 까칠한 전갈을 보내오는 것도 내 어리석음에 대한 징벌이다. 술집 마담이 이마를 찡그리는 것은 비싼 술을 먹고 잡설을 뇌까리는 나의 어리석음 때문이다.

선은 평생을 행해도 부족하고, 악은 하루만 행해도 남는다 했던가. 기름걸레처럼 지저분한 내 일상의 얼룩은 어쩌면 악의 문양이다. 그리고 그 악은 대체로 어리석음에서 비롯된 게 아닐까. 벽에다 머리를 탕탕 찧는 자해 같은 반성을 심각하게 할 시각이다. 스스로 어리석음을 깨닫고 인정해야 한다. 부처는 어리석은 자에게 비결을 전수했다.

모두들 바보라고 놀리는 주리반특周利槃特이 부처에게 물었다.

"부처님, 저는 너무 어리석어서 아무리 노력을 해도 잘 안 됩니다. 어떻게 하면 이를 타파할 수 있을까요?"

이에 부처가 들려주셨다.

> "걱정 말라, 주리반특이여. 스스로 어리석은 줄 아는 사람은 이미 어리석은 사람이 아니다. 참으로 어리석은 사람은 자기가 어리석다는 사실조차도 모르는 사람이다."

귀한 소식이다. 횡재한 것처럼 귀가 솔깃해진다. 내 어리석음을 스스로 알아차리는 것만으로도 살 만한 가치가 있다니. 하지만 푸른 나무들이 지천으로 들어찬 여름 숲에 이르러 다시 부끄럽다. 저마다 홀로 섰으면서도 조화로운 숲을 이루는 자연스러움. 큰 나무와 작은 나무, 잎이 무성한 나무와 성긴 나무의 저 평등한 동거. 여기에는 아무런 결함이 없으며, 아무런 어리석음이 없다.

숲은 실로 이상적인 공간이다. 산은 진정 순수한 지혜의 도량이다. 그렇다면 숲처럼, 산처럼 살아야겠지만 그게 가당키나 하나. 그저 틈나는 대로 산을 오르고 숲에 들어 그들이 소리 없이 펼치는 열강을 경청하는 수밖에. 숲속의 공인된 가수인 새들의 노래가 요란하다. 흔히

숲은 실로 이상적인 공간이다

산은 진정 순수한 지혜의 도량이다

부부들은 '우리 기왕 만났으니 잘 살아보자'고 서약한다. 새들도 우리 기왕에 새로 태어났으니 신명을 다해 맘껏 노래 부르다 가자는 투로 지극함을 다해 목청을 돋운다. 사람으로 태어난 나도 기왕이면 사람답게 잘 살아야 한다. 그리고 숲길을 걷는 이 순간의 나는 스스로를 제법 사람답다고 느낀다. 산이 보듬어주는 덕택일 게다. 그렇다면 이 순간을 기억해야겠다.

몇 번이고 발길을 쉬어 남은 길을 아낀다. 길은 암자로 이어진다. 숲 사이 소로의 끝에 불일암佛日庵이 나타날 것이다.

편백나무 숲을 지나 온갖 수목들이 섞여 우거진 숲속 깊이 들어갈수록 시원하고 어둑하다. 문득 나타난 갈림길 모롱이에 나무 팻말이 하나 박혀 있다. 누구의 위트일까. 팻말엔 'ㅂ'자와 화살표, 그리고 연꽃 한 송이가 그려져 있다. 화살표 방향으로 가면 불일암이 나온다는 귀띔이다. 그저 'ㅂ'자 하나로 할 말 다 하고 있다. 조용히 은거한 암자라는 표시가 아니겠는가. 그러하니 암자를 찾아들 양이면 일단 마음가짐부터 단속하라는 암시가 아니겠는가. 'ㅂ'자로 시작되기는 '바보'라는 단어도 마찬가지이니 어리석음에 빠진 바보들은 그대로 돌아가거나, 혹은 바보일수록 발길을 재게 놀려 어서 오라는 독촉일지도 모르겠다.

빗자루로 쓸린 대숲 길

나는 이미 불일암에 대해 전해 들은 바가 있다. 돌아다닌 데가 많은 지인이 불일암이 참 좋더라 귀띔한 것이다. "제가 가본 암자들 중에서 최고더라고요." 그는 그렇게 말하며 법정스님이 오래 머문 암자라고, 지금은 그 제자들이 번갈아 머물며 공부하는 곳이라고 소개해주었다. 암자 가는 길에 연달아 이어지는 대숲 또한 기가 막히더라는 얘기도 귀에 담아두었는데, 바야흐로 그 대숲이 지금 눈앞에 펼쳐지기 시작한다.

대숲은 길게 이어진다. 대 그림자 잠잠하게 내린 소로도 구불구불 줄기차게 이어진다. 불일암에 머문 스님의 비질인가. 흙길을 비로 쓴 자국이 뚜렷하다. 불가의 스승들은 말했다.

"길을 걸을 때는 걷기만 하고, 앉아 있을 때는 앉아 있음에만 집중하라. 절대 동요하지 말라."

여기 대숲 길에 비질을 한 스님도 그와 같이 오직 빗자루를 들고 쓸어내는 일에만 집중했을 게다. 마음의 티끌을 쓸어내는 일념이 있었을 게다. 빗자루 지난 자리에 남은 섬세하고 가지런한 무늬에서 수행자의 간절한 속마음이 읽힌다.

길을 쓸어내린 것은 빗자루만이 아니다. 대 그림자가 또한 길을 쓸고 있다. 마치 먹물로 붓질한 듯 땅거죽에 대 그림자가 드리워진다. 『채근담菜根譚』에 나오는 문장에 이런 게 있다. '죽영소계진부동竹影掃階塵不動이요, 월륜천소수무흔月輪穿沼水無痕이라.' '대 그림자가 계단을 쓸어도 티끌 하나 쓸려나가지 않고, 달빛이 호수를 뚫고 들어가도 물

에는 흔적이 남지 않는다'라는 뜻이다. 어떤 대덕大德이 남긴 시일까. 승려는 비질로 마음의 티끌을 쓸어냈을지 모르지만, 시를 남긴 옛 스승은 대 그림자가 티끌을 쓸어도 아무런 움직임이 없다고 읊고 있다. 대숲의 간섭에도 불구하고 이미 초연하여 한 점 흔들림이 없는 티끌의 경지에 주목하고 있다. 비울 것을 다 비운 마음에 무슨 티끌이 있으며, 무슨 동요가 있을 것인가. 번뇌도 어리석음도 훌쩍 건넌 무심의 경지, 무욕의 세계를 노래한 시. 티끌의 고요함이 아름답다. 그 높고 걸림 없는 마음자리가 미묘하고 아찔하다.

마냥 이어지던 대숲 길이 사립 속으로 들어간다. 그리고 대숲 바깥 저 둔덕에 불일암이 있다.

불일암이 암자임을 알게 하는 기물은 소소하다. 소박하고 정갈한 본채가 하나, 간소한 요사채가 하나, 그리고 해우소가 있을 뿐이니 산중암자치고도 조촐하기가 어디 다른 곳에 비할 바 없다. 이 암자는 자정국사慈靜가 창건하여 얼마 전까지 자정암慈靜庵이라 불렸으나, 1975년에 법정스님께서 중수하신 다음 불일암이라고 고쳐 불렀다. 법정스님은 이곳에서 이십 년 정도를 머물며 공부했다. 암자의 곳곳에 그의 손길과 눈길이 스쳤을 게다.

게으름 피우지 말라

내려치는 땡볕이 따갑다. 이 맹렬한 햇살은 텃밭의 채소들을 쑥쑥 자라게 하고 과일들이 무르익도록 이바지할 것이다. 그러나 수도승에게 혹서란 고역일 게다. 불서에 따르면 수도하는 사람은 마치 나무 토막이 물에 떠서 물결을 따라 흘러가는 것과 같다. 양쪽 기슭에 닿지 않고, 누가 건져가거나 소용돌이에 휩쓸리지도 않고 썩지도 않는다면, 이 나무토막은 마침내 바다에 다다를 것이다. 욕망이나 번뇌에 빠지지 않고 정진에 힘써야 할 수행승의 본분을 말하는 것이다. 메아리 울리는 바위굴로 염불당을 삼고 슬피 우는 오리새로 마음의 벗을 삼으라 권장하기도 한다. 절하는 무릎이 얼음처럼 차갑더라도 따뜻한 것을 구하지 말며, 주린 창자가 끊어지는 것 같더라도 밥 구할 생각을 말라는 경책警責도 삼엄하다. 방일放逸함 없이 오직 도를 구하고 또 구하라는 통첩이다. 불일암에서 오래도록 독거했던 법정스님은 여름의 뜨거운 하오를 어떻게 보내셨나. 그의 수필『홀로 사는 즐거움』(샘터사, 2007)의 한 단락에서 살짝 경치를 엿볼 수 있다.

> 자고 일어나는 일과 조석 예불은 철이 바뀌어도 늘 한결같다. 산중도 한낮으로는 더우니까 맨발에 헐렁한 옷을 걸치고 느릿느릿 게으르게 움직인다. 때로는 묵은 서화를 들추기도 하고 예전 수행자들의 자취를 읽으면서 현재의 자신을 그 거울에 비쳐 보기도 한다. 밤으로는 물것들이 찾아오기 때문에 불단에 밝힌 작은 등잔 말고는 아예 불을 켜지 않는다. 어둠이 무료해지면 카세트테이프에 실린 명상 음악에 귀를 기울이기도 한다.

법정스님 입적 뒤 불일암은 널리 알려졌다. 생시에도 그랬지만 사

후엔 더욱 많은 사람들이 불일암을 찾아들어 떠난 선승의 흔적을 더 듬는다. 단체로 들이닥쳐 거의 소동에 가까운 소란을 피우기도 한다. 그러나 불일암은 관광의 즐거움을 누릴 장소는 아니다. 이 암자에는 법당이라 칭할 만한 게 없다. 불전함도 없으며 무슨 봉축행사를 치르지도 않는다. 차라리 지극히 비종교적인 공간이며, 종교적 도그마 Dogma를 배제하는 자리다. 자연 속에 조용히 존재하며 자연과 동화한 산문이다. 자연이 품은 내심, 그 내심 안에 궁극의 진실로 깃든 불성. 불일암은 그걸 보라, 권유해온다. 저 수려하고 안온한 풍치에조차 현혹됨이 없이 무위를 보고 무심을 얻으라고 재촉해온다.

홀로 암자에 머문 젊은 스님 한 분이 차를 내준다. 대숲 길을 비로 쓸어내셨느냐 묻자 그렇다 답하며 빙긋이 웃는다. 『법구경法句經』은 다음처럼 말하고 있다.

> 억새풀도 잘못 잡으면 손바닥을 베듯이 수행자의 행위도 올바르지 못하게 되면 지옥에 떨어진다. 두려워하지 않아도 되는 일을 두려워하고, 두려워할 일을 두려워하지 않는 사람들도 그릇된 견해에 빠져 있느니 지옥에 떨어진다.

젊은 납자衲子의 수행은 그 시퍼런 눈빛만큼이나 치열할 것이다. 지옥에 떨어질 수 없다는 분발심을 수시로 점검할 게 분명하다. 길 위의 티끌 하나 다치지 않게 하는 빗자루의 요리要理를 체득했을지도 모른다.

앞산도 뒷산도 첩첩하다. 산기운이 향기롭다. 스님이 우린 찻물에 한결 그윽한 향훈이 어린다. 법정스님이 제자들에게 준 당부인가. 벽면에 「불일암수칙」이라는 글귀가 걸려 있다.

검소하게 살며 게으르지 말라, 말이 많으면 쓸 말이 적다, 방문객은 흔연히 맞이하되 해 떨어지기 전에 내려가도록 하라, 세속적인 인정에 끄달리지 말라.

구구절절 귀에 담을 경책이다.
꽃밭 위로 나비가 날아간다. 가볍게 날아간다. 팔랑거리는 낙화 두 잎처럼 너울너울 자유롭다. 나비의 전신은 번데기였다. 날지 못하던 것이 어느 날 갑자기 날개를 얻고 날아가는 일. 어리석음의 겹겹 번데기를 벗고 허의 통찰 속으로 날아오르는 일. 부처가 가르치신 건 그런 게 아니었을까. 다시 부끄러움이 밀려든다. 내 안에 누적된 어리석음의 번데기가 두터워 혈압이 오를 때와 같은 불편이 느껴진다. 그러나 여름 하오의 백일하에 드러난 불일암은 수정처럼 밝다. 오늘도 기쁜 불일佛日이다.

법정스님이 20여 년 머문 암자 불일암

산중암자로 불일암은 전남 순천시 송광면 조계산 북쪽 기슭 평지에 자리한 천년고찰 송광사(松廣寺)가 거느린 다수의 산중암자 가운데 한 곳인데 수려한 산세와 그윽한 경내 풍치가 단연 빼어나다. 송광사 탑전 아래의 편백숲으로 난 오솔길로 접어들어 30분 정도 오르면 다다를 수 있다. 불일암 들머리에 길게 이어지는 대숲은 암자로 가는 운치를 고조시킨다.

암자에 들어서면 경내 북동쪽에 자정국사 부도가 남아 있다. 그 모양새가 단아하고 기품이 있는 조각품으로 600여 년 세월의 풍상에도 온전한 모습을 유지하고 있다. 부도에서 나온 사리함은 지방문화재로 지정되어 송광사 박물관에 보관, 전시되어 있다. 불일암의 현재 모습은 법정스님의 불사로 이루어졌다. 뜰 한편에는 법정스님이 손수 만들었다는 나무의자가 놓여 있다. 법정스님은 이 암자에 큰 애정을 가졌던 것으로 보인다. 외부에 널리 알려지기보다는 제자들이 조용하게 정진할 수 있는 공간으로 남기를 바랐다고 한다.

암자를 벗어나면 불일암을 오르기 전이나 하산 후에는 송광사를 답사한다. 송광사는 불, 법, 승 삼보 가운데 승보사찰로 매우 유서 깊은 거찰이다. 신라 말엽 혜린선사(慧璘)가 작은 암자를 짓고 길상사라 부르던 것을 시작으로 보조국사 지눌스님이 정혜결사(定慧結社)를 이곳으로 옮겨와 수도, 참선의 도량으로 삼은 뒤부터 승보사찰이 되었다. 보조국사 지눌스님을 비롯한 16국사를 배출했다.

암자로 가는 길
승용차 호남고속도로 – 주암IC로 나간 뒤 우회전 – 보성 방면 27번 국도 –
　　　　주암호반길 – 송광사
대중교통 광주버스터미널 – 송광사행 시외버스(1일 9회 운행)

남원 지리산 약수암

욕심의 대상을 단순화하면

바람직한 욕심만 남고

바람직하지 않은 욕심은 줄어들지요

물속에 하늘이 있고 바람이 지나가고

지리산에 안개와 구름이 가득하다. 비는 오다가 그쳤다. 오도재를 넘어 산의 안통으로 들어설 때까지 마음을 사로잡은 것은 빗소리였다. 빗방울은 저마다 몫몫의 생을 살다가, 제 운명 그대로 추락한다. 추락하면서 씻을 것을 씻고, 깨울 것을 깨운다. 동면하는 맨땅에 투신해 봄을 재촉한다. 비에 젖어 촉촉해진 땅과 산은 비로소 침상에서 일어난다. 이때 들리는 빗소리는 삶의 뱃고동이거나 각질을 깨는 전율이다.

"약수암藥水庵 가는 길이 참 좋아요!" 전에 후배로부터 들어둔 소식이었다. "실상사實相寺 옆댕이로 올라가세요!" 연화부수蓮花浮水, 연꽃이 물 위에 떠 있는 형상形의 천년고찰 실상사. 도법스님이 주지로 있을 때 절 땅 삼만 평을 귀농한 사람들에게 내놓으면서 시작된 실상사의 인드라

망생명공동체는 튼실하다. '생명평화'라는 단어도 실상사에서 처음 나왔다. 스님과 불자 들이 함께 모여 한국불교의 수행풍토를 점검하는 '야단법석'을 열거나 신新대승불교운동을 펼치는 절이기도 하다.

한마디로 보살도를 현실에서 실천하는 절이다. 사람과 땅, 역사를 아우르는 수행 작풍이 미덥다. 그리하여 나 하나에 사로잡힌 나를, 타성에 젖은 나를 낮추게 하고 뒤돌아보게 한다. 선입견 아니면 편견에 사로잡힌 인식을 수정하게 한다. 문제를 다시 보게 하고, 부단히 깨어 있어야 할 까닭을 옳게 보라 재촉한다.

약수암은 실상사에 딸린 산중암자. 실상사를 거쳐 약수암으로 이어지는 산길로 접어든다. 비는 그쳤지만 안개가 내려 길이 희붐하다.

인적이 끊겨 오솔길은 적적한데 안개만이 스멀스멀 따리처럼 풀리다가 감기길 거듭하며 홀로 분주하다. 늙거나 젊은 소나무들이 늦겨울의 한기에 아랑곳없이 청정하지만, 안개의 기습을 받아 길모퉁이 휘어질 때마다 저만치서 꿈속에서 보는 풍경처럼 아련하다.

아랫녘에서 바라보면 여기는 구름 속이리라. 보이는 게 없이 산정만 둥실할 게다. 살다보면 이렇게 구름 속을 걷는 일이 생긴다. '언제는 구름 속이 아니었더냐?' 그리 퉁바리 놓듯 새 한 마리 '꺅꺅!' 날카로운 소리를 내며 숲 위로 솟구쳐오른다. 산다는 건 대략 구름 속이다. 가벼운 게 구름이지만, 그걸 배우지 못한 채 아집에 갇힌 마음은 갈피를 잃고 그저 비구름처럼 변덕스럽다. 운무 속 산길을 걷자니 이게 삶의 정경임을 알겠다. 문제는 내 마음속의 모호한 안개를 타파하는 일이란 말인가. 마음을 일컬어 쥐에 견준 고대 인도의 우화가 있다.

> 쥐 한 마리가 살았는데 고양이가 무서워 늘 벌벌 떨었다. 보다 못한 마술사가 그를 불쌍히 여겨 고양이로 만들어주었다. 그러자 이번엔 개가 무서워 벌벌 떨었다. 마술사는 다시 개로 만들어주었다. 그랬더니 이젠 표범을 무서워했다. 마술사는 또다시 표범으로 만들어주었다. 그런데 이번엔 사냥꾼을 무서워하는 게 아닌가. 이젠 마술사도 두 손 두 발을 다 들 수밖에. 표범을 원래의 쥐 모습으로 되돌려놓고 마술사가 말했다. "내가 아무리 애를 쓴들 네놈에겐 아무런 소용이 없어. 길을 아무리 바꾸어도 네 마음속에서 너 자신은 늘 쥐일 뿐

이잖느냐?"

오솔길은 하염없이 펼쳐지고 몸으로는 한기가 덤벼든다. 안개에 젖어 반죽처럼 축축해진 몸. 몸의 임자라 일컬어지는 마음에 내리는 비. 이유가 불분명한 괴로움이 느껴지는 건 이미 배인 습쩝일까. 오늘의 괴로움은 오랫동안 괴로워했던 것들의 누적 탓이다. 그러고 보면 살아오면서 떨치거나 벗은 게 하나 없는 누추한 삶이렷다. 혹한과 고독 속에서도 인동초처럼 푸르게 일어설 수 있다는 낙관이 있다지만 문득 멈춰 발밑을 보면 여전히 벼랑이다. 도로徒勞!

한없이 고요한 암자

하지만 이마저 엄살이거나 야살을 떠는 짓일지 모른다. 벼랑 끝에서도 마침내 발을 내딛게 되어 있는 게 아니던가. 참말 괴로울 때, 더이상 참기 어려울 때, 낙화처럼 모든 게 저물 때, 이젠 마지막이라고 생각되는 바로 그때 다시금 저 인동초의 싹눈이 튼다. 이것을 우리는 희망이라 부른다. 괴로울수록 희망을 보게 되는 기예를 사람에게 불어넣어줬다는 점에서 창조주는 인자한 디자이너다. 희망이 있다면 거기가 유토피아다.

안개는 바람에 펄럭이며 길 끝으로 흩어진다. 걸음이 노루처럼 잽싼 스님들은 이십 분 안짝에 약사암에 닿는다 들었다. 그러나 내겐 멀다. 3킬로미터 남짓한 안개 속 오솔길이 미묘해서 한눈을 팔기 일쑤며, 안개처럼 흩날리는 마음을 챙기느라 은연중에 부산하니 이게 달팽이 행보다.

사립이 보인다. 안개가 먼저 손님을 맞이한다. 약사암이다. 한때는 빨치산의 소굴이었다던가. 산에서 난리가 나면 절도 여지없이 상한다. 전각이며 석물 등 있을 만한 것들보다 없는 게 더 많은 약사암의 풍광이 차분하고 한가하다. 너른 뜰엔 별다른 치레가 없어 고요한 하늘만이 내려앉는다. 세상의 모든 고요가 이 절에서 출발했는지도 모른다. 하지만 고요한 세상이 어디 있나. 고요한 태도가 있을 뿐이다. 한가한 삶이 어디 있나. 한가한 마음이 있을 뿐이다.

전각으로는 낡고 삭은 보광전이 유일하다. 보광전 안에는 목조탱화가 있다. 나무에 불상을 조각해서 만든 탱화다. 탱화는 대개 천이나 종이에 그린 그림을 족자나 액자형태로 만들어 거는 불화를 말하지만 이곳의 탱화는 나무로 조각한 것이 특이하다. 크기는 가로 183센티미터, 세로 181센티미터로 거의 정사각형에 가까우며, 현존하는 조선 후기의 목조탱화 가운데 가장 간략한 배치구도를 가지고 있다. 화면은 크게 상하로 나누었는데, 하단에는 아미타불을 중심으로 오른쪽으로는 보현보살과 세지보살을, 왼쪽으로는 문수보살과 관음보살을 배치하였다. 상단에는 석가의 제자인 아난과 가섭을 중심으로 오른쪽엔 월광보살과 지장보살을, 왼쪽으로는 일광보살과 미륵보살을 배치하였다. 본존인 아미타불은 타원형의 광배를 가지고 있고 사자가 새겨진 대좌에 앉아 있다. 불상들은 모두 사각형의 넓적한 얼굴에 근엄하면서도 친근감이 넘친다.

정조 6년(1782년)에 만들어진 약사암 목조탱화는 보물 제421호다. 그러나 진품은 아니다. 예전에 이 탱화의 도난사고가 발생했는데, 이후 어렵사리 되찾아 실상사의 본사인 모악산 금산사에 보관해두고 있다. 약사암의 것은 복제품이다. 복제품이라지만 부처의 마음을 새겼으니 섭섭할 게 없다.

암자 이름이 약수암인 것은 약수가 흐르는 탓이라고 한다. 뜰의 한편에 담박한 석조가 있고 대나무 대롱을 타고 물이 흐른다. '약수'. 약이 되는 물인지라 몸에 좋은가? 마음에 보약이 되는가? 김달진 시인의 작품 중에 「샘물」이라는 시가 있다.

    숲속의 샘물을 들여다본다
    물속에 하늘이 있고 흰 구름이 떠나가고 바람이 지나가고
    조그마한 샘물은 바다같이 넓어진다
    나는 조그마한 샘물을 보며
    동그란 지구의 섬 위에 앉았다

작은 샘물에서 바다를 보고 지구를 엉덩이 아래 둔다는 노래다. 우물 안의 개구리에 불과한 나를 보라 독촉하는 시다. 작고 사소한 것에 우주가, 불성이 깃들었다는 게 불가의 뉴스다. 강아지 터럭에도, 내 몸의 오물에도 우주 사이즈의 묘리가 들어 있다는 통첩이다. 그러하니 약수를 마셔 몸을 위하지 말고 마음을 보라는 은유일 게다.

비구니 스님들이 읊은 시를 모은 『장로니게長老尼偈』를 보면 어느 용

맹한 여승의 일화가 나온다. 요즘 말로 하면 '뽀시시 완소녀'에 속할 아리따운 여승에게 청년이 작업을 걸었다. "아름다운 눈을 가진 여인이여! 출가한들 무슨 소용인가? 가사를 벗어던지고 꽃이 만발한 저 숲속에서 함께 즐기는 게 어떻소?" 그러자 여승이 자신의 눈을 뽑아 청년에게 던져주었다. 청년의 애욕은 그 한 방에 싸늘히 식었다.

가죽에 둘러싸인 우리네 몸이란 때로는 비료 자루보다 무가치하다. 업장의 근원일 따름이다. 부처님은 몸을 버리는 일을 거듭했다. 어느 전생에선가는 토끼의 몸을 받아 스님네들의 공양식이 되었다.

옛날의 통도 크고 간도 큰 수행자들은 생각했다. 성난 뱀을 꽃인 양 머리에 이고 다닐 수도 있다고. 노력하면 모래에서 기름을 짤 수도 있고, 뿔 달린 토끼를 얻을 수도 있다 했다. 앗! 이는 웬 썰렁한 농담인가? 심오하여 숨긴 게 많은 게송이겠으나 몸을 그저 도구로 부리는 꾀에 능한 자에겐 다만 멀고 높을 따름이다. 가죽주머니 산뜻하게 털고 한 점 바람으로 기쁘게 돌아갈, 그 경지에 도달하기 위해 무엇을 익혀야 하나.

약수를 들이키며 내려다본 샘물에 빗방울 떨어져 물무늬 아롱진다. 흐릿하게 비치는 내 몸이 물속에서 환幻처럼 출렁거린다.

만 중생을 어버이처럼

스님은 책을 읽고 있다. 툇마루 아래엔 덕지덕지 기운 운동화 한 켤레. 스님이 걸친 것도 누더기다. 승려란 불철주야 마음을 닦는 사람이다. '나는 도를 닦는다, 고로 존재한다' 이렇게 되는 거다. 초파일조차 일부러 찾아와 연등을 거는 불자가 없는 한적한 암자에 홀로 머문 이 스님은 시방 무슨 생각을 하시나. 숲의 나무들이 안개 속에서 비밀집회를 하는 저 오솔길을 걸으면서는 무엇을 닦으시나.

"생각을 덜합니다. 걸으면서는 아예 생각 자체를 안 합니다."

"어떻게 해야 생각을 안 하거나 덜할 수가 있나요?"

"욕심의 대상을 단순화하면 바람직한 욕심만 남고 바람직하지 않은 욕심은 줄어들지요."

"지리산에 댐을 만들고 케이블카를 놓겠다고 합니다. 이 문제를 어떻게 해야 한다 보시나요?"

"우리 실상사에선 대책위를 꾸려 댐 저지를 위해 노력했는데 두 번 정도 보류시키기도 했어요. 그런데 산을 좋아한다는 사람들은 왜 나서질 않죠? 너무 조용해요."

정신 있는 사람들이오? 이렇게 질책하는 소리로 들린다. 산을 찾는 인구는 늘었으나 산은 나날이 망가져가는 야릇한 현실. 산을 뒤집고 파헤치고 꾸미는 일은 하나의 추세가 되었으니 이게 테러다. 그걸 방관하는 나도 이미 음모에 가담돼 있다.

산다는 건 이래저래 난관이다. 산에 사는 산승은 이 난관을 어떻게 깨는가. '국민 선사'라 불리는 성철스님性徹은 제자들에게 한사코 산 밖으로 나가지 말라 가르쳤다. "안 나가기가 나가기보다 더 힘들다"라고 했다. 이게 왜 이렇게 되는가. 눈초리가 아래로 휘어져 웃으면 일변 눈부터 웃는 약사암 스님의 변辯은 부드러우나 또렷하다.

"수행이라는 게 물론 심산유곡에서만 하는 건 아닙니다. 그러나 견물생심이라고 인간은 번쩍거리는 도시에 있게 되면 욕망도 번다하게 마련이에요. 반면 산의 보호 속에 있으면 좋습니다. 아이가 어느 정도 성숙하기까지는 어머니 품속에 있어야 하는 이치와 같습니다."

세월 죽이기로 작심한 듯 계속 어머니 품속에 있으면 어이하나? 싶은 의구가 없지 않으나 제 갈 길 짱짱히 가는 스님의 속내를 허투루 짚을 일도 아니다.
"수행이란 스님에게 한마디로 무엇입니까?"

"수행, 하면 거창한 걸 생각하지만 실은 특별한 게 아닙니다. 마음을 닦는다는 건데, 그게 몸을 닦는 일과 같아요. 삶에서 이루어집니다. 삶을 통해 삶의 결을 다듬어가는 일이죠. 말과 몸과 마음, 이 셋을 바람직한 방향으로 가져갈 수 있는 힘을 기르는 것이 수행입니다."

"그렇다면, 현실이나 욕망과 싸워야 하는 세간에 머물며 도를 닦는 게 더 합당한 것은 아닐까요?"

"흔히 산에 살면 세속과 무관하다 여깁니다. 그러나 삶의 현장이 어찌 도시뿐일까. 모두들 각자의 위치와 역할이 있을 뿐이죠. 수행자의 역할은 몸을 뒹구는 것보다 영적인 부분을 관장하는 게 중요합니다. 공부가 무르익으면 그다음은 회향回向이에요."

"수행 과정에서 곤란한 적이 애욕이라 들었습니다."

"모든 욕망은 제어나 조절이 가능합니다. 욕망이란 반복적으로 채우면서 커지지만 수행자는 다릅니다. 부처를 추구하는 수행자는 만 중생을 어버이처럼 섬깁니다. 색욕에 걸려 넘어질 까닭이 없지요. 제 경우는 그랬어요. 하하핫!"

한바탕 터진 웃음이 너스레처럼 요란한데, 스스로 장하게 여기는 경지를 일컬음인가. 이 스님은 실상사의 아카데미 화림원 원장을 지낸 해강스님이다. 이론에 화통한 분이다. 요즘도 화엄경을 강의한다. 오토바이를 타고 일 년쯤 히말라야를 누비기도 했다. 은산철벽을 넘어서고 싶었을까? 열 번 백 번 전생의 기슭을 거쳐 이제 그는 또 어디로 가는 걸까.

보살도를 현실에서 실천하는 절 실상사

산중암자로 지리산 자락에 안긴 고을 남원시 산내면에 천년고찰 실상사가 있다. 약수암은 이 실상사의 부속 암자다. 약수암은 실상사에서 산길을 따라 약 3킬로미터 올라가면 닿을 수 있다. 그저 고즈넉한 암자이지만 올라가는 오솔길이 참 좋다. 차로도 갈 수 있으나 천천히 느린 걸음으로 오르는 게 더 즐겁다. 구절초나 물매화도 이 산길의 명물이다.

암자에 들어서면 약수암은 1724년에 천은스님이 처음으로 세웠고, 서영대사가 중수하였다. 이후 흥망성쇠를 거듭하다가 1974년에 비구니 운영스님이 두 차례에 걸쳐 중수했다. 전각은 낡은 보광전이 유일하지만 안에는 보물 제421호인 목조탱화가 있다. 도난사고가 있었던 탓에 아쉽게도 진품이 아닌 복제품이 모셔져 있다. 최근에는 흰개미떼로 훼손된 요사채를 다시 지었다.

암자를 벗어나면 약수암을 답사하기 전이나 후에 실상사를 둘러보는 게 당연하겠다. 실상사는 들판 한가운데 위치해 있다. 동으로는 천왕봉과 마주하고, 남쪽에는 반야봉, 서쪽으로는 뱀사골과 달궁이 펼쳐진다. 신라 흥덕왕 3년(828년) 증각대사 홍척(洪陟)이 당나라에 유학, 지장의 문하에서 선법을 배운 뒤 귀국했다가 선정처(禪定處)를 찾아 2년 동안 전국의 산을 다닌 끝에 현재의 자리에 발길을 멈추고 창건했다. 신라 불교의 선풍을 주도하며 번창했던 실상사는 이후 조선시대에 접어들면서 화재로 전소됐다가 3차례에 걸쳐 중수 복원돼 오늘에 이른다.

암자로 가는 길
승용차 대전, 진주 간 고속도로와 88올림픽고속도로가 만나는 함양 교차로에서 광주 방향으로 진행 – 지리산IC – 함양읍 – 오도재 – 실상사
대중교통 동서울종합터미널에서 백무동 계곡행 버스 이용(1일 7회 운행)

포항 운제산 원효암

현자는 욕망에 이끌려 방황하지 않는다
모든 편견에서 벗어나 있으므로
더 이상 세상에 오염되지도 않으며,
자신을 지나치게 꾸짖지도 않는다

박통 두드리며 춤추고는 지금 어디에

 8월의 뙤약볕 아래에 나무들의 풍성한 초록이 눈부시다. 산허리로 뻗친 찻길에 나무들의 푸른 그림자가 너울거린다. 녹색 호수가 찻길을 따르고, 길의 끝에 오어사吾魚寺가 있다. 호반 사찰이다. 포항시에서 남서쪽으로 약 20킬로미터 지점에 있는 운제산雲梯山, 482m 발치에 자리 잡은 천년고찰이다.

 숲에서는 새들이 노래한다. 호수에선 물고기들이 노닌다. 새나 물고기 들은 한여름의 폭염에 아랑곳없이 싱싱하다. 사람들도 그렇다. 포항시에서 몰려나온 사람들일까. 호숫가에, 산자락에, 오어사 안팎에, 계곡과 냇가에 사람들이 따개비처럼 다닥다닥 붙어 있다. 도시를 침범한 혹서를 대피했으니 오늘은 즐거운 날이다. 물가에서 노닐며 사람들은 천진한 자연의 피조물로 돌아간다. 물장구치는 아이들이 깔깔거리는 소리와 새들이 부르는 노래는 서로 무엇이 다른가.

오어사의 역사는 길고 유서는 깊다. 신라 4대 고승인 원효元曉 · 혜공惠空 · 자장慈藏 · 의상義湘의 행장이 박혀 있는 명찰이다. 신라 26대 진평왕 때 창건된 이 절의 원래 이름은 항사사恒沙寺. '항사'란 '갠지스 강의 모래알'을 말한다. 일연스님은 『삼국유사』를 통해 '전하는 말에 따르면 항하수恒河水의 모래알처럼 많은 사람들이 세속을 벗어났으므로 항사동恒沙洞이라 부른다'라고 절 이름에 담긴 뜻을 각주로 풀이했다. 그래서 마을 이름이 지금도 항사리.

항사사에서 오어사로 사명이 바뀐 건 원효와 혜공의 기이한 이벤트에 의해서였다. 원효가 누군가. 해동성자다. 당나라 사람들은 그렇게 불렀다. 당의 수도승들이 원효의 이름을 두고두고 찬양했을 뿐만 아니라 원효가 사는 동방을 향해 조석으로 세 번씩 절을 올렸다는 기록까지 남아 있으니 진정 자랑스러운 양반이시다.

혜공은 또 얼마나 웅장한 대기大器였나. 신라에는 늘 거나하게 취한 상태로 삼태기를 뒤집어쓰고 노래하며 춤을 추는 괴짜 스님이 하나 있었다. 바로 혜공이다. 사람들은 그를 부궤화상이라 불렀고, 그가 사는 절을 부개사라고 불렀다. '부궤'나 '부개'나 모두 삼태기를 뜻한다. 이 '삼태기 땡중'은 걸핏하면 깊은 우물 속에 들어가서 몇 달씩 기거하다가 기어나왔는데 신기하게도 몸의 터럭 하나 젖지 않았다고 한다. 종국에는 공중에 떠서 육신을 벗었다던가.

원효와 혜공. 활짝 핀 신라 불교의 꽃밭에서 이적과 기행, 파계를 일삼았던 불세출의 고승들이다. 저잣거리의 백성 속으로 들어가 몸

을 낮추고 마음은 더욱 낮춘 현자들이다. 이 둘이 여기 계곡에서 만나 놀았으니 그날은 참말 뻐근했겠다.

먼저 장난기가 동한 건 혜공이었다. 원효에게 시비를 걸었다.

"그대에게 과연 부처님의 법을 이을 만한 법력이 있는가? 그렇다면 내 한번 시험을 해봐야겠네!"

이에 흥미를 느낀 원효 왈,

"법력이라면 무엇이든지 좋으니 어디 우리 겨루어보세!"

이렇게 해서 두 스님은 물속에 들어가 물고기를 각각 한 마리씩 잡았다. 잡은 고기를 산 채로 삼켜서 똥을 눈 뒤에 물고기를 살아 있는 채로 배설한 사람이 이긴 것으로 치자는 게임이었다. 이윽고 두 스님은 저마다 물고기를 배설해 계곡에 풀어주었다. 그런데 그중 한 마리만이 퍼덕거리며 물살을 거슬러오르는 게 아닌가. 그 산 물고기를 두고 둘은 옥신각신, 서로 자기가 살린 물고기라고 우기고 다퉜다. "저 고기가 내 고기야!" 여기에서 '나 오吾' '고기 어魚'라는 뜻의 '오어사' 이름이 유래했다.

국내 유일의 호반 사찰, 오어사

그런데 이 일화의 원전은 『삼국유사』다. 『삼국유사』에는 위의 얘기와는 다른 내용이 기록되어 있다. 후대에 이르면서 『삼국유사』에 바탕을 두고 조금씩 살을 붙여 각색한 몇 갈래의 스토리들이 나타났던 것이다. 일연은 1264년에 오어사에 머문 적이 있는데 당시까지 전해오는 이야기를 채록한 것이라 한다.

『삼국유사』「이해동진二惠同塵」편에는 '어느 날 원효와 혜공 두 스님이 개울가에서 물고기를 잡아먹은 뒤 바위에 똥을 누었다. 혜공이 그것을 가리키며, 그대의 똥은 내吾 고기魚다, 하고 놀려댔다. 이 일로 오어사라 부르게 되었다'라고 적혀 있다. 『삼국유사』에는 '똥이 물고기가 되어 헤엄쳤다'라는 내용이 없다. 단지 '그대의 똥이 내 고기이다'라고만 되어 있다.

그렇다면 원효와 혜공은 묘기를 겨루었나. 아닐 것이다. 이 일화는 색즉시공色卽是空 공즉시색空卽是色의 묘리를 설하는 게 아닐까. 바위에 눈 똥과 맑은 물에 노니는 물고기가 궁극에 있어 무엇이 다르랴. 색色이 곧 공空이라, 제법공諸法空이라, 즉 모든 존재는 실체가 없는 것이니 생명이 없는 똥과 생명체인 물고기가 서로 다르지 않다. 너의 것똥이 나의 것물고기이 되는 이치도 이와 같다. 더러움과 깨끗함, 삶과 죽음, 네 것과 내 것이 다르지 않다는 묘법! 혜공이 원효를 놀렸다는 스토리로 보아 혜공이 원효에게 가르침을 주는 법문일 수도 있다. 그 당시에는 민중 속에 들어가 자유롭고 통렬한 기행을 숱하게 남긴 혜공이 원효보다 한 수 위였다는 평도 있다.

오어사에는 두 곳의 산중암자가 딸려 있다. 원효암과 자장암이다. 원효암에 가기 위해 산으로 향한다. 오어사 뜰을 벗어나 호반 위에 걸린 다리를 건너면 이내 산길이 시작되지만 다리를 그냥 지나치긴 어렵다. 다리 위에서 바라보는 풍광이 수려하기 때문이다. 다리 근방에서 내를 이루며 흘러나간 물은 곧장 녹색 호수에 편입된다. 호수의 이

름은 오어지吾魚池. 이 호수로 말미암아 오어사는 국내 유일의 호반 사찰이라는 소리를 듣는다. 우기의 한때 폭우가 내려 호수의 물이 불어나면 절의 마당까지 물이 남실거린다.

다리를 건너 조붓한 산길을 따라 원효암을 찾아간다. 산속은 동굴처럼 축축하고 어둡다. 빽빽한 나무들의 잎새가 허공을 가린 탓이다. 견결한 동맹처럼 가지에 매달려 서로의 몸을 비벼대는 저 무성한 잎새들의 꼭대기 위로는 땡볕이 이글거릴 것이다. 하지만 푸른 그늘이 내린 산길은 차라리 서늘하다.

뭐니 뭐니 해도 여름 숲을 점령한 것은 매미 울음소리. 언제부턴가 우리는 도시에 진주한 말매미들의 그악스런 사이렌에 귀청을 틀어막으며 괴로워하게 되었다. 그러나 여기 산중에 사는 매미밴드의 연주는 청아하다. 새소리처럼 사뭇 여리고 낭랑하다. 이 매미들의 수준 높은 악곡과 목청을 겨루는 건 물소리.

절집에서 목탁소리가 울리지 않으면 제맛이 나지 않는다. 산에서 물소리가 들리지 않으면 제맛이 나지 않는다. 운제산은 크거나 높은 산이 아니다. 해발 482미터에 불과하다. 그러나 이 산길에 계류가 동행한다. 크거나 작은 돌들이 포개지고 뒤엉킨 계곡으로 물살이 나지막한 소리를 내며 흘러내린다. 낮지만 고상하고 독창적인 선율이다.

물가에 앉아 물소리에 귀를 헹군다. 머리를 들어 허공을 바라보니 금이 가듯 잎들 사이로 햇살이 들이쳐 물 위로 떨어진다. 듣기에 따라 물소리는 완벽한 화음이다. 경전을 암송하는 것처럼 청명하고 정중하게 들리기도 한다. 노자가 말하길 상선약수上善若水라, 최고의 선은 물과도 같다고 했으니, 다툼 없이 언제나 낮은 곳으로 흘러 만물을 이롭게 하는 물이 어찌 도道가 아니며 법法이 아닐 수 있을까. 원효도 이 계곡에 들어 물가에 앉았으리라. 혜공과 물고기를 삼키고 퍼덕거리는 물고기 똥을 누었다는 일화의 현장도 이 언저리 어디쯤이리라.

중생의 똥오줌을 치워주는 게 보살행

원효암으로 들어선다. 암자 입구의 샘터에서 목을 축이고, 석축을 끼고 돌아 경내로 들어선다. 협소한 터전이지만 산마루 저편에서 훤하게 하늘이 트여 밝고 개운하다. 관음전과 요사채가 터전의 중앙부에 들어앉아 있고, 좀 떨어진 서편 저 위엔 삼성각이 있다. 잘 손질된 화단에선 백일홍이 만발하고, 텃밭에선 갖가지 채소들이 쑥쑥 자란다. 그리고 달리 있는 게 별로 없으니 조촐한 암자다.

원효암은 원효가 창건한 것으로 전해진다. 저 아래 오어사에 머물렀던 원효가 이 암자를 세웠다는 얘기인데 원효 말년의 일이었다고 추정된다. 원효암에서 바로 바라보이지는 않지만 원효암 뒤편 산마루의 기암절벽 위에는 자장암慈藏庵이 있다. 자장스님 창건했다는 암자다. 이 자장암에 혜공이 머물렀던 것일까. 원효는 자장암의 혜공과 교유하기 위해 꾀를 냈다. 하늘의 구름을 끌어다가 사다리를 놓아 자장암을 드나들었다는 것. '구름 운雲' '사다리 제梯'자를 쓰는 운제산의 이름이 여기에서 유래했다.

그리고 보면 원효암은 원효의 전설적인 행적이 박혀 있는 유서 깊

산다는 일은 우리를 얼마나 쩨쩨하게 만들던가

입에 풀칠을 하기 위해, 명예니 권세라는 걸 얻기 위해

구차하고 야박하게 살기 십상이다

은 암자다. 하지만 아쉽다. 현재의 원효암은 1937년, 기존의 암자가 산불로 소실된 뒤 근래에 이르러서야 새로 전각을 지었다. 그리하여 오래된 암자 특유의 운치와 서정을 머금지 못하고 있다. 좁은 터에 비해 지나치게 크고 건조하게 지어진 건물들의 부조화도 졸렬하다. 원효가 창건했다는 그 당시의 암자를 닮게 지으려는 충분한 상상력과 눈썰미를 발휘하지 못한 결과가 아닐까.

원효가 정말 이 암자를 지었는지, 그저 전설일 뿐인지 확인할 길은 없다. 그러나 원효의 정신이 서린 암자가 아닌가. 원효 당시의 암자는 겨우 초막에 불과했으리라. 해골에 고인 썩은 물을 마시고 크게 깨달은 스님 원효. 그는 모든 것은 오로지 마음이 지어내는 것이라는 일체유심조一切唯心造의 묘리를 깨닫고 화엄 세상을 구현한 고승이었다. 파계로써 기행을 일관했다. 광대들이 가지고 노는 큰 박통을 얻어 둘러메고 천촌만락千村萬洛을 떠돌았다. 박통을 두드리며 노래하고 춤추는 모습이 괴이해 그의 뒤엔 언제나 줄레줄레 구경꾼들이 따라다녔다. 이 박통이 바로 '무애박'이요, 그의 노래가 바로 '무애가'였다. 원효는 왜 그랬나. 『숫타니파타』엔 이런 문장이 나온다.

> 현자는 욕망에 이끌려 방황하지 않는다. 모든 편견에서 벗어나 있으므로 더 이상 세상에 오염되지도 않으며, 자신을 지나치게 꾸짖지도 않는다. 보고 배우고 사색한 어떠한 것에 대해서도 그는 절대로 적대감을 갖지 않는다. 그는 선입관을 벗어버렸다. 그는 더 이상 시간에 예속되지 않으며, 죽음 앞에 무릎 꿇지도 않는다.

원효는 현자였다. 일체에서 벗어났으며 자유로웠다. '무애당無碍堂'이라는 호가 원효의 지향을 암시한다. 이 별호는 화엄경에 나오는 '일체무애인一切無碍人 일도출생사一道出生死'에서 따왔다. 모든 것에서 거침없는 사람만이 생사의 번뇌에서 벗어날 수 있다는 소식이다. 원효는 이 '무애행'으로 일관하며 왕실과 귀족 중심이었던 신라 불교를 밑으로 끌어내리기 위해 저자의 백성들 속으로 뛰어들었다.

보살행이란 과연 무엇인가. 원효는 말했다. '중생의 똥오줌과 송장을 치워주는 것이 보살행'이라 설파했다. 명쾌하지 않은가. 산다는 일은 우리를 얼마나 쩨쩨하게 만들던가. 입에 풀칠을 하기 위해, 명예니 권세라는 걸 얻기 위해 구차하고 야박하게 살기 십상이다. 마음을 놓치고 정신이나 가치를 잃은 채 허위허위 내닫기 십상이다. 원효의 통첩은 이 난처한 삶의 문제를 풀 수 있는 하나의 단서를 주고 떠났다.

원효암의 뜰에 바람이 지나간다. 꽃 핀 백일홍의 여린 줄기들이 바람결에 춤을 춘다. 박통을 탕탕 두드리며 춤추고 노래했던 옛사람은 지금 어디에 머무는가.

운제산 자락의 원효 성지 원효암

산중암자로 원효암은 포항시 오천읍 항사리 운제산 자락에 있다. 항사리에 접어들어 초록 물빛이 싱그러운 오어지를 지나면 오어사가 나오는데 오어사에서 원효암까지의 거리는 불과 600미터이다. 오어사 뒤뜰을 나서 원효교라 부르는 다리를 건너면 곧바로 원효암에 이르는 산길이 시작된다. 규모 작은 계곡이라 오히려 물소리가 정답다. 물가에서 한두 번 쉬어가며 오르더라도 이삼십 분 안짝에 암자에 닿을 수 있다.

암자에 들어서면 원효암의 전각들은 최근에 지은 것들인데다 일자로 늘어서 있어 깊은 멋은 없다. 그러나 원효의 전설이 서린 암자인 데다 주변의 산경이 괜찮다. 원효암을 나온 뒤엔 운제산 등산에 임할 수도 있다. 원효암 정면 방향 산기슭을 오르는 등산로를 타고 지그재그로 오르다보면 헬기장이 나오고 대왕바위에 오를 수 있다. 큰 산은 아니지만 아기자기한 산이라서 등산객들이 많이 찾아드는 코스다.

암자를 벗어나면 원효암을 오르기 전에 오어사를 먼저 답사한다. 오어사는 주변의 경관도 빼어나지만 불교 유산도 볼만하다. 지난 1995년 오어지에서 발굴된 동종은 보물 제1280호다. 유물전시관에는 원효대사가 쓰던 삿갓이 보존돼 있다. 지역의 모 대학 박물관이 이 삿갓의 탁본을 뜨려고 했으나 원형이 훼손될까 우려한 오어사 측이 허락하지 않았다. 원효가 사용했다는 숟가락도 전시돼 있다.

원효암과 함께 오어사에 딸린 산중암자인 자장암 답사도 놓칠 수 없다. 오어사 주차장에서 인접한 산길을 300미터 정도 오르면 도착한다. 자장율사가 창건했다는 암자로, 운제산의 정상에서 동남방 간으로 급히 굽이치는 산자락의 바위절벽 위에 있어 조망이 빼어나다. 법당과 삼성각, 세존진신사리탑 등이 조성되어 있으나 최근에 지은 암자라서 운치는 모자란 편이다.

암자로 가는 길

승용차 포항시 – 포스코 – 청림 삼거리에서 929번 지방도 – 오천읍내에서 오어사 방면(4킬로미터)

대중교통 포항시내에서 오천행 102번, 300번 시내버스 이용 – 오천 구종점에서 하차 – 오어사행 버스 탑승(1일 11회 운행)

함양 지리산 도솔암

관세음보살 외는 것이 공부가 아니고

남을 위해 쉴 새 없이 손발을 놀려서 일하는 것이 공부야

남을 이롭게 하는 것이 불법이거든

장터 가다 깨달은 선사, 그 이름은 청매

지리산 도솔암兜率庵을 찾아가다 길을 잃었다. 가도 가도 암자가 나타나지 않았다. 푸른 산죽 숲 사이로 어렵사리 뻗친 길을 한나절 헤매다가 마침내 산정에 닿았으나 어디에도 암자는 보이지 않았다. 날은 저물기 시작하고, 비안개마저 서리서리 산굽이를 휘감았다. 도솔암은 어디에 있나. 어디로 사라졌나. 이 길이 분명 바른 길이거니, 확신에 찬 산행이었지만 더 이상 나아갈 길이 보이질 않으니 환장할 일이었다. 저물녘의 하늘엔 비를 머금은 먹구름이 비웃음처럼 음산했다. 어이하나. 나는 조조의 간계에 빠진 유비처럼 쪼다가 된 채 하산을 서두를 수밖에 없었다. 어두워지는 산죽 숲을 허우적거리며 간신히 내려왔다. 어제의 일이었다. 오늘 나는 다시 도솔암을 찾아간다.

알고 보니 처음부터 길을 잘못 접어든 탓이었다. 첫 단추부터 잘못

꿰었으니 막판의 미궁은 당연한 결산. 산길에 오를 때엔 아무런 의심이 없었다. 말하자면 지나친 확신이 불러온 작폐作弊. 결국 내가 나를 간계에 처넣은 셈이었다. 내 안에 집을 짓고 사는, 어리석은 또 하나의 나는 대체 어디서 굴러온 놈인가. 서툰 예단으로 서툰 확신을 가지고 길을 나섰던 게 비단 어제의 산행뿐이었으랴. 어떻게 보자면 나의 삶은 통째 무지한 자의 정처 없는 방황이지 않았을까.

알베르 카뮈가 말하길, 인간이란 단지 몇 개의 보잘것없는 생각을 가지고 살아갈 뿐이라 했다. 나만의 잣대로 잰 삶의 풍경, 세상의 파도를 넘기 위한 철학. 사랑에 관한 낙관적인 관점, 나를 붙들었던 욕망과 애착, 심지어 꿈의 건축재료들조차 사실은 몇 개의 보잘것없는 생각의 산물이거나 그 불량제품일 가망성이 많다. 이 믿을 수 없는 생각들이 가져온 과도한 확신이 결과적으로 길을 잃게 만든다. 내 안에 들어 있는 생각이란 놈의 횡포가 이렇게 맹랑하다. 그렇다면 요놈을 어떻게 때려잡아야 하나.

나는 지금껏 한 번도 없었던 심각한 고민에 빠진 채 머릿속이 하얘진다. 주먹을 휘둘러 머리를 탕! 쥐어박아 징계를 해보지만 너무 약소한 형벌이다. 차라리 어젯밤 산에서 실종되어 죽는 게 바람직했을 수도 있다. 얌전히 죽어 산짐승의 밥이 되는 게 그나마 갸륵한 헌납이지 않았을까. 하지만 이는 또다시 얼마나 모자란 생각이란 말인가. 정말이지 내 안에 들어앉은 생각의 원숭이에게는 실소를 금할 길이 없다.

부처는 가르친다. 마음 안의 불성을 훤히 밝히는 데에 길이 있다고. 고대 불교에서는 가루다Garuda라는 신비한 새에 빗대어 불성을 말했

앉은 자리, 가는 장소마다

흔들림이 없으며

헛갈림이 없으며

뒤엉킴이 없다

다. 가루다는 태어날 때 이미 완전히 성장한 특별한 새. 가루다처럼 인간 역시 이미 완전무결한 본성을 가지고 태어난다는 게 부처의 통찰이다. 다만, 껍질을 깨야 한다. 가루다는 알 속에서부터 이미 완벽한 날개를 가졌으나 껍질을 깨고 나오기 전까지는 결코 날 수 없는 이치와 마찬가지라는 얘기다. 나를 매달리게 하는 육신이라는 껍질, 나를 광분케 하는 욕망이라는 껍질, 나를 헛길에 처박는 확신이라는 껍질. 이러한 백 겹, 천 겹의 껍질을 벗지 못한다면 삶이란 하찮은 농담이거나 같잖은 허영의 질주에 불과할지 모른다.

뱀은 허물을 벗으면서 다시 태어난다. 불성도 이와 같아서 껍질을 벗으면 깨달음에 이른다. 그 깨달음의 자리엔 생각이라는 요술이 사라지고 '무심無心'이라는 장엄한 꽃이 핀다. 앉은 자리, 가는 장소마다 흔들림이 없으며, 헛갈림이 없으며, 뒤엉킴이 없다.

청매화 향기 바람에 실렸나

여기에 일화가 하나 있다. 당나라의 무후武后는 어느 날, 혜안국사慧安와 신수대사神秀를 함께 궁중으로 불러 뼈근하게 대접하고는 대사들께 목욕에 드시라 권했다. 두 스님이 들어앉은 목욕탕에 아리따운 궁녀 둘을 집어넣어 등을 밀어주도록 하였다. 이런! 뽀얀 소녀들의 스킨십에 스님들의 피가 뜨겁게 날뛰었겠다. 그러나 혜안과 신수는 태연자약, 전혀 동요가 없었다. 이에 무후가 비로소 탄복하며 무릎을 쳤다는 얘기. 이 고사에 조선의 고승 한 분이 송고시頌古詩를 붙였다.

송고시란 조사들의 행적이나 교리를 시로 읊은 일종의 게송으로 '염송시拈頌詩'라 칭하기도 한다.

> 물가 안개인 양, 현란한 부용꽃인 양, 그 보드라운 살결
> 종소리도 끊긴 장락궁의 밤이 깊었구나
> 쇠나 돌의 자물쇠도 감당할 수 없으니,
> 서릿바람처럼 엄중하여 길이 통하지 않네

기승전결의 체계다. 기구와 승구에서는 스님을 유혹하는 궁녀들이 있는 궁중의 밤을 묘사한다. 종소리조차 끊겼으니 은밀한 향연에의 예감이 가득하다. 다디단 여인네의 살내음이 행간에 스멀거린다. 그러나 어림없구나. 두 스님은 육체에 묶일 포로가 아니다. 쇳덩이나 돌로 만든 자물쇠로도 그들의 마음을 감금할 길이 없다. 전구는 미녀들의 육탄 공세가 부질없음을 알린다. 선사의 마음은 미꾸라지처럼 이미 욕망의 손아귀를 빠져나가고 없다. 결구에선 저간의 사정을 종합하여 거둔다. 서릿발처럼 냉엄한 선사의 도력을, 자유자재한 무심을 그 무엇으로도 뚫을 수 없음을 기별한다. 무심의 자리에 무슨 문이 있겠나. 문을 잠글 자물통도, 그걸 풀 열쇠도 무용지물일 뿐, 애당초 문 없는 문인즉 이게 뭐냐면 바로 대도무문大道無門이다.

이 송고시를 쓴 이는 청매선사靑梅, 1548~1623. 조선 중기를 살았던 고명한 스님이다. 지리산 연곡사燕谷寺를 통해 출가했다가 묘향산에 머문 서산대사西山, 1520~1604를 찾아가 큰 공부를 했다. 사명대사泗溟,

1544~1610와 사형사제로 지내며 임진왜란 때엔 승장으로 참전해 공을 세우기도 했다. 이 청매선사가 대도를 깨친 곳이 바로 도솔암이다. 청매선사의 행적이 깃든 도솔암에 지금 청매가 필까? 청매화 향기가 바람에 날려 산 아래가 이리도 그윽한가?

도솔암으로 가는 길은 알고 보니 까다로울 게 전혀 없다. 산으로 접어들자마자 계곡을 건너야 했는데 어제는 계곡을 놔두고 대뜸 산죽 숲길로 접어든 게 탈이었다. 계곡을 흐르는 물소리에 귀를 씻는다. 물소리는 계곡의 폭에 따라서, 쓸어안고 타넘는 바위의 크기나 모양새에 따라서 수시로 변주한다. 이렇게 보자면 물소리는 물이 저 홀로 내는 소리가 아니다. 큰 바위나 작은 돌부리의 몸을 비벼 내는 소리이니, 어쩌면 물이 바위를 연주하는 셈이다. 이 세상에 저 홀로 빼어나고 잘난 게 어디 있으랴. 산죽은 바람의 부드러운 손길을 받아 살랑살랑 춤을 춘다. 새는 나뭇가지에 앉아 발정기의 연가를 노래한다.

산을 홀로 오르는 나는 오직 혼자인 것 같지만 사실은 대중들 속에 들어와 있다. 꽃과 풀과 나무, 구름과 하늘. 산중의 모든 선남선녀들이 저마다 각색의 옷을 차려입고 라이브쇼를 펼친다. 소나무 둥치 뒤편에서 다람쥐가 쪼르르 달려나오더니 나랑 눈을 맞춘다. 다만 일이 초 안짝의 짧은 눈맞춤이지만 여기엔 미세한 떨림이 있다. 내가 다람쥐에게 무한한 호감을 가지고 있듯이 다람쥐 역시 내게 호감을 가지고 있는지의 여부는 확인하기 어렵다. 나는 부디 다람쥐가 내게 우정을 느꼈길 바란다. 내가 녀석에게 보낸 눈길이 인간 세상에서 여자의 환심을 사려고 보내는 윙크와 다르지 않음을 기억해줬으면 좋겠다.

장터 드나들다 홀연 깨달은 스님

어제의 허탕에 대한 보상인가. 하늘은 청자처럼 푸르고 탱탱하다. 거기 하늘 기슭에 부처의 미소가 번지는 것만 같다. 연둣빛 숲으로는 투명한 햇볕이 부서져 내린다. 햇살 먹을 감는 나무들의 몸내가 상큼하다. 코끝으로 온갖 산향이 들이친다. 산길을 걷는 일이란 내 두 다리의 업무일 뿐만이 아니라 수많은 생명들과 교제하고 밀통하는 일이기도 하다. 몸이 길을 가지만 정작 앞서가는 건 마음이다. 마음을 움직여 산길을 걷는다는 일, 이건 어쩌면 생의 본질이며 선창宣暢이다.

산죽 숲과 은사시나무들 사이로 전나무 숲이 가지런하다. 이등변삼각형으로 가지를 늘어뜨린 전나무들의 오솔길 끝에 도솔암이 있다. 사립으로 들어가자 텃밭이 나오고, 돌계단을 거치자 암자의 정경이 한눈에 들어온다. 빼어난 풍광이 햇살 아래 어엿하다. 암자 전체가 봄 햇살처럼 밝고 맑다. 해발 1200미터. 높고 깊은 산중에 이토록 아름다운 암자가 있을 줄 난 정말 미처 몰랐다. 지리산 골짜기 어디인들 어눌한 구석이 있으랴만 이곳의 풍경은 참말이지 유현하여 입이 딱 벌어진다.

서너 채의 조출한 건물들 사이로 널찍한 터전이 자리 잡으니 볕이 환하면서도 안정감이 있다. 암자를 모태처럼 싸안은 바위봉우리들은 그대로가 화르륵 피어오른 연꽃 떨기들이다. 소나무, 전나무, 주목 등속이 곳곳에 늘어서 장수를 뽐낸다. 생짜로 눈에 넣어도 아프지 않을 것 같은 암자의 배경화면에서 시선을 거둬 전면을 바라보자니 거기에 일一자로 죽 뻗은 지리산의 주능선이 호방하다. 능선 중앙부 삼

각봉은 천왕봉이다. 여기에 처음 터를 잡은 이의 눈썰미에 혀를 내두를 수밖에 없다.

 무슨 필설이 필요하랴. 그저 여기가 도솔천兜率天이거니 해두자. 욕계의 육천 가운데 제4천이라는 도솔천. 선업의 성적표로서 다음 세상에 부처가 될 보살들이 머문다는 이상적인 불국. 도솔천의 하루는 지상의 사백 년과 맞먹는다고 하는데, 그럼 나는 오늘 사백 년을 살러 여기에 왔나. 미물된 자가 감히 도솔천을 운운하는 게 대단히 실례되는 소리이겠지만, 도솔암에 들어오고 보니 사바의 바깥으로 출장나온 것 같다. 영적인 존재로 허공에 떠오른 듯 뭔가 환희가 느껴진다.

 청매스님 생시의 이곳엔 그저 초막이 있었을 게다. 비나 가리면 그만일 움막에서 산짐승처럼 살며 부처를 잡아먹을 기세로 불철주야 선禪의 검劍을 벼렸을 게다.

 전해지는 얘기에 따르면 청매스님은 소나무 광솔을 팔기 위해 늘 함양장을 드나들었다. 장터는 청매의 법당이기도 했다. 소란한 장터를 돌며 마음이라는 물건의 동향을 늘 주시하고 점검했던 것 같다. 그러다가 마침내 장터로 이어지는 고갯마루에서 홀연히 온 천지가 텅 비는 경계를 보았고, 덩달아 갇힌 생각들이 탁 터져나가는 활연대오豁然大悟를 이루었으니 그건 지리산골의 빅뉴스였다. 마천에서 함양으로 통하는 고갯마루 이름인 오도재悟道峙는 청매의 오도를 기리는 호명이다. 청매스님이 열반에 든 곳은 도솔암 본사인 영원사靈源寺에서였다. 그가 입적하던 날 방광放光이 휘황해 온 산이 불타는 것 같았다던가. 유골을 모신 부도비에서도 오랫동안 방광이 멈추질 않아 그걸 구경하러오는 사람들 때문에 절집이 미어터질 지경이었다 하는데, 선의 거목을 예찬하는 뒷사람들의 과장광고겠지만 청매는 떠났으되 이 산자락에 살아 움직이는 그의 숨결 한 줌을 맛본 듯 나는 지금 어떤 향훈에 젖는다.

도솔암은 지난 한국전쟁 때 잿더미로 변했다. 폐사지로 남은 도솔암을 오늘의 모습으로 다시 세운 이는 혜암스님慧庵, 1920~2001. 자그마치 사십여 년에 걸친 장좌불와長坐不臥와 일일일식一日一食으로 유명한 스님이다. 혜암의 가르침은 헌걸찬 선객답게 통렬하고 간결했다. 그는 제자들에게 평소 다섯 가지 가르침을 강조했다.

"공부하다 죽어라! 밥 많이 먹지 말라! 남을 도와라! 감투 쓰지 말라! 먹물옷 한 벌로 살아라!"

승려만이 아니라 누구나 고이 새겨볼 경책이다. 혜암의 어록 하나를 볼까.

"중들이 깔끔히 차려입고 깨끗한 법당에 앉아 불상인지 나무토막인지에다 대고 관세음보살이나 외우고 있는데, 부끄러운 줄을 알아야 해. 관세음보살 외는 것이 공부가 아니고 남을 위해 쉴 새 없이 손발을 놀려서 일하는 것이 공부야. 남을 이롭게 하는 것이 불법佛法이거든."

도솔암엔 전기가 없다. 한겨울엔 추위가 살을 엔다. 그래서 더욱 적격인 선방인가? 이 암자엔 짧게는 안거의 한철을, 길게는 두어 해쯤을 붙박이 장롱처럼 진득이 머물다 떠나는 스님들의 행장이 끊이질 않는다. 일체의 장식을 털어버린 겨울나무처럼 그저 허심으로 들어앉을 게다. 호호탕탕浩浩蕩蕩 광망한 선의 바다로 나가겠다는 심사들일 게다.

툇마루 아래에 놓인 털신 한 켤레가 정갈하다. 신발의 임자 되는 이의 심지는 지금 어느 해안을 향하는가. 숨은 듯 방 안에 홀로 앉아서도 뜰에 피는 꽃을 보는가? 선방의 문은 굳게 닫혀 있다.

영원사와 변천사를 같이 한 도솔암

산중암자로 도솔암은 지리산의 식솔인 삼정산(三丁山, 1225m) 자락에 있다. 행정구역으로 보자면 경남 함양군 마천면 삼정리. 삼정산은 지리산 품안에 놓인 봉우리이면서 '봉(峰)'이 아닌 '산(山)'으로 기명한다. 삼정산 말고도 지리산의 북쪽 봉우리들이 주로 '산'으로 표기되나 그 까닭을 알 수가 없다. 아무튼 삼정산은 지리산 북부권에서 가장 높은 봉우리에 든다. 도솔암의 본사인 영원사가 또한 이 산기슭에 자리한다. 하지만 도솔암 지역은 국립공원관리공단에 의해 2008년 3월 1일부터 2017년 2월 28일까지 출입금지 구역으로 지정됐다. 따라서 등산 목적의 산행은 불가능하지만, 암자 방문을 목적으로 할 경우, 지리산국립공원 백무동탐방지원센터(055-962-5354)에서 허가를 받으면 답사가 가능하다.

암자에 들어서면 도솔암의 역사와 변천은 영원사와 비슷한 맥락 속에서 전개되었다. 영원사가 한국전쟁 때 소실됐다가 현대에 복원됐듯이 도솔암도 혜암 스님에 의해 현대에 새로 지어졌다. 도솔암은 겉으로 보기에는 조촐하지만 주변의 풍광과 어우러지는 그 모습은 이름 그대로 도솔천과 진배없다.

암자를 벗어나면 도솔암의 본사인 영원사가 또한 삼정산 기슭에 자리한다. 영원사는 신라의 고승 영원대사(靈源)가 창건했다고 전해진다. 한때 내지리(內智異)에서 제일 큰 사찰의 위의를 떨쳤다. 너와로 된 선방 아홉 채에 백 칸이 넘는 방이 있었다고 한다. 고승들이 스쳐간 방명록이라고 할 수 있는 『조실안록(組室案錄)』에는 서산·청매·사명·지안·포광 등 당대의 쟁쟁한 고승 109명이 영원사에서 도를 닦았다고 기록돼 있다.

암자로 가는 길

승용차 88올림픽고속도로 남원JC서 진출 – 배암등 사거리에서 우회전 – 신촌 교차로에서 우회전 – 대정 삼거리에서 실상사 방면 진행 – 가흥 삼거리에서 우회전

대중교통 서울고속버스터미널에서 남원행 버스 이용 – 남원버스터미널에서 인월행 버스 이용(수시 운행) – 인월버스터미널에서 삼정행 버스 이용(1일 6회 운행)

영주 소백산 성혈사

닦은 공덕이 얼마나 되기에 허송세월을 하는가

몸은 언젠가는 늙어 죽음에 이른다

다음 생은 어찌할 것인가

꽃살문에 꽃비 내리네

사과가 익어 빨갛다. 꽃 같고 초롱 같은, 저 빨간 과실! 사과나무가 지천이니 산자락이 온통 붉다. 태어난 것은 죽기 마련이지만 죽기 전에 꽃피고 열매를 맺는다. 나는 무슨 꽃을 피웠으며, 무슨 열매를 맺었나. 삶을 축복으로 알아 나름대로 분발했지만 이렇다 하게 꽃핀 게 없다. 고작해야 피다만 꽃이나 피기도 전에 진 꽃을 기억할 수 있을 뿐이니, 나는 어쩌면 통째로 헛꽃이다. 생각을 가다듬어 삶이라는 여행을 나름대로 신중하게 해왔지만 이렇다 할 열매를 맺은 일도 드물다. 내 안의 사과는 언제 영그나.

가을을 배달하는 9월의 햇살은 까칠하다. 하지만 빨간 사과의 몸에 닿은 햇살은 회춘처럼 싱싱해진다. 탱탱하게 무르익은 과실의 힘인가. 절정을 과시하는 저 빨간 사과들에겐 어떤 결함도 없다. 완전한 성숙, 강하고 조용한 평정에 들어 있다.

한 그루 사과나무가 잎을 틔우고 꽃을 피우고 열매를 맺기까진 고심참담한 수고가 많았을 게다. 비바람이 번뇌처럼 수시로 찾아들어 가지를 뒤흔들었을 게다. 그러나 무소의 뿔처럼 홀로 견디어 시련을 잘도 통과했다. 큰 소리에 놀라지 않는 사자와도 같이, 그물에 걸리지 않는 바람과도 같이, 사과나무에도 이승을 노련하게 건너는 뭔가 그런 내공이 있었을 게 아니냐. 그러하니 붉은 사과밭은 차라리 정진의 도장이다. 불성의 편재이자 화엄의 발현이다. 암자로 가는 길목에 가득한 붉은 사과밭은 얼마나 적실한 경관인가. 빨간 사과알과 하늘 아래 공존한다는 건 행운이다.

길은 산속으로 들어가길 거듭한다. 궁벽한 산중, 외진 길이다. 그래서 걷기에 좋으며, 멈춰 서 생각에 잠기기 적격이다. 내 안에는 잠시도 가만히 쉬지 못하는 참새 한 마리가 사는데 그게 마음이다. 후미진 산길에선 이 마음을 가만히 바라보게 된다. 달라이 라마는 끊임없이 바깥으로 싸도는 마음을 일컬어 '운수 나쁜 도둑과도 같다'라고 했다. 털려는 집마다 텅 비어 도무지 욕구를 충족시킬 수 없는 도둑, 그게 마음이라는 얘기다.

산길의 임자는 나무들이다. 나무들의 진정한 매혹은 그 부동자세에 있다. 나무들은 어쩌면 생의 가파른 먼 길을 걷고 걸은 뒤 마침내 좌정坐定의 뿌리를 얻은 생물인지도 모른다. 이 수준 높은 분들은 생이 간직한 비밀과 단서를 대부분 독해했을 법하다. 풍진세파를 졸업한 나무들이 도둑과도 같은 욕망을 잠재운 뒤에 할 일이란 그저 조용히

다른 자연의 형제들이 내는 교향악을 경청하는 일일 뿐. 나무들은 일말의 고뇌조차 없이 그저 제 몸에 떨어지는 빗소리를 듣거나 우듬지에 쏟아지는 햇살과 희롱한다. 이것이 나무들의 노하우다. 나무들의 침묵과 위엄. 이건 덧없는 존재가 드러내 보일 수 있는 최상의 미덕이 아닐까.

일하는 스님들

산길의 끝에서 드디어 산사가 보인다. 성혈사聖穴寺다. 영주군 순흥면 덕현리, 소백산小白山, 1439m 자락 월명봉月明峯 동남쪽 기슭에 있다. 산이 크기에 저 멀리 사방팔방에서 강강술래를 하는 능선들의 파동이 장중하다. 산이 깊기에 바깥세상의 티끌도 소음도 저승처럼 멀다. 모름지기 수행자란 이런 산간에 틀어박혀야 한다. 세상에서 오직 하나, 도를 구하려 한다면 흉악한 산중의 고독 속에 머물며 자신의 욕망부터 잘라내야 한다. 한 소식을 얻으려는 일념으로 이 산을 찾아든 수행자들이 얼마나 많았을 것인가. 그들이 구한 도는 또 얼마나 많았을 것인가. 도의 뗏목을 타고 현세의 강을 건넌 스님들은 지금 어디에 머무는가. 산사로 오르는 길 위에 구름 그림자 내려 고즈넉하다.

성혈사 사명은 '성스러울 성聖, 구멍 혈穴'자를 쓴다. 이 절 저 아래엔 제법 커다란 석굴이 하나 있는데 여기서 유래한 이름. 이 굴에서 도를 닦으면 성인이 된다는 풍설이 전해진다만 굳이 굴속에서만 도를 이룰 수 있으랴. 그 어딘들 수행자가 들어앉으면 그곳이 바로 절집이지 다른 그 무엇일 수 있으랴. 석가모니 부처님의 절은 보리수나무 아래이거나 광야였다. 일체가 무상이고 공이거늘 딱히 절집이라는 걸 지어 품을 잡을 일도 아니라는 게 선승들의 통첩이었다. 야생의 굴에서 유래한 성혈사는 불교 수행의 원초적 형태를 짐작하게 만든다.

흔히 절이 들어앉은 자리치고 명당 아닌 곳이 없다는 말들을 한다. 성혈사가 위치한 지세 역시 그렇다. 산세를 관찰하여 절을 마땅한 자리에 세운 옛날 스님들의 예사롭지 않은 통찰력을 느낄 수 있다. 산은 첩첩하고 나무는 울울(鬱鬱)하지만 답답한 구석이 하나 없다. 멀리 하늘의 치맛자락을 거머쥐고 공간을 이등분한 산마루는 후련하고 유현하다. 산사 뒤편 산언덕엔 굳센 노송들이 따사로운 눈길로 뜰을 굽어본다. 어디선가 바람소리가 섞여 솔향 자욱한 경내에 음악을 연주한다.

울력인가? 스님들이 일을 한다. 스님들의 일이란 노동이자 마음을 닦는 공부의 일환이다. 잘 길들여진 코끼리는 아무리 무거운 짐을 나를지라도 그 때문에 지치는 법이 없다. 그와 마찬가지로 마음이 잘 닦인 수행자는 모든 중생의 무거운 짐을 나를지라도 지치지 않는다. 그러므로, 정진하라! 정진하라! 마음을 닦아라! 선지식들은 그리 끊임없이 촉구한다. 게으름을 '죽음의 왕'으로 여길지언정 일과 공부와 수련을 잠시도 멈추지 말라 가르친다. 일하는 스님들의 정경이 보기에 참 좋다.

스님들의 일만이 절경이랴. 우리네 속세 사람들의 일 역시 알고 보면 마음닦기가 아니던가. 해가 뜨고 지는 것, 그것은 세월을 재촉하는

신호다. 달이 뜨고 지는 것, 그 역시 우리를 늙음으로 이끄는 시간의 질주다. 이 유한한 시간 속에서 아침이슬이나 저녁연기처럼 덧없이 스러지기 전에 닦아야 한다. 불가의 경전 『발심수행장發心修行章』은 이런 구절을 담고 있다.

닦은 공덕이 얼마나 되기에 허송세월을 하는가. 몸은 언젠가는 늙어 죽음에 이른다. 다음 생은 어찌할 것인가. 서둘지어다. 그대!

성혈사를 처음 지은 건 신라 불교의 스타 의상대사義湘, 625~702였다고 한다. 사찰 내력이라는 게 대체로 팩트는 빈약하고 그저 풍편에 전해진 소식일 뿐이니 이를 신빙할 근거는 없다. 성혈사 아래편, 국망봉으로 오르는 죽계구곡의 언저리에 초암사草庵寺라는 절이 있다. 의상은 처음 이 초암사에 머물렀다고 한다. 그러다가 절이 너무 비좁고 대중들은 몰려들고 해서 옆댕이 고샅으로 살짝 옮기었는데 그때 지어진 게 성혈사라는 것.

비탈진 경사면에 석축을 쌓거나 통로를 내어 가람伽藍을 조성한 성혈사의 터전은 널찍한 편이다. 그러나 들어앉은 전각들은 간소하고 조촐하다. 종무소가 달린 대웅전이 근래에 지어졌지만 장황한 꾸밈이나 치레가 전혀 없다. 나한전과 산신각은 소박하며, 요사채에도 검박儉朴이 보인다. 그래서 반갑다. 제정신을 가진 사람들이라면 누구나 한마디씩 하는 소리지만 근래의 사찰들은 지나치게 부대하고 넘치도록 화려하다. 이게 부처님을 잘 모시려는 갸륵한 사랑의 발로인지,

아니면 부처를 내세워 옹골찬 비즈니스를 도모함인지 정녕 영문 모를 정경이다. 아무튼 교회든 절집이든 외양 확장에 골몰하는 추세에는 진절머리가 난다. 신기루를 잡으려는 어떤 허풍과, 그것을 위장하려는 안간힘이 읽힐 뿐이다. 성혈사는 이와 같은 경향에서 해방됐거나 소외돼 있다. 그래서 지지하는 마음이 생긴다. 졸박하고 허술한 절집의 생김새에 도리어 신뢰가 간다.

꽃살문은 차라리 경전

뜰을 거닌다. 풀을 밟고 서자니 풀밭 위에 꽃들이 알은체를 해오듯 살랑살랑 잔바람에 몸을 흔들어댄다. 아무렇게나 자라난 가을 들꽃들. 정갈하고 소박하다. 가만 보자니 땅거죽에 겨우 몸을 붙인 자잘한 풀들마저 그냥 풀이 아니다. 풀들마다 꽃을 매달고 있다. 아무리 소소한들 꽃 피우지 않는 초목이 어디 있겠나. 풀들마다 꽃이라는 얼굴을 달고 환하게 웃는다. 그러고 보니 미안해진다. 풀을 밟는 게 송구해진다. 알게 모르게 나는 얼마나 많이도 풀밭 위를 거닐었던가. 내 발은 풀의 얼굴을 짓이기며 기분 좋은 산책을 즐기길 거듭했으니 이게 만행蠻行이다. 나는 남의 몸을 짓밟아도 될 만한 자격을 지닌 사람이 아니다. 풀밭 곁에 서 있기도 미안하다. 그건 풀에게 돌아갈 한 줌 햇볕을 가로막는 일이 아니겠는가. 남의 일조권을 훼방하다니. 보시布施는 못 할망정 이래서는 안 된다.

나한전보물 제832호으로 다가간다. 비가 새나? 지붕에 비닐을 덮어두었다. 그래서 일견 추레해 보이지만 유서 깊은 전각이다. 이 나한전은 지난 1984년에 보수 공사를 했다. 그때 기록이 나왔는데, 조선 명종 8년(1553년)에 처음 지었고 인조 12년(1634년) 중수했음을 기별했다.

나한전의 내부엔 나한들과 함께 비로자나불이 봉안돼 있다. 일반적으로 나한전에는 석가모니불을 모신다. 그렇기에 성혈사 나한전의 불상 배치는 이례적이다. 본래 나한들만 있었으나 뒷날 다른 법당에 있었던 비로자나불을 옮겨 합체한 것으로 추정한다. 돌로 빚은 석상이지만 지금은 백회를 자시고 있는 이 비로자나불은 상당히 빼어난 미학을 구현했다. 익살맞거나 괴팍하거나, 음흉하거나 호탕하거나, 별별 다양한 제멋대로의 표정을 짓고 있는 나한상들도 재미있다. "도란 무엇입니까?" 이렇게 나한에게 묻는다면 "제멋대로 사는 게 도라, 마음이란 본시 제멋대로 흐르게 되어 있는 물건이 아니런가?" 하는 답이 돌아올 것만 같다. 하지만 뜨악하여라. 제멋대로 산다는 거, 그것처럼 난해한 사업이 어디에 다시 있으랴.

성혈사는 사람들이 쉬 찾아들 수 있는 절이 아니다. 해발 500미터 산 중턱에 있으므로 오르기에 고단하다. 우레 같은 이름을 날리는 절이 아니니 별로 알아주는 사람도 없다. 그러나 일부러 찾아드는 이가 드물지 않다. 나한전 꽃살문을 보기 위해서다. 꽃살문이라 하면 흔히 부안 내소사來蘇寺를 떠올리지만 성혈사의 꽃살문은 내소사의 그것에 맞먹을 정도의 역사와 기교를 자랑한다.

법당이란 법法, 즉 진리를 깨우치는 공간이자 부처님을 모신 궁궐이다. 아울러 극락정토를 상징한다. 그래서 법당 내부의 치장은 화려함

저 꽃살문은 차라리 경전이거나 성이다

꽃비 없이 꽃비 내린다

의 극치를 이루며, 법당으로 들어가는 문은 부처님을 배알하는 성전이자, 색계와 무색계의 경계가 갈리는 지점이다. 따라서 사람들은 법당 문에 아름다운 꽃문양을 새겨 부처님에게 존경심을 표했다. 연꽃과 모란과 매화 등속의 많은 꽃들을 투각해 궁극의 만다라를 표상한 것인데, 이를 일컬어 공화供花라 한다.

 석가모니 부처님의 마지막 설법 때 하늘에서 주악이 울리고 천상의 현자들이 하강했다던가. 삼천대천세계에서 꽃비가 내렸다던가. 절집의 꽃살문에 새겨진 공화는 그날 그때의 꽃비와 다르지 않다. 이곳 나한전의 꽃살문엔 꽃들 외에도 연 줄기를 잡고 선 동자상, 헤엄치는 물고기, 먹이를 입에 문 학, 게, 자라, 개구리, 나비 등 수많은 중생의 형상이 조각돼 있다. 기교는 농익어 살아 움직이듯 리얼하다. 비바람에 마모돼 어렴풋한 채색만 남은 채 애틋한 결을 드러내는 목조각 위로 햇살이 두근거리며 내린다.

 수백 년 세월을 묵묵히 견뎌온 꽃살문의 저 매력적인 선들, 혹은 촉감들. 그것들이 전해주는 꿈과 고요와 위로. 술이 깨는 아침처럼 마음 기슭이 밝아진다. 바라보는 것만으로도 기도가 되고 사랑이 되는, 저 꽃살문은 차라리 경전이거나 성聖이다. 꽃비 없이 꽃비 내린다.

꽃살문이 아름다운 성혈사

산중암자로 성혈사는 경상북도 영주시 순흥면 덕현리, 소백산 자락에 자리한 조계종 사찰이다. 절의 역사를 알리는 기록이 거의 없어 연혁이 자세히 전하지는 않지만, 나한전에 봉안된 비로자나불좌상으로 볼 때 적어도 9세기에는 법등을 밝히고 있었을 것으로 추정한다. 성혈사까지는 좁은 길이지만 도로포장이 되어 있어서 경내까지 일반 승용차로도 갈 수 있다. 산 아래에 광범위하게 펼쳐지는 사과밭 풍경이 답사의 즐거움을 배가해준다.

암자에 들어서면 성혈사의 성보는 역시 나한전의 아름다운 꽃살문. 정면 세 칸의 문짝들에 아로새겨진 문살이 참으로 눈부시다. 연꽃무늬를 새긴 문살로 양쪽 문을 장식했는데, 가운뎃문 두 짝엔 연꽃과 연잎을 바탕삼아 학, 구름, 동자승, 용, 물고기, 게 따위 육해공의 생물들이 섬세하게 조각돼 있다. 오른쪽 문에는 화려한 연꽃들도 장식돼 있다. 모두 긴 나무판 두세 쪽을 다듬어 새겼는데, 문짝 하나를 통째로 새긴 듯이 조각들이 유려하게 이어진다. 아직도 구석구석 남은 채색의 흔적을 살필 수 있다. 햇살 좋은 날 아침이나 오후엔 이 멋진 문살을 필름에 담으려는 사진가들의 발길이 이어진다. 안에는 비로자나불좌상을 중심으로 16나한을 모셨는데, 빛바랜 천장과 벽의 단청이 고색창연하다.

암자를 벗어나면 성혈사 답사 후에 배점리로 내려와 갈림길에서 소백산 국망봉으로 오르는 등산로를 따르면 죽계구곡(竹溪九曲)이 펼쳐진다. '죽계'란 대나무가 많았다 해서 붙은 이름. 고려시대 이 고장 출신 안축이 지은 경기체가 '죽계별곡'은 바로 이곳을 소재로 한 노래다. 죽계에 아홉 경치를 정하고 이름을 붙인 이는 주세붕이나 이퇴계, 또는 영조 때의 순흥부사였던 신필하라는 설이 있다.

암자로 가는 길
승용차 중앙고속도로 – 풍기IC – 931번 지방도 – 순흥면 소재지 – 소백산 국립공원 방면으로 진행 – 순흥 저수지 – 배점 – 갈림길에서 우측으로 진행 (좌측은 초암사)
대중교통 동서울종합터미널에서 영주행 버스 이용(1일 30회 운행) – 영주에서 배점행 시내버스 이용(1일 4회)

변산 쌍선봉 월명암

좋은 땅에서 도통한다는 거,
그게 다 근거 없는 거라
초목이 사는 곳은 어디나 다 명당이지
산 자체가 좋고 나쁜 것은 아닙니다

이런대로 저런대로, 그냥 그대로

경허스님鏡虛, 1849~1912의 통첩은 이랬다. '부처가 되려면 내 몸 안에 있는 마음을 찾아야 한다'라는 것. '내 몸을 송장으로 여겨 좋은 일이건 나쁜 일이건 한갓 꿈임을 알아차려야 한다'라는 것.

부처가 어디 다른 곳에 있는 게 아니라 내 안에 있다는 소식이다. 만공스님滿空, 1871~1946의 전언도 뉴스다. 만상에 도가 있으니 '풀밭 속에도 부처가 있다'는 통신. 수처작주隨處作主, 입처개진立處皆眞! 머무는 곳마다 주인으로 서면 거기가 바로 깨달음의 자리라는 얘기다.

그렇다면 절만 절이 아니다. 내 몸이 바로 법당이며, 온 세상이 통째 절이다. 그러나 어림없구나. 저자의 홍진紅塵에 머문 내 몸은 욕망의 비곗덩어리이며, 바라보이는 도시는 수렁처럼 어지럽다. 그래서 마음은 절로 향한다. 몸이 그 마음을 따라 산으로 간다. 청산에 깃든 청정도량에서 산란해진 마음을 씻고자 함이니, 이는 지저분한 속세에서 행할 수 있는 가장 갸륵한 출행이다.

집을 나설 때부터 비가 내리더니 산머리에 이르도록 그치지 않는다. 나는 방금 비 내리는 변산邊山, 508m에 도착했다. 내변산의 제2봉인 쌍선봉 들머리인 남여치에 있다. 쌍선봉 꼭대기에 있는 월명암月明庵에 오를 작정인데 운무가 앞을 가린다. 가느다란 실비가 푸른 수채 물감처럼 흩날린다. 솔숲 사이 산길로 비 뿌려 초록 허공이 으슴푸레하다. 겨울 복판에서 내리는 비. 우산을 쓰고 겨울산을 타는, 야릇하도록 쓸쓸한 정취.

산정에 절이 있으니 길이 멀다. 그러나 정상을 정복하는 길이 아니니 서두를 일 아니다. 산길은 부드럽게, 혹은 가파르게, 혹은 휘며 꺾이며 줄기차게 이어진다. 길섶 나목들의 실가지가 처연하지만 보슬비 내려 어루만지니 슬퍼할 일이 아니다. 보슬비가 잠시 멈추면 운무가 다가와 나무를, 바위를, 온 산을 껴안는다. 이 역시 화엄 세상이 아니겠는가. 산은 산대로, 운무는 운무대로 한세상 시름을 모조리 품고 앉아 고요한 안선安禪에 들었으니 이게 부처님 세상이다.

언제 내린 눈일까. 고지에 오르면서 촛농처럼 엉긴 잔설이 보인다. 산모롱이를 휘돌자 이윽고 월명암이다. 내리는 비와 쌓인 눈 속에 눈감은 선사처럼 조용히 정좌한 산중암자. 이태 전 겨울에 월명암을 찾았을 적에는 눈이 첩첩했다. 허리까지 눈에 폭 파묻힌 전각들 사이에서 눈삽을 든 스님들이 춤을 추듯 몸을 흔들어대며 눈을 치우고 있었다. 이 년 전 그 겨울의 정경이 어제 일처럼 생생한데, 그사이 나는 또 얼마나 신산辛酸한 일상을 굽이돌았던가. 그때나 지금이나 다름없는 건 목숨이 붙어 있다는 그뿐, 삶의 꽃다운 지평을 바라보는 안목은 여전히 짧으며, 인식은 팥죽처럼 흐리다.

월명암. 달月 밝은明 암자다. 달빛 만다라 아래에서 길을 가리키고 도를 암시하는 절인가. 이 절의 이름을 음미하노라면 달빛을 재료로 지은 절이 떠오른다. 달빛으로 터를 고르고, 달빛으로 층계를 쌓고, 달빛으로 전각을 만들고, 달빛으로 불상을 세운 절이다. 이렇게 보자면 이 암자는 형체가 없는 절이다. 달빛으로 무슨 형상을 만들 수 있겠나. 절집이 지닌 지향을, 절집이 지녀야 할 법화法花를, 절집이 가야 할 무애의 궁극을 달빛에 빗대어 지어 붙인 메타포Metaphor란 말인가. 사실은 사람 이름 '월명'에서 절 이름이 유래했다. 월명이 뉘신가.

신라 신문왕 12년(692년)에 월명암을 창건한 부설거사浮雪는 참말 특별한 분이었다. 부설은 명산대천을 순례하던 중 김제 땅에서 묘화妙花라는 처녀의 청혼을 받는다. 만약에 퇴짜를 놓으면 죽음도 불사하겠다는 간곡한 프러포즈였기에 부설은 응할 수밖에 없었다. 이게 자비행이자 이타행이었는데 부설 부부 사이에서 등운登雲이라는 아들과 월명이라는 딸이 나왔다. 부설은 환속에도 아랑곳없이 불철주야 도를 닦아 마침내 크게 깨달았고, 아들에게는 등운암을, 딸에게는 월명암을 지어주며 정진토록 했다. 이후 부인 묘화에 이어 등운과 월명마저 도통했다. 일가족이 한 세트로 득도에 이른 일대 절경!

거침없는 선지식, 부설거사

부설의 행장은 결혼, 혹은 섹스를 금하는 불가의 전통에 반하는 것처럼 보인다. 일찍이 유마거사維摩나 원효처럼 금욕의 룰을 깨고도 득도에 이른 스님들이 적지 않지만, 일단은 눈에 쌍심지를 켤 사람들이 많을 것이다. 수행의 최종 목표인 성불이란 모든 욕망과 무지가 남김없이 사라진 상태이므로 수행 과정에서 섹스를 포함한 모든 감각적 쾌락을 포기하도록 강조하는 것이 당연하다. 부처는 설하셨다.

"비구들이여, 여자의 육체는 남자의 마음을 완전히 빼앗는다. 비구들이여, 여자의 목소리는 남자의 마음을 완전히 빼앗는다."

섹스를 죄악시하는 불가의 전통은 승려의 독신주의를 보편적인 것으로 규정한 채 오늘에 이르렀다. 그러나 부처나 그 제자들의 상당수는 이미 성생활을 상당기간 경험해본 기혼자 출신들이었다. 그들이 음욕을 초월할 수 있었던 데에는 음욕의 진상을 체험적으로 알고 있었던 사실도 작용하지 않았을까? 승려의 금혼, 혹은 금욕이 과연 수행과 어떤 상관이 있는가에 관한 의논은 여전히 분분하다. 일본 정토종 이외 동아시아의 어떤 대승 교단도 19세기 중반까지 대처승帶妻僧, 아내를 거느리는 중을 허용하지 않았지만, 성욕을 초월해 서로의 보살핌, 존경과 이해에 기반을 둔 남녀 간의 사랑을 수행의 장애로만 보지 않는 관점들이 드물지 않다. 만해 한용운도 결혼에 대해 승려들 각자가 자신의 욕망을 점검해 자유롭게 결정할 것을 주장한 바 있다. 만해는

『조선불교유신론』에서 다음처럼 말했다.

> 육체를 타고나서 식욕이나 색욕이 없다고 말하는 것은 헛소리일 뿐이다. 억제할수록 더욱 심해질 뿐이니, 단지 어지러운 상태에 이르지만 않으면 군자다. 그 욕망을 억지로 억누른다면 은근한 음행을 범하게 돼 풍속을 어지럽힐 가능성이 높다. 불교를 아내 삼아 평생 독신으로 살 영웅이 있다면 그를 존경하지만, 평범한 이의 수준에 맞추자면 관세음보살이 미인으로 몸을 나타내 음탕한 사나이를 제도했다는 고사故事대로 하나의 방편으로써 수행자에게도 결혼을 허해야 한다.

부설거사의 생애에서 배워야 할 것은 금기를 깨는 용기 같은 게 아닐 것이다. 승려의 결혼 문제도 사소한 잡음에 불과할 수 있다. 정말 눈여길 대목은 결혼 이후 부설의 처신이다. 식솔을 거느리는 수고와 피로를 극복하고 그는 도를 얻었다. 뿐만 아니라 처자 셋을 모두 진급시켜 깨달음을 얻도록 기여했으니 이게 부설이 거둔 위대한 사랑의 성취가 아니었을까.

   남녀가 만나 자식을 낳고 사랑을 나누며 잘 산다는 일. 이건 생사의 문제를 푸는 일보다 한결 난처하고 고달픈 사업이다. 흔히들 사랑을 증명하는 지식과 수다에는 제법 능하지만, 겸손하게 직시하면 사랑마저 이기로 뭉친 착각이거나 환상이기 십상이다. 결혼은 서로의 편익을 확장하기 위한 안주나 결탁이기 쉽고, 따라서 가족을 향해 떠벌리는 사랑의 언약은 정치인들의 허풍처럼 부도날 운명을 피하지 못한다. 그러하니 처자와 손에 손을 잡고 도의 해안에 오른 부설의 항해술을 어찌 존경하지 아니할 수 있으랴. 세상의 모든 마누라들은 부설 같은 남정네를 지지할 게 분명하렷다.

부설거사, 그는 통은 크고 간은 더 큰 선지식이었나? 전해오는 소식에 따르면 일체에 걸림이 없었으니 바람이었다. 조금의 막힘이 없었으니 장강長江이었다. 그가 남긴 「팔죽시八竹詩」가 증빙이다. 보라. 일상의 경계를 뛰어넘은 자유자재가 엿보이는 선시가 여기 있다.

이런대로 저런대로, 되어가는 대로(此竹彼竹化去竹)
바람 부는 대로 물결치는 대로(風打之竹浪打竹)
죽이면 죽, 밥이면 밥, 사는 그대로(粥粥飯飯生此竹)
옳거나 그르거나 그저 보아 넘기는 그대로(是是非非看彼竹)
손님 접대는 집안 형편대로(賓客接待家勢竹)
시장 물건 사고파는 것은 세월대로(市井賣買歲月竹)
세상만사 내 맘대로 되지 않아도(萬事不如吾心竹)
그렇고 그런 세상 지나는 그대로(然然然世過然竹)

고구마 굽는 스님

세상에 전쟁이 터지면 사람뿐만 아니라 절집도 전장에 불려간다. 월명암이 그랬다. 이런저런 난리를 거치면서 번번이 쑥대밭이 됐다.

한국전쟁 때에도 잿더미로 변했는데 지금의 어엿한 모습은 근래의 중창 불사로 얻어졌다.

실비는 여전히 흩날린다. 소리 없이 내리는 비에 젖은 전각들의 몸에서 향이 번진다. 운무는 용트림처럼 굽이쳐 법당 지붕 위에 뒤엉킨다. 앞산, 뒷산, 봉우리마다 구름이 가득하니 운해雲海다. 비구름 속에서 천지가 한 뿌리이며 모두가 평등하고 낱낱이 장엄하니 여기가 부처님 세상이다. 마음도 몸도 내려놓고 싶다. 공연히 무엇인가를 만들어내기에 급급했던 내 허욕을, 서푼짜리 지식을, 대책 없는 그리움을 모두 내려놓고 싶다. 등짐 진 모든 허상들을 다 내려놓고 궁극을 향해 날고 싶다.

어디에서 온 신도들일까. 한 무리의 아낙들이 암자로 걸어 들어온다. 산중암자 월명암은 멀고 높은 곳에 있지만 찾아드는 발길들이 잦다. 사람에게 인품이라는 게 있듯이 절에도 격이 있다. 월명암은 그 유서에 걸맞은 격으로, 분위기로, 권위로 불자들을 불러들여 법문을 하고 위안을 준다. '일출은 동해 낙산, 일몰은 서해 월명'이라 했던가. 월명암 뒤편 산꼭대기 낙조대落潮臺에서 조망되는 풍경의 파노라마 역시 사람들의 탄성을 자아낸다.

스님 한 분이 아궁이에서 고구마를 굽고 있다. 이 스님은 선방에 들어 동안거冬安居 한철을 보내고 있다. 이 스님 외에도 몇몇의 수행자들이 선방에 들어 있다. 저마다 얼음 같은 화두를 꿰차고 있을 게다. 오늘 다시 출가한 심정일 게다. 부처의 목을 자를 기세로 정진 중일 게다. 아까 암자에 들어온 아낙들의 행차는 선승들을 응원하기 위함이다.

안거는 석가모니 당시 만행萬行이 어려운 승들이 우기 동안 정사에 모여 공부를 한 데서 기원했다. 안거기간 동안 재가 신도들은 스님들에게 음식이나 옷을 바치는 풍습이 있었다. 이와 같은 공양의 전통이 지금까지 이어지고 있는 것이다. 신도들의 재시財施에 스님들은 법을 설하는 법시法施로 응하지만, 고구마 굽는 이 스님은 오늘 아낙들에게 군고구마를 나눠줄 참이다. 스님의 눈자위로 주름이 골을 파고 있으나 낯빛이 소년처럼 맑다. 스님의 방에 들어 마주 앉는데 승방에 그 흔한 다탁이며 다구 따위가 보이질 않는다. 알고 보니 이 스님은 차를 싫어하는 양반이시다. 왜냐고 묻자, "귀찮아서"라는 짧은 변. 그러고는 어깨를 흔들며 히히힛 웃어젖힌다.

"월명암은 달이 참 좋다고들 합니다."

"허허. 그렇다고들 합니다만 제가 보기엔 다 같더이다. 느낌이 좀 다른 건 있지요. 다른 곳의 달은 그냥 떠 있는데, 여기 달은 걸어놓은 것 같습니다."

"앉아 있기만 해도 도통한다 해서 월명암을 '산상무쟁처山上無諍處'라 하더군요. 특별한 명당임을 알리는 얘기 같은데 스님이 느끼기엔 어떠신가요?"

"그런 기 어딨노? 누가 저더러 어디가 명당이라 말하면 네가 거기 살면서 흉터나 만들지 말라고 하지요. 옛말에 천지 기운이 사람 기운을 못 이긴다는 말이 있습니다. 좋은 땅에서 도통한다는 거, 그게 다 근거 없는 거라. 초목이 사는 곳은 어디나 다 명당이지 산 자체가 좋고 나쁜 것은 아닙니다."

"사람 역시 좋은 사람, 나쁜 사람이 따로 없을까요?"

"아직은 나쁜 사람을 못 봤습니다. 저게 나쁜 놈이네 했는데 가만 생각하니 나보다는 나쁜 놈이 아니더라고요."

"스님은 뭐가 그리 나쁜가요?"

"다른 스님들이 저를 좋게 보는 경우가 많은데 나 자신을 관찰해봤더니 아니더라고요. 속인하고 견줘봐도 나을 게 없더라고. 초목이나 짐승하고도 견줘봤어. 없더라고. 그냥 다를 뿐이더라고. 나무 입장에서 볼 때 사람인 내가 개나 돼지보다 낫다고 할 수도 없지요. 연장을 들고 나무를 해칠 수가 있으니. 그걸 알고부턴 남을 비난하는 일이 없어졌습니다."

"헛! 스님 마음은 달빛처럼 평온하시겠어요?"

"편할 때도 있고, 안 편할 때도 있고."

고구마 굽는 스님의 천연덕스런 언설에 뜨건 고구마 삼킨 듯 뜨악하다. 조용히 다가와 가만히 후려치는 한 방의 할喝! 뭔가 그런 게 있다. 머리 한구석에 실바람 시원하다. 이 물건이 뭔 물건이고? 하듯 스님이 고구마를 뒤적인다.

최고의 일몰을 볼 수 있는 월명암

산중암자로 내변산의 주요 등산기점은 내소사와 내변산매표소 그리고 남여치매표소 등 세 곳이다. 내소사에서 출발해 직소폭포를 거쳐 내변산매표소로 내려오거나 남여치로 하산하는 게 일반적이다. 그 반대 코스도 애용된다. 어느 경우건 보통은 하산 후에 주차한 곳까지 택시나 버스로 되돌아가야 한다. 내변산매표소나 남여치에선 주차료를 받지 않는다. 쌍선봉 정상부의 월명암을 오르는 가장 쉬운 코스는 남여치매표소를 기점으로 삼는 것이다. 월명암까지의 산행 거리는 2.2킬로미터. 등산로는 순탄하고 단순하다. 가끔 물매 급한 비탈이 나오지만 로프 난간이 설치되어 어렵지 않게 오를 수 있다.

암자에 들어서면 소나무, 전나무가 우거진 깊은 숲 사이에 들어앉은 월명암은 산중암자치고는 규모가 크다. 일몰 전망대 낙조대는 월명암 뒤편 산길을 오르면 된다. '일출은 동해 낙산, 일몰은 서해 월명' 이라는 말이 아깝지 않은 풍경을 볼 수 있을 것이다.

암자를 벗어나면 월명암을 향하는 도중에 남여치매표소에서 1.7킬로미터 거리에 있는 관음약수터에서 휴식한다. 약수터 옆 팻말엔 월명암 스님들이 써서 붙인 '살아 있는 것들을 위하여' 라는 문구가 있어 음미할 만하다. 『법구경』에서 인용한 문장이다. 모든 생물에 대해 폭력을 거둬야 한다는 요지다. 관음약수터에서 300미터 정도를 걸어 왼편 등산로로 접어들면 쌍선봉 정상에 이른다. 멀고 가까운 곳에서 펼쳐지는 바다와 산의 풍경이 압권이다. 낙조대에 버금가는 전망대다.

암자로 가는 길
승용차 ❶ 서해안고속도로 – 부안IC – 30번 국도 – 부안읍 – 하서에서 736번 지방도 – 남여치매표소
❷ 호남고속도로 – 정읍IC – 29번 국도 – 부안
대중교통 센트럴시티터미널에서 부안행 버스 이용(1시간 간격 운행) – 부안버스터미널에서 격포행 버스 이용 – 변산면 소재지 하차 – 남여치매표소까지 택시 이용

구례 오산 **사성암**

영험에 얽매일 일이 아닙니다
그건 어디까지나 방편일 뿐,
기복에서 차근차근 단계를 높이는 게
불자들의 본분이지요

바위벽에 매달려 구름 뚫는 암자

비 내린다. 산길은 걸핏하면 휘거나 공중으로 솟구쳐 암자 가는 길이 멀고 사납다. 빗물에 휩쓸린 자갈이 구르다 멈추더니 다시 구른다. 눈을 들어 산을 보면 거기에 산은 없고 운무만 희붐하다. 길을 지우고, 산을 삼킨 비안개. 여름비 내리는 오늘 여기에서 세상을 손에 쥔 건 하늘이나 산이 아니고 비구름이다. 더딘 걸음으로 빗속에서 뒤척인다. 빽빽한 늪을 헤치듯 운무 속에서 갈 길이 아득하다.

고승이 읊기를 "홀연히 생각하니 그저 몽중이로다" 하였지만, 비에 젖어 축축한 심사로 문득 돌아보는 생이 향내 없는 향처럼 초라하다. 운무에 갇힌 산을 오르노라니 갇히고 닫힌 마음으로 간신히 살아온 지난 살이 역시 비안개와 다르지 않았음을 상기하게 된다. 나답게, 나대로 그저 살았다 위로하지만, 알고 보면 무명無明 그대로 살았다.

세상에는 얼굴이 죄송하게 생겨 미안하다 너스레를 떠는 사람도 있지만 참말 죄송하게 생긴 건 갇힌 마음이다.

길이 대충 끝나는 지점에서 우산으로 몸을 가린 일단의 사람들이 뒤뚱거리며 하산한다. 그들의 모습은 순식간에 운무 속으로 사라진다. 그들은 방금 암자에서 나왔고, 나는 지금 암자로 들어선다. 화엄사의 말사 사성암四聖庵이다. 구례군 문척면 죽마리 오산鰲山, 531m 정상부에 있다.

풍설에 따르면 사성암은 백제 성왕 때 연기조사緣起가 창건했다. 시초를 알리는 고증은 빈약하지만 암자의 유서를 추정할 만한 기록이 없지는 않다. 삼장三藏에 달통하고 사림詞林에도 조예가 깊었던 고려의 선승 원각국사圓覺, 1119~1174의 문집에는 '사성암이 있는 오산 정상에 참선을 행하기에 알맞은 바위가 있는데, 이들 바위는 도선道詵과 진각眞覺, 두 국사가 연좌수도 했던 곳'이라는 기록이 보인다. 사성암이 예로부터 고승들의 수도처였음을 암시하는 통신이다.

하기야, 암자 이름부터가 걸쭉하다. 사성四聖이 연을 맺은 암자란다. 원효, 의상, 도선, 진각 등 네 고승이 이 암자에 머물며 고양이가 쥐를 잡듯이, 주린 자가 밥을 찾듯이 그리 용맹한 수행의 한때를 보냈다는 소식이다. 고승이 머물 때마다 시방에서 대중들이 몰려들었단다. 고승은 칼도 뽑지 않은 채 칼바람 같은 법문을 토했을 거라.

사성암이 들어앉은 오산은 그다지 높지 않다. 하지만 산 아래 전망이 일거에 탁 트여 보이는 게 많은 산이다. 『봉성지鳳城誌』라는 기록에는 '오산은 바위의 형상이 빼어나 금강산과 같으며, 예부터 부르기를 소금강이라 하였다'라는 대목이 나온다.

경내로 들어서자 득달같이 달려온 운무가 다시 앞을 막아선다. 그러더니 헤매는 넋처럼 머리를 풀고 이내 해산한다. 몇 덩이 밀반죽처럼 제각각 뭉쳐 불당의 지붕을 흘러 산의 상부로 슬그머니 사라진다. 그리고 나서 다시 뒤를 이어 들이닥치는 운무의 릴레이. 산 아래서 올려다보면 여긴 지금 컴컴한 구름 속이리라. 심산유곡 산상의 암자에 구름이 낭자하니 이곳이 지금 선계의 입구인가. 극락 가는 길이 여기서 한달음인가.

기도하러온 보살들의 형체가 운무 속에서 흐릿하다. 나무도 벼랑도 하늘도 비안개에 가려 종적의 절반이 지워진 채 약사전만 공중부양한 것처럼 중공中空에 덩실하다. 아름드리나무를 깎아 세운 기둥 세 개에 떠받쳐 벼랑에 간신히 등을 붙이고 거의 허공에 뜬 전각이다. 아슬아슬한 건축술의 묘가 도드라진다. 이 암자가 아찔한 벼랑 끝에 구리 기둥 하나에 의지한 채 제비집처럼 매달려 있다는 금강산 보덕사와 비견되는 이유가 여기에 있다.

왜 이런 기발한 전각을 지었을까. 바람이 실어나른 전설에 따르면, 해골바가지 속 썩은 물을 마시고 도통한 저 신라의 원효스님이 이 암자에서 선정에 든 뒤 바위벽을 손톱으로 긁어 그림 하나를 그렸다. 기암절벽 상부 25미터 부위에 음각된 마애약사여래불이 바로 그것. 이 암각화는 사성암의 미스터리이자 자랑이다. 그리하여 마애약사여래불을 모시기 위해 전각을 지었다. 이 전각은 근래의 불사로 조성되었다. 하여, 시간의 묵은 옷을 입지 못한 단청이며 나뭇결 등속이 마냥 새뜻하다. 그러나 불자들의 발길이 잦다. 약사여래의 가피加被를 얻기 위해서다. 약사전으로 통하는 돌층계를 오르며 사람들은 벅차고 황홀하여 미리 술렁거린다.

빌면 비는 대로 들어준다

약사전은 작은 규모의 전각이다. 원효가 새겼다는 마애약사여래불상의 전면에 유리를 달고, 그 아래에 불단을 꾸몄다. 약사여래를 믿는 불자들은 여기에서 신심을 다해 절을 올린다. 복덕을 청원하고 무병과 순산과 자녀들의 입시 합격을 간구한다. 빌면 비는 대로 마냥 선물을 주신다는 믿음으로. 믿음이란 믿을 만한 것은 믿고, 그렇지 않은 것은 안 믿는 것이 아니라 무조건 모조리 믿어버리는 무모한 투신이다. 중생의 아픔을 치유하는 약병을 손에 든 약사여래에 대한 불자들의 신앙은 가슴에 사무친다. 약사여래 앞에 엎드려 작아지고 낮아진다.

『약사여래본원경藥師如來本願經』에 따르면 약사여래는 항상 십이신장을 곁에 두고 중생을 제도하신다. 질병과 재난을 면하게 해줄 뿐만이 아니라 의식주도 모자람이 없게 하고, 악왕惡王과 도적의 무리로부터 벗어나게 돕는다.

신라의 헌덕여왕이 중병이 들었다. 백약이 무효였다. 왕실의 근심만 깊어지는데 하루는 누군가가 스님 하나를 모셔왔다. 스님은 여왕의 침전 앞에서 향을 사르고 약사경을 염송하였다. 그러자 육환장六環杖이 침전 안으로 날아 들어가더니 이내 늙은 여우 한 마리가 쫓겨나

와 죽고 말았다. 여우가 여왕에 의탁해 명을 부지했던 것인데, 이 여우가 죽자마자 여왕의 병이 씻은 듯이 나은 게 아닌가.

『삼국유사』에 전해오는 이야기다. 약사여래의 영검함을 방증하는 전설이다. 약사여래는 오늘날에도 석가모니불·아미타불·미륵불과 함께 가장 널리 신봉되는 부처의 하나이다. 경에 의하면 약사여래는 열두 개의 대원을 세운 부처다. 그중 가장 큰 것은 중생을 깨우치게 해 모든 중생이 약사여래가 되길 바라는 것이다. 일체유심조라, 모든 것은 내 마음에 달렸다. 중생의 마음속에 이미 여래가 들어 있으니 지금 당장 여래를 드러내라, 약사여래는 그리 독촉했다.

그러나 이 멍청이에겐 가당치 않다. 귀 아프도록 듣는 소리가 마음이 곧 부처라는 전갈이지만 마음은 수시로 날뛰는 날라리 망둥이. 불경은 오묘하지만 종국엔 힘에 부친다. 맑고 환한 여래의 뉴스에도 불구하고 그걸 수신하는 자의 눈이 어두운지라 궁극의 법어도 대낮에 켠 촛불처럼 흐리기 십상이다. 그러하니 산다는 일은 여전히 갑갑한 운무 속. 비는 연달아 내리고 몸은 젖어 무겁다.

사성암은 거대한 바윗장들이 예서 제서 이마를 들이대는 산기슭 암자다. 터전은 좁으나 비알이 져 제각각 들어앉은 전각들은 매복처럼 은밀하다. 암벽들 사이로 조붓하게 이어지는 길을 밟아 지장전과 소원바위를 둘러보고 산신각을 지나 도선굴에 이른다. 도선국사가 도를 닦았다는 굴이다.

도선은 승려로서보다 음양풍수설의 대가로 널리 알려졌다. 그는 오소리처럼 산에 굴을 파고 들어앉기를 좋아했는데, 이곳 사성암의 자연 동굴에 머물며 풍수지리의 핵심을 정리했을 거라는 평이 무성하다. 풍수적으로 단연 빼어난 이곳 오산에 도선이 머문 심오한 의중을 도무지 간과할 수 없다는 의견이다. 오산은 '지리산의 맏형'으로 치부된다. 덩치는 작은 산이지만 풍수적으로나 기운으로나 지리산을 압도하는 일면이 있기 때문이다. 그렇기에 산수를 보는 눈썰미가 도통한 도선이 이 산에 기거하며 일취월장했을 거라는 얘기다.

우중에도 발길들이 잦다. 산꼭대기에 있음에도 불구하고 많은 사람들이 사성암을 찾아오는 것은 기도의 용무 외에 조망이 뛰어난 탓이다. 지리산과 지리산의 배필인 섬진강이 통정하는 장관을 한눈에 쓸어담을 수 있는 최고의 전망대가 아니겠는가. 그러나 오늘은 어림없다. 비안개의 너울이 출렁거려 그저 막막한 운해 일색이다. 간간이 구름 틈새가 살짝 벌어져 설핏 산 아래 풍광이 비치지만, 선잠 속 찰나의 꿈처럼 궁색하고 비현실적이다. 눈에 보이느니 안개의 흰 두루마기를 걸친 바위벼랑이요, 들리느니 전각의 처마에서 떨어지는 빗물소리다.

성자 두 사람 더 나올 절

종무실 툇마루에 앉아 낙숫물 소리를 듣는데 우림스님이 차실로 가자 하더니 이내 차를 내놓는다. 비 내리는 날의 산방에 번지는 차향이 은은하다. 어느 날 제자가 물었다. "하루 종일 어떻게 밟아가야 합니까?" 임제가 답했다. "걸음걸음 밟아가야지." 앉은자리 단속하기, 마

음밭 가꾸기의 준열함을 귀띔한 답이다. 수행이란 한순간의 방일함도 없이 부단히 닦는 공부다. 우림스님의 조용한 동태에 게으름은 나 몰라라 살아온 승려의 신중함이 어린다.

궂은 날씨에 의외로 불자들의 방문이 많다고 운을 떼자 우림스님이 김경래 할머니작고의 얘기를 들려준다. 김할머니는 일제강점기 때 정신대 징발을 피해 이 암자에 들어와 부뚜막 보살 노릇을 했다. 절의 스님이 돌아가셨을 즈음 암자에는 고시생들이 공부를 하고 있었는데, 할머니가 산 아래 저자로 내려가 직접 탁발을 해 구한 쌀로 고시생들을 먹여 살렸다는 것. 이후 할머니의 뒷바라지로 고시에 붙은 사람들이 사성암을 고향처럼 여기며 지금까지 긴밀하게 지낸다는 줄거리다. 우림스님은 또, 사성암이 기도 효험 많은 절로 널리 소문났다며 싱긋 웃는다. 기도 효험이라는 게 대체 어디서 나오는 거냐는 질문엔 이리 답한다.

"바위의 내공이라 봐야 할 겁니다. 과거부터 소원바위에 수많은 사람들이 저마다 간절한 서원誓願을 기도로 빌었습니다. 여러 사람이 빌다보면 거기 바위에 염력이랄까, 어떤 에너지가 뭉칩니다. 그 집약된 에너지가 바로 영험한 효과를 주는 게 아닐까요. 그러나 영험에 얽매일 일이 아닙니다. 그건 어디까지나 방편일 뿐, 기복에서 차근차근 단계를 높이는 게 불자들의 본분이지요."

수행이란 복을 비는 일이 아니라는 얘기다. 진정한 수행자는 가진 것이 아무것도 없다. 가진 것 없음을 근심하지도 않는다. 그는 사물에 이끌리지 않으며, 사랑하거나 미워하지도 않는다. 마치 연꽃이 진흙을 묻히지 않는 것처럼 그는 그 무엇에도 더럽혀지지 않는다. 그는 참으로 평안한 사람이다. 하지만, 그런 이가 누구인가? 누가 그런 부처를 이루었나? 이 암자를 스쳐간 사성은 지금 우주의 한 점 먼지로 돌아가 평안할까?

"요즘은 관광사찰로 변했지만 사성암은 본시 참선하기에 가장 좋은 조건을 갖춘 암자입니다. 스님들 사이에서는 이 절이 육성암으로 통합니다. 사성에 이어 두 분의 성자가 더 나올 곳이라는 얘기죠. 근자의 고승으로는 청화 큰스님이 사성암에 머무셨는데 그 어른이 오성에 속할지도 모릅니다."

청화스님淸華, 1924~2003은 염불선의 태두였다. 제자들에게 오직 청정한 계율로 삼매에 들 것을 가르친 스승이었다. 성불과 아울러 그 과덕을 세상에 회향함으로써 자리이타自利利他를 구현할 것을 독촉한 스님이었다. 이 청화스님은 1960년대 중반 이후 세 차례에 걸쳐 사성암에 주석했다. 자지 않고, 눕지 않고, 하루에 한 끼만 자신 그의 초인적인 용맹정진은 오늘날까지 불가의 전설로 살아 있다.

청화스님은 한겨울 혹한에도 홑옷으로 지냈다고 한다. 이게 걱정이 된 암주 보살이 어느 하루는 이불을 들고 청화스님의 거처로 올라갔는데, 정작 스님은 얼음을 깨고 찬물을 받아 머리에서부터 붓고 있었다. 보살은 혼비백산 뛰어내려오며 이렇게 외쳤다고 한다.

"독하신 어른! 천하에 강한 스님! 삼십 년을 이 암자에서 살았지만 저렇게 한겨울 찬물을 알몸에 들이부으며 공부하는 스님은 처음 뵙는구나!"

수행자에게 두려운 것은 얼어 죽는 것이 아닐 게다. 굶어 죽거나 짐승의 먹잇감이 되어 죽는 일이 아닐 게다. 공부할 수 있을 때 공부하지 못하고 어중간하게 죽는 일이 두려울 따름이다. 그게 스님만의 일이랴. 속세의 생도 이와 같아서 내려놓을 것 내려놓고, 버릴 것 버려야 할 터. 그것으로 날뛰는 마음 망둥이를 때려잡아야 한다.

열어둔 차실 문밖으로 내리는 비가 차분하다. 주름주름 능선을 휘감는 시늉을 하던 운무가 제풀에 질린 듯 머리를 풀어헤치고 허공으로 흩어진다. 운무의 바깥, 하늘 한구석이 슬쩍 열린다.

삼대삼미三大三美를 조망할 수 있는 최고의 전망대 사성암

산중암자로 구례군 문척면 죽마리에 있는 오산은 그다지 크거나 높은 산은 아니다. 그러나 백운산의 식솔에 속하는 이 산은 풍수적으로나 기운으로나 지리산에 맞먹을 무게감을 지닌다. 산 아래 죽연마을이 사성암으로 오르는 들머리로 가파른 산길 4킬로미터를 오르면 암자다. 암자 주차장까지 닿는 셔틀버스가 수시로 운행돼 편리하다.

암자에 들어서면 사성암은 '사성'을 배출한 유서와 더불어 기둣발 잘 서는 암자로도 유명해 멀리서 일부러 찾아오는 불자들이 많다. 바위벼랑에 위태롭게 걸쳐진 약사전도 시각적 흥미를 야기한다. 근래 관광사찰로 변함으로써 꽤나 번잡해졌다는 폐단이 있지만 볼 것도 느낄 것도 많은 산문이다. 하지만 그 무엇에 앞서 사성암에서 보는 조망이 압권이다. 오산의 정상 가까이에 있는 사성암은 입에 침을 마르도록 예찬해도 무방할 지경의 빼어난 전망대다. 한마디로 '악!' 소리 내지를 명당이다.

이중환은 『택리지』에서 구례를 삼대삼미(三大三美)의 땅으로 소개하고 있다. 섬진강과 지리산과 너른 들판을 일컫는 얘기다. 그런데 사성암에서 이 삼대삼미를 제대로 내려다볼 수 있다. 이 암자에 오르면 넓디넓은 들판 너머로 섬진강이 태극 모양으로 흐르는 게 보이고, 지리산의 광대한 자락들이 오히려 오산을 향해 고개를 숙이는 걸 알 수 있다.

암자를 벗어나면 사성암 주위의 기암괴석들은 워낙 수려해 옛날부터 '오산 12대'로 불렸다. 사람이 쉬어갈 수 있도록 평평한 쉬열대, 거센 바람이 불어대는 풍월대, 화엄사를 향해 절하는 배석대, 향을 피우는 향로대, 진각국사 혜심이 참선한 좌선대와 우선대, 석양을 감상하는 낙조대, 병풍을 펼쳐놓은 듯한 병풍대, 선녀가 비단을 짰다는 신선대, 하늘을 향해 있는 앙천대, 사성암을 지은 연기조사가 마애불로 화했다는 관음대 등이 그것들이다.

암자로 가는 길
승용차 88올림픽고속도로 남원IC에서 좌회전 - 구례 방향 19번 국도 - 구례 교차로에서 우회전 - 구례읍 - 17번 국도 - 문척면 - 861번 지방도 진입 - 사성암 이정표 따라 진행
대중교통 서울남부터미널에서 구례행 버스 이용(1일 7회 운행) - 구례공용터미널에서 문척 방면 군내버스 이용 - 죽마에서 하차

제천 금수산 **정방사**

등불은 빛을 나타낼 수 있을지언정, 보는 것은 마음이지 눈이 아니니라

바위벽에 매달려 천년간 닦은 산문

　대동강물도 풀린다는 우수雨水가 지났으니, 봄이 대기실에서 채비 중이겠다. 천지는 겨울잠을 깨려고 몸을 비튼다. 조용하지만 강인하게 동토를 견딘 풀들, 시나브로 볕바른 둔덕에서 싹 틔울 시절이다. 그러나 한 번 더 몸 낮추라는 소식일까, 덤불숲을 훑는 바람이 아직은 냉엄하다.

　여전한 혹한이다. 맵찬 한풍이 허공을 소용돌이치며 아우성이다. 하늘에 걸린 구름장은 하중을 못 이긴 낡은 천장처럼 무너질 낌새이지만, 바람의 희롱으로 산발처럼 너울거린다. 바람은 어디서 태어나 어디로 가는가. 마음은 바람이다. 태어난 진상을 알 수 없으며, 멀리 가므로 잡을 수 없다. 미친 바람처럼 흔들리는 마음을 잡는다면 피안으로 가는 문을 열 수 있다지만, 어림없다. 마음이라는 물건의 뒤를 쫓다보면 어느덧 파장인 게 인생이 아니던가.

겨울 가뭄이 길어져 산과 들이 강퍅하다. 청풍호 가장자리로는 거북등처럼 쩍쩍 갈라진 맨살 바닥이 민망하다. 그래도 산길로 접어들자 산기가 청정하다.

대낮에도 인적 끊긴 구절九折의 산굽이 휘휘 돌자, 으슥하고 거뭇한 골짜기 끝자락에 훤히 트인 언덕배기. 그리고 하늘 이마를 치듯 솟아오른 석벽이 산을 통째 가로막는데, 바위 아래 정방사淨芳寺가 있다. 금수산錦繡山, 1015m의 식솔 신선봉 7부 능선에 깃든 고지대 산문이라서 시야가 후련하다. 절 맞은편 저 멀리로 월악산을 옹립한 산의 신하들이 주름주름 낮은 포복을 하는 중에 운무가 샛바람에 날린 비단자락처럼 내려앉으니 찬탄할 만한 비경이다. 어떤 이는 흐트러지면서 여미고, 여미다가 다시 풀리는 저 산군의 출렁거림에서 용을 쓰는 오체투지를 본다. 그지없는 백팔 배를 본다. 어떤 이는 관세음보살을 본다.

이 절의 스님들은 멀리 보겠다. 산 높은 골짜기에 들어앉았으니 세상이 발아래 꼬물거린다. 『발심수행장發心修行章』은 '높은 산 험한 바위는 지혜로운 자가 거처할 곳이요, 푸른 솔 깊은 골짜기는 수행자가 머물 곳이다. 배고프면 나무 과실을 먹고 목마르면 흘러가는 물을 마셔 갈증을 달랠지어다'라고 적었다. 산이 높고 험해서 정진하기에 몹시 어려울 이 산중에서 스님들은 갈고닦을 텐데, 나여! 너는 지혜를 얻고자 한 번이라도 코피를 쏟은 적이 있었더냐.

『청풍읍지淸風邑誌』를 보면 이런 기록이 나온다.

정방사는 도화동에서 오리허에 있으며, 전하여 오기를 신승 의상대사가 세운 절이라 하더라. 동쪽에 큰 반석이 있는데 동대, 또는 의상대라 부른다.

창건 연대를 두고 딴 얘기들이 없지는 않지만 신라의 의상이 절을 처음 세우는 데 간여했다는 데엔 이설이 없다. 의상은 한결같이 물 귀하고 중생심의 범접이 쉽지 않을 첩첩산중 도처에 절을 세웠으며, 또한 관음신앙을 표방하였는데 정방사가 머금은 성격이 여기에 톱니처럼 부합한다.

의상은 문무왕 1년(661년) 바닷길로 당나라에 가서 지엄智儼의 문하에서 현수賢首, 643~712와 더불어 화엄종을 연구하고 671년에 귀국했다. 이후 왕명에 따라 부석사浮石寺를 짓고 화엄종을 강론, 해동화엄종의 창시자가 되었다. 전국에 십여 개의 화엄종 사찰을 건립, 화엄의 교종을 확립하는 일에 힘썼다. 그의 문하에서 오진, 지통, 표훈, 진정, 진장, 도융, 양원, 상원, 능인, 의적 이른바 '의상십철義湘十哲'이라 일컫는 10대덕이 배출되었다 한다.

의상의 지팡이가 터 잡은 절

의상이 원주의 토굴에서 정진 중인 어느 하루는 정원스님淨原이 찾아와 절을 하고 여쭈었다. "부처님의 가르침을 널리 펴고자 하옵니다." 의상은 묵묵부답. 정원이 다시 여쭈었다. "십여 년간 부처님의 가르침대로 수행을 하다보니 부처님의 가르침은 세간을 떠나지 않았고, 부처와 중생이 둘이 아님을 깨달았습니다. 부처님의 가르침을 널리 펼 수 있게 하여 주시옵소서." 정원이 이렇게 간청하고 다시 삼배 합장을 했다. 그제야 의상이 "그게 정히 너의 소원이라면 이 지팡이의 뒤를 따라가다가 멈추는 곳에 절을 지어 불법을 전하여라. 산 밑 마을 윤씨 댁을 찾으면 너의 뜻을 이루리라." 하셨다. 이에 정원이 고개를 들어 자리에서 일어나니 의상이 들고 있던 지팡이를 허공에 던지는 게 아닌가.

지팡이는 공중에 둥둥 떠서 남쪽을 향해 움직이기 시작했다. 정원은 뒤를 따라 산을 넘고 물을 건넜는데, 지팡이가 마침내 멈춘 곳이 지금의 정방사 자리였다. 이미 사바를 건넌 양 신령스런 산세엔 서기瑞氣가 가득했다. 정원은 즉시 산 아래 민가에서 윤씨를 찾아 자초지종을 들려줬다. 윤씨는 말하길 "어젯밤 꿈에 의상이라는 스님이 흰 구름을 타고 우리 집에 오셔서 '내가 그대의 전생을 잘 알고 있소. 불연佛緣이 있어 말하는 것이니 내일 어떤 스님이 오거든 절 짓는 걸 도와주길 바라오' 하더니 구름을 타고 가셨습니다" 하였다. 이것이 정방사의 창건 설화다. 정원스님의 '정淨'자와 아름다운 산세를 지녔다는 뜻의 '방芳'자를 써서 정방사라 하였다.

의상, 정원은 이 절의 수명을 늘이어 현존케 함으로써 무엇을 기별하고 싶었을까. 두두물물頭頭物物이 부처이거늘 딱히 절집이 무슨 소용이랴. 불법이란 교리가 아니라 마음을 비추는 거울. 절집이란 그래서 마음의 처소인가. 바람이 드세어 뜰에 우거진 덤불을 눕힌다.

나한전 처마에 매달린 경쇠가 자지러진다. 마음이란 잠시 내려놓는 것이 아니라고, 북풍에 갈피 없이 흔들리는 갈대 같은 것이 아니라고, 바람은 그렇게 통첩하는가? 바위벼랑은 삼엄하고, 시시각각 바람은 휘몰아치고, 저 멀리 산경은 어질하도록 빼어나니 스님들의 마음 단속에 주야가 따로 없겠다.

하나 더하기 하나가 둘이 되는 건 수학이다. 하나 더하기 하나가 영이 되는 건 불도다. 누가 내게 사과 하나를 줘서 먹었다. 그러자 그가 다시 사과 하나를 더 주었다. 그것도 먹었더니 사과가 모두 없어졌다. 하나 더하기 하나는 영이 맞다. 나도 마찬가지다. 태어나기 전에 나는 아무것도 아니었다. 태어나자 하나가 됐다. 그러나 미래에 죽게 될 텐데 그렇게 되면 다시 영으로 돌아간다. 삼라만상이 모두 이와 같다. 모두 공에서 나왔다가 공으로 돌아간다. 그러니 영은 하나와 같고, 하나는 영과 다르지 않다. 색즉시공공즉시색, 부처는 공空한 마음을 깨우쳐라 우레처럼 설하고 가신 분이다. 마음의 묘리를 『능엄경楞嚴經』은 이렇게 가르친다.

아난아! 만일 눈먼 사람이 대상이 캄캄한 것만 보다가 홀연히 눈의 광명을 되찾게 되면 그 대상의 갖가지 빛깔을 보게 되리니, 이것을 눈이 보는 것이라 하겠느냐? 그렇다면 저 어두운 방에 있던 사람이 등불을 켜서 보는 것은 마땅히 등불이 보는 것이라 해야겠구나. 그러나 등불은 빛을 나타낼 수 있을지언정, 보는 것은 마음이지 눈이 아니니라.

불법이란
고리가 아니라 마을을 비추는 거울
절집이란
그래서 마음의 처소인가

사찰의 영문 모를 대대적 불사 풍조는 근래에 도착한 악습이 아닐 수 없다. 매사 허허실실이 있게 마련이지만 빈번한 개축과 증축은 오히려 절집의 적정한 조건을 해한다. 사찰 환경과 둘레의 생태를 바라보는 눈들마다 당혹이 적잖으니 다급한 현안이라 할 만하다. 정방사 당우堂宇의 수는 일고여덟 개에 달한다. 얼핏 과밀해 보이지만 석벽의 장대함을 배경으로 두른 덕분에 조신하고 방정하다. 게다가 호호탕탕 시원하게 열린 하늘과 막대한 산군이 눈을 부라리고 있어 경내 풍광은 놀란 듯 잠잠하게 가라앉는다.

운해를 감은 산군들

　원통보전 내 주존불인 관음보살좌상에게 배를 올린다. 내력 있는 사찰답게 관음보살상의 상호相好에 기품과 위의가 서려 있다. 숨소리가 새나올 듯 입매는 부드럽고 눈은 반쯤 내리떴다. 올려다보면 연민 어린 눈길이고, 마주 보면 그윽한데 물러나며 바라보자니 차갑다. 내 안의 망심을 후려치심인가. 마음은 무지無知의 흐린 연못. 맑은 마음엔 천 개의 낚싯바늘을 던져도 아무런 지장을 받지 않는다고 들었다. 마음이 맑지 않으면 낚싯바늘에 온갖 상념들이 꿰인다. 사는 일이 점점 더 어려워진다. 훤한 마음으로 반조返照하지 않으면 여전히 진흙탕이다.

　원통보존 뒤꼍 바위벼랑 아래는 여남은 사람이 들어앉아 비와 바람을 가리기에 족한 공동空洞이다. 바위 속을 실핏줄처럼 흘러내린 석

간수가 현을 퉁기는 소리를 내며 우물로 떨어진다. 창건 설화에 나오는 정원스님은 아마 여기에 은거하며 절을 지었을 것이다. 금수산 새벽하늘에 날마다 별이 뜨니 자명종이 따로 필요하진 않았으리라. 별과 함께 일어나 낮에는 일하고 밤에는 부엉이처럼 깨어 경을 읽었을 것이다. 조석간에 절절한 환희심이 차올랐겠지만 마魔인들 왜 없었으랴. 활활 타는 불속에서 연꽃이 핀다는 것은 기적이다. 속세의 아수라에서 구도자로 살아간다는 것은 불속에서 연꽃을 피우려는 일과 같다. 『보왕삼매론寶王三昧論』은 이렇게 말한다.

> 수행하는 데 마가 없기를 바라지 말라. 마가 없으면 서원誓願이 굳건해지지 못하느니, 오히려 마군魔軍으로써 수행을 도와주는 벗을 삼으라.

길게 뻗어나간 석벽을 따라 전각들이 기다랗게 늘어서 있다. 나한전과 산신각, 지장전을 둘러보고 다시 경내 복판에 서자 먼발치서 운해를 감은 산군들이 벌써 으스름하다. 산협 사이를 맵시 있게 휘어지며 돌아나가는 청풍호에 내린 산 그림자가 속살처럼 애틋하다. 홍옥紅玉빛으로 저무는 해를, 주황으로 번지는 노을을, 황금빛 물무늬 아롱거리는 수면을 보지 못하는 건 아무래도 애석하다. 스님들의 처서로 쓰이는 유운당遊雲堂에 걸린 주련柱聯으로 살짝 위안을 받을 수밖에 없다.

산중에 무엇이 있으리오 (山中何所有)

산마루에 흰 구름 많다네 (嶺上多白雲)

다만 나 홀로 즐길 수 있을 뿐 (只可自怡悅)

임금에게 바칠 수는 없다네 (不堪持贈君)

중국 양나라 도홍경이 쓴 시다. 도홍경은 넌더리나는 세사를 뒤로 물리고 구곡산句曲山에 숨어 살았다. 그의 재주를 못내 아쉬워했을까, 양무제는 도대체 그 산중에 무엇이 있느냐고 물었다. 그 답으로 쓴 게 이 시다. 임금에게 넌지시 독거의 자족감을 알리는 궁리가 엿보이지만, 임금 '군君'을 '임'이나 '그대'로 바꿔 읽으면 한층 간절하다. 산중 백운에 취해 황홀할지언정 함께 나눌 임이 멀리 있어 마음은 반쪽이다. 임에게 바치지 못해 아쉬워하는 심회를 시로 바치는 자의 짠한 마음결이 어른거린다. 주련에는 송나라의 명필인 미불米芾의 행서를 집자集字했음을 알 수 있도록 '미불'이라는 각을 새겨두었다. 이 주련은 정방사가 지닌 중한 물건 중에 하나인데, 여하튼 유가의 시가 절집에 걸려 있는 것은 자못 튀는 일로 보인다.

그러나 유가의 시면 어떻고 불가의 게송이면 어떤가. 풍광이 수려하므로 찬양하는 노래가 있는 것이 당연한 일 아닌가. 삼연 김창흡은 조선 후기를 대표하는 은자로 정방사에 올라 네 편의 시를 썼다. 시대와의 불화 탓이었을까? 김창흡은 산경의 기묘를 노래하는 대신 내심의 소란을 글로 남겼다. 곧 '절은 고요하여 쓸쓸한데 얽혔던 세속의 찌든 때는 돌아갈 곳이 없구나' 하는 시구가 그렇다. 정방사 석벽의 샘물로는 미혹된 마음의 부질없음을 빗대기도 했다.

　사랑을 노래할 수는 있으나 사랑은 노래가 아니다. 풍경을 노래할 수는 있으나 풍경은 내가 아니다. 풍경의 진수를 바라보는 나의 눈은 호사를 누리되, 눈으로 보는 풍경이 오히려 마음의 흐린 자리를 끌어올린다. 방생하고 방목하려 해도 다시 그물에 갇히는 게 마음이다. 무한을 붙들려는 유한의 꿈이 자아내는 비극인가. 심불반조心佛返照, 간경무익看經無益이라, 마음으로 반조하지 않으면 경을 보아도 얻을 게 없다. 절을 나서 길을 되짚어 내려온다. 갈 길이 아스라하다. 앞뒤 잘려, 윤곽만 어지러이 남은 꿈자리처럼.

바위 벽 아래 천년고찰 정방사

산중암자로 정방사는 청풍호 줄기가 아스라이 잡히는 충북 제천시 수산면 능강리 산속에 있다. 월악산 국립공원에 속한 금수산의 한 자락이다. 거대한 바위절벽 밑에 겨우 붙어 있는 절집은 하나같이 위태로워 보이는데, 이것이 바로 정방사의 특징이자 아름다움이다. 바위벽에서 법당을 지나 마당 끝까지 폭이 10여 미터에 불과하다. 법당과 나한전 지붕을 덮을 듯 바위벽이 서 있고, 건물과 바위 사이 복도처럼 드러난 공간엔 바위틈에서 솟아나온 차고 맑은 약수가 고여 있다.

암자에 들어서면 정방사는 조계종 법주사의 말사다. 의상대사가 창건한 천년사찰로 그 후 몇 차례의 중수를 거쳐 법당과 나한전, 지장전, 유운당, 석조관음보살입상, 산신각종각, 청평루 등이 있으며, 특히 주존불은 숙종 25년(1689년)에 조성된 목조관음보살좌상을 모시고 있다.
지장전의 한쪽은 벽이 따로 없다. 커다란 바윗덩이 자체를 벽으로 이용한다. 바위절벽 아래 위태로운 절인데, 모든 위태로움을 뒤로하고 손바닥만 한 절마당 끝에 서면, 후련한 경치가 열린다. 청풍호와 그 너머로 첩첩이 쌓인 산줄기들이 거칠 것 없이 펼쳐진다. 험산으로 이름난 월악산 봉우리들이 손에 잡힐 것만 같다. 불자들은 그 모습이 누운 관음보살의 옆얼굴을 닮았다고 주장한다. 나한전 옆에 세워진 커다란 관음보살상이 그쪽을 바라보고 있다.

암자를 벗어나면 능강교에서 2.5킬로미터 가량 이어지는 들머리 숲길은 시멘트 포장길이나 울창한 숲, 특히 송림이 매력적이다. 특히 4월 초순에서 8월 초순까지 얼음이 얼었다가 처서를 전후해 얼음이 녹는다는 얼음골은 금수산 7부 능선에 있는데 1000여 평방미터의 돌밭, 돌무더기에서 20~40센티미터가량 들추면 밤톨만 한 얼음덩어리가 쏟아지는 곳으로 유명하다. 절의 왼쪽 산길로 오르면 미인봉(596m) 등산로로 이어지며 왕복 약 1시간 30분 거리이다.

암자로 가는 길

승용차 ❶ 영동고속도로 만종JC – 중앙고속도로 남제천IC – 금성면(82번 지방도) – 수산면 능강리 – 정방사
　　　　❷ 중부내륙고속도로 – 충주IC(수안보 방향) – 살미 삼거리(단양 방면) – 월악산 – 청풍 – 정방사

대중교통 동서울종합터미널에서 제천행 버스 이용(30분 간격 운행) – 제천시외버스터미널에서 청풍, 수산행 시내버스 이용

보은 속리산 상고암

어제를 돌아볼 일 아니고,
맥없이 십 년 뒤를 미리 바라볼 일 아니겠쥬
그냥 오늘 하루 즐거이 살면 되잖겠슈?

과욕이 없다, 치레가 없다

시인 이성복의 시집을 읽다가 가슴에 와 닿은 시 한 수가 있어 여물을 되새김하는 소처럼 되읽는다. 「산」이라는 제목이 붙은 바로 이 시.

> 세상에는 사람들이 살고 있는 가장 더러운 진창과
> 사람들의 손이 닿지 않는 가장 정결한 나무들이 있다
> 세상에는 그것들이 모두 다 있다
> 그러나 그것들은 함께 있지 않아서 일부러 찾아가야 한다
> 그것들 사이에 찾아야 할 길이 있고 시간이 있다

세상은 '가장 더러운 진창'과 '가장 정결한 나무들'이 이룬 두 극단의 대칭상을 드러낸다. 두 극단의 혼재에서 삶의 수고로움이 야기된

다. '진창'은 가깝고 '정결함'은 멀어 갈 길이 아득하다. 색色을 취하기 쉽되 공空엔 어두우니 삶이 숫제 맹盲이다. 그러나 문제는 풀라고 있는 것이라서 여하튼 삶의 길을 찾아야만 한다. 시의 제목이 「산」이니, 산에 길이 있다는 귀띔인가. 산에서 배워 산처럼 살라 함인가.

생활에 붙들릴수록 마음은 산으로 간다. 산에 마음을 내려놓고 세상의 진창을 응시해 길 한 자락을 간신히 움켜쥐곤 한다. 산은 그렇게 우리를 이끌어 곤궁한 삶을 넘어서게 한다. 산은 세속에 있지 않으나 세속을 씻어준다. 문제는 내가 속되어 산을 마음속에 담아두고 살지 못한다는 데 있다. 산山이 속俗을 떠난 게 아니라 속俗이 산山을 떠날 뿐이다. 그런데 지금 접어드는 이 산의 이름은 속리산俗離山, 1058m, 풀자면 속세를 떠난 산이다. 세속의 진창을 일갈하는 반어적 은유일까. 하지만, 바라보라 여행자여, 속리산은 없고 산속리山俗離만 저기에 있을 뿐이잖느냐.

보은 말티재를 넘어서자 속리산의 봉우리들이 주름주름 병풍을 펼친다. 초여름의 나무 그늘이 성큼 짙어졌다. 높이 나는 새들이 움직인 허공마다 푸른빛이 감돈다. 법주사 일주문 앞을 지나, 계곡 길을 따라 세심정에 이르자 길은 이제부터 조붓한 등산로다. 연둣빛 계류를 타고 노니는 물고기들은 수정 세공처럼 투명하다. 초록 잎새들을 무심히 흔들며 지나는 바람결엔 솔향이 묻어 있다. 나무들과 바위는 기묘한 눈빛을 나눈다. 고목 둥치를 찍는 딱따구리 난타에 숲의 적막이 잠시 깨진다. 생명된 것들 저마다 활짝 피어 활개치는 6월이다. 저 장한 것들, 오늘은 그저 근심 없이 누려보련다.

길들은 숲 사이로 달려가 흰 강아지처럼 포실하게 눕는다. 가파른 길인지라 아예 길에 업혀간다. 등으로 팥죽땀이 흐르고 다리가 팍팍하건만 숲이 손수건을 꺼내 이마를 씻어주니, 눈썹이 상큼하다. 해발 1000미터쯤 되는 자리라 했던가. 이윽고 암자에 이르자 고지에 부는 잔바람이 차라리 서늘하다. 법주사法住寺의 산중암자들 가운데 가장 높고 외진 곳에 자리한 상고암上庫庵이다.

암자의 뜰에 서자 저 아래 어딘가 박혀 있을 사바세계가 부질없이 멀어진다. 요즘의 발달한 도로교통은 산중까지 침투해 산사에 이르는 길까지 콘크리트로 바르는 경향이 극심하다. 웬만한 절치고 자동차가 대웅전까지 닿지 않는 데가 별로 없다. 산중사찰이니 산사니 하는 호명부터가 그저 무늬일 뿐이다. 그러나 상고암은 여기에서 예외다. 땀을 흘려 가파른 산길을 올라야만 당도할 수 있는 산문이다. 모진 산길이 곧 경전임을 일깨우고, 지쳐 낮아지는 육신의 겸양을 알게 하는 산중암자다. 기우뚱거리며 조심스럽게 내딛는 발걸음 하나하나가 마침내 기도가 되는 비결을 기별하는 절이다.

목재 창고에서 유래한 암자

상고암의 주 불전은 극락전이다. 정면 세 칸, 측면 두 칸 크기의 아담한 맞배집이다. 극락전 현판 글씨는 서양화가 권옥연이 쓴 것이다. 불단 중앙에는 아미타불을 모셨다. 아미타불이면서 웬일인지 수인은 석가모니불처럼 항마촉지인을 하고 있어 헷갈린다. 그러나 곱살한 미소를 머금은 입매며 살풋 내리뜬 눈길이 정겹다. 저 불상을 만든 사람은 기교가 아니라 그저 간절한 염원만으로 열성을 다했나보다. 극락전 뒤편, 돌계단 위 높은 자리에는 산신각과 영산전이 있다. 그리고 석탑과 요사채, 약사여래불을 모신 굴법당과 살림채 등속이 지형에 따라 제각각 높고 낮은 곳에 사이좋게 어울려 있다.

비로봉 자락 헌칠한 터에 자리한 상고암은 크거나 넓은 도량이 아니지만 걸릴 것 없이 전망이 탁 트여 후련하다. 박꽃처럼 밝다. 담백한 돌계단과 야트막한 언덕길로 나뉘는 듯 이어지다가, 또는 층이 지는 공간들. 서로 성가실 게 없게끔 적절한 거리를 벌려 늘어선 나무들도 수려하고, 새로 지었으나 규모가 조촐해 생경스럽게 튀질 않는 요사는 그저 차분하다. 묵은 전각과 새로 난 건물들이 동거하지만 자연스러운 조화를 이루어 보기에 기껍다. 과욕과 치레를 멀리한 불사가 이렇게 미덥다.

눈을 가늘게 떠 찬찬히 들여다보자면 눈에 띄는 것들은 또 있다. 극락전을 오른쪽에서 바라보고 있는 커다란 암벽에 마애불처럼 새겨진 사천왕상, 그 앞으로 바짝 다가와 사천왕상을 응시하는 거북바위, 올망졸망 귀여운 항아리들을 이고 있는 장독대, 그리고 이끼와 덩굴을 두른 바위들과 탐스럽게 피어난 작약꽃 따위가 전각과 마당과 비탈의 경계를 지우거나 틈을 메워 그저 한 몸이게 한다.

상고암은 신라 성덕왕 19년(720년)에 창건되었다고 한다. 전하는 말에 따르면 이 암자는 법주사를 지을 때 제반 자재를 저장한 창고였다. 천왕봉 일대의 소나무를 베어다 저장해두었던 곳이라 한다. 특히

이곳의 홍송紅松은 그 향기가 대단해 반가의 목침으로 널리 애용됐다. 원래는 상, 중, 하 세 곳의 고庫가 있었는데, 중고와 하고는 약 백여 년 전에 없어지고 상고만 남아 암자의 역할을 하고 있다. 군량미를 저장했다고 해서 상고암이라고 부르게 됐다는 설도 있다. 광복 후 산적의 출몰과 한국전쟁으로 인해 붕괴됐던 것을 1963년 다시 세웠다. 현존하는 극락보전은 1975년에 중건했다.

여름이 냅다 줄달음쳐 덮쳐오는 철이지만 암자의 어디고 눅눅하거나 후줄근한 기미가 전혀 없다. 오히려 훈김 오르는 봄날처럼 포실한 기운이 넘친다. 암자를 에워싼 숲은 봉긋하다. 돌계단이며 바위에 귀를 대고 눕고 싶어진다. 지난날 이 암자의 모습은 어떤 것이었을까. 조선 숙종 때의 성리학자 정시한이 상고암을 찾은 적이 있다. 그가 남긴 『산중일기』 1686년 10월 18일 자엔 다음과 같은 기록이 나온다.

> 흐리고 추웠다. 저녁엔 눈이 내렸다. 아침식사 후에 지팡이를 짚고 뒷산 봉우리에 올라가 상고암에 이르니, 새로 지은 건물로 금년 여름에 단청을 하여 눈이 어지러울 정도로 휘황찬란하였다. 성준과 계호라는 두 승려가 있었는데 눈이 매우 어두웠다. 성준과 함께 북학에 올라가니 시야가 툭 트였다. 덕유산, 대둔산, 계룡산 등이 마치 발밑에 있는 것 같았다. 아득히 바라보니, 산들이 마치 큰 바다에 물결이 이는 것 같은 모습이었다. (…) 험준한 산세가 감싸고 있어서 비록 시원스럽게 트이지는 않았으나 깊숙하고 한적하여 거처하기에 적합하였다.

단청이 휘황찬란하였다고 하니 당시 상고암의 반듯한 사세를 어림잡을 수 있다. 그때의 단청이며 전각은 어디로 사라졌는가. 눈은 매우 어두웠으되 심안으로 천리만리를 보았을지도 모를 성준과 계호는 대체 누구이며 또한 어디로 떠나 지금은 무엇으로 머무는가. 무한을 붙들 수 있는 유한이 없으니, 과거의 소식은 끊기고 그저 마음은 수수롭다.

암자의 스님은 오늘 볼일 보러 저자에 내려갔다. 한 세월을 마냥 이 암자에 조신하게 머물며 법당을 온전히 지켜온 스님이라 들었다. 조촐한 불사의 품새에서 주지의 방정한 성품이 엿보인다. 산 아래가 가깝지 않으니 당일에 돌아올 나들이가 아니라서 법문 한 자락이나마 청해 들을 여지가 없어 아쉽다.

상추가 있는 밥상

뜰 한 귀퉁이에 있는 수조의 석간수를 떠서 목으로 넘긴다. 청량하고 미묘한 물맛이 차고 달다. 팔공덕수八功德水라 부르는 상고암 약수는 수준이 매우 높다. 언제인가 전국에서 이름 꽤나 알려진 약수들을 모두 모아 품평을 하였는데 그중 상고암 팔공덕수가 으뜸으로 평가받았다는 게 아닌가. 속리산의 물맛은 예로부터 널리 이름이 났다. 『신증동국여지승람新增東國輿地勝覽』은 속리산 문장대에서 흘러내리는 삼파수三派水, 즉 세 가닥 물길에 관해서 적었다. 여말선초의 문신 이행은 달밤에 술통을 실은 소를 타고 산수를 노닐어 '기우자騎牛子'라는 호를 얻은 사람인데, 충주 달래강의 물맛을 으뜸으로 치고 속리산 삼파수를 그다음으로 꼽았다고 전해진다. 그러나 『동국여지승람東國輿地勝覽』에 적힌 바와 같이 달래강 역시 속리산 삼파수의 한 가닥이니 속리산 삼파수야말로 우리나라 좋은 물의 으뜸이라는 이야기가 된다.

그런데 세 강물이 나뉘는 삼파수의 위치를 문장대라 설명한 『신증동국여지승람』의 기록은 오류다. 문장대가 아니라 천왕봉이라 해야 옳다. 옛날에야 산의 높이나 강의 길이를 구체적으로 잴 수 없었으니, 다만 그 산이 상징하는 주요 봉우리로 산을 대표하여 그리 적었을 것이다. 분명한 것은 문장대에 내리는 빗물은 모두 흘러 달래강으로 가고 세 강의 물길이 나뉘는 봉우리는 오직 천왕봉 한 곳뿐이라는 사실이다. 그리고 천왕봉 기슭에 자리한 상고암의 팔공덕수가 바로 달래강의 원천이다.

팔공덕수와 더불어 상고암의 또 다른 자랑거리는 장려한 전망이다. 극락전 왼편 소로를 따라 100미터쯤 오르면 전망대가 나오는데, 이곳에서 바라보는 속리산 주봉들의 파노라마가 가히 압권이다. 문장대, 신선대, 청법대, 입석대가 한눈에 들어오고, 주밀한 정적에 휩싸인 협곡들이 심산의 오묘함에 깊이를 더해준다. 하늘과 산과 모든 생명들이 하나로 얽힌 만다라의 구현이자 화엄의 드라마이다.

텃밭에서 아낙이 상추를 뜯고 있다. 꽃잎처럼 여리고 여치처럼 푸른 상추 몇 장을 손에 든 그녀의 얼굴이 낯설지 않다. 나는 십 년 전쯤 눈보라 내려치던 겨울 하오에 속리산을 헤매다 기진맥진한 채 여기 상고암에 닿은 적이 있었다. 무릎까지 빠지는 눈 속을 허우적거리느

라 몹시 지쳐 있었는데 암자의 공양주 보살께서 더운 밥상을 차려주어 기운을 차릴 수 있었다. 그때의 그 인정스러운 보살을 오늘 다시 만난 것이다. 뒤늦게나마 그날의 추억을 들려주며 고마움을 표하는데, 보살께선 그게 뭐 그리 대단한 일이냐는 투로 심상히 받는다. 그러고는 방금 뜯은 상추와 된장, 밥 한 공기를 상에 올린 뒤 요기 삼아 드셔보라, 권해온다. 보시다. 배고픈 이에게 음식을 주는 음식시다.

어느 날, 사리불존자가 수보리존자에게 물었다.

"세속적인 보시와 탈속한 보시는 어떻게 다릅니까?"

수보리존자가 대답한다.

"만약에 어떤 보살이 시주를 함에 있어서 '보시의 인연으로 중생들이 금생에는 즐거움을 얻고, 다음 생에는 해탈열반에 이르게 하리라' 한다면 이 사람의 보시에는 세 가지 걸림이 있다. 나라고 하는 생각, 남이라고 하는 생각, 베푼다는 생각이 그것이다. 세속적인 집착에서 아직 벗어나지 못했기 때문에 이것을 세속적인 보시라 한다. 탈속한 보시는 세 가지 청정함을 갖추어야 한다. 보시하는 이와 받는 이, 보시하는 물건, 그리고 보시의 결과에 대해 아무런 매달림이 없어야 한다. 보살은 일체 중생에게 베풀고 최고의 지혜에 회향하지만, 아무런 뽐냄이나 자부심이 없음은 물론 베푼다는 마음까지도 없다."

베푼다는 마음까지도 없는 보시. 아름다운 경지다. 그러나 베풀기는커녕 남의 것을 빼앗지 않으려는 노력마저도 가끔은 수포로 돌아가는 게 세속의 삶이지 않던가. 그리하여 삶은 난관의 연속이지 않던가.

상추쌈을 입에 넣는 중에 문득 낯이 간지러워지는데 보살이 말한다.

"사람 사는 게 별거겠슈?"

잠시 말을 멈췄다가 싱긋 웃으며 다시 잇는다.

"어제를 돌아볼 일 아니고, 맥없이 십 년 뒤를 미리 바라볼 일 아니겠쥬. 그냥 오늘 하루 즐거이 살면 되잖겠슈? 호호."

절 살림을 도맡아 시도 때도 없이 일에 치일 나날이 뭐 그리 즐거우랴만, 일하는 중에 마음밭을 덩달아 시시때때로 쓸어냈음인가. 사는 일, 그게 날이면 날마다 공부라. 무시로 눌러 삼가고, 보는 족족 쳐낸 게 많았으리라. 보살의 손때가 지문처럼 박혔을 선반 위 사발들이 희게 웃는다. 밝은 저물녘이다.

세조도 마신 약수가 있는 상고암

산중암자로 속리산 정상 가까이엔 3곳의 산중암자가 있다. 문장대 직전의 중사자암, 경업대 아래쪽의 관음암 그리고 비로봉 아래쪽에 있는 상고암이 바로 그렇다. 이 가운데 상고암은 그 들어앉은 지형이 단연 빼어나다. 사람들은 속리산 제1봉인 천왕봉이나 문장대에 올라야 속리산을 다 볼 수 있을 거라 생각할지 모른다. 그러나 그건 착각이다. 속리산을 한눈에 볼 수 있는 곳은 바로 비로봉 아래 있는 상고암이다. 상고암으로 가려면 법주사를 지나 나타나는 세심정 삼거리에서 천왕봉 쪽으로 방향을 잡아야 한다. 넉넉한 계곡을 따라 산길을 걸어 비로산장을 스쳐 상고암 입구를 알리는 팻말을 따라 산을 오르면 된다.

암자에 들어서면 극락전 오른쪽으로 가면 커다란 바위에 마애불처럼 각인된 사천왕상과 사천왕상을 응시하는 거북 형태 바위가 있다. 소탈하고 졸박하지만 운치가 있다. 사천왕상 앞을 지나 조금 더 걸어가면 굴법당에 모셔놓은 약사여래부처를 참배할 수 있다. 상고암에서 꼭 맛봐야 할 것은 다름 아닌 물맛이다. 조선의 세조는 신병 치료차 피접을 나와 속리산에 머문 적이 있었다. 속리산 아래쪽에 있는 복천암에 머물렀는데 식수는 물론 약을 달일 때는 반드시 상고암 물을 사용했다 한다.

암자를 벗어나면 상고암에서 속리산의 비경을 보려면 극락전 왼편의 길로 접어들어 너럭바위에 올라야 한다. 이곳에서는 문장대에서 천황봉으로 이어지는 능선과 깊은 계곡들을 한눈에 시원하게 볼 수 있다. 속리산의 거의 전체를 한눈에 볼 수 있는 유일한 장소가 바로 이곳 아닌가 생각한다.

암자로 가는 길
승용차 경부고속도로 청원JC – 상주 방향으로 진행 – 속리산IC로 진출 – 구인 삼거리에서 우회전 – 말티재 – 속리산 주차장
대중교통 동서울종합터미널에서 속리산행 버스 이용(1일 13회 운행)

동해 두타산 **관음암**

머리로만 알아 입으로만 떠드는 병통에서 벗어나야 합니다

말로 안 되는 것이 불교입니다

아득하여라, 저 은산철벽

산을 오르는 사람들의 발길이 가뿐하다. 잡다한 풍문과 미세한 세균이 들끓는 도회에서의 보행과는 다르다. 인위와 허영이 난무하는 도시의 거리는 개운한 활보를 허용하지 않는다. 고뇌에 사로잡힌 카프카처럼 도시에서 사람들은 흔히 소심한 행보를 한다.

산에서는 다르다. 깊은 근원으로 침잠한 숲 사이로 뻗은 오솔길이 발길들을 보듬어 유유한 지경으로 인도한다. 산길을 걷는 일은 그래서 물이 흐르는 것처럼 자연스럽고 자유롭다. 이럴 때 우리의 의식은 자명종처럼 깨어나 슬그머니 자신을 돌아본다. 불가의 수행이란 결국 길에서 새벽처럼 깨어 있기 위한 공부이다. 길에서 자신의 마음을 구두 밑창처럼 낮추는 일이라고 들었다.

여름의 절정을 향해 치닫는 산은 일망무제 초록이다. 성성한 잎사

귀를 매단 나무들이 만 개의 붓 터럭처럼 일어서 하늘에 고인 푸른 먹물을 찍어 허공에 붓질을 해댄다. 수류화개水流花開라, 물 흘러 꽃은 마구 핀다. 미묘한 수석들과 물이 황급히 교접하기를 거듭하는 계곡은 후끈 달아올랐으나 산중은 마냥 맑은 기운을 뿜을 뿐이다. 계곡이 깊어질수록 풍치가 상승해 차라리 말과 글이 모두 궁색해진다. 이 산을 예로부터 '금강산에 버금가는 관동의 군계일학'이라 칭송하거나, 이 계곡을 무릉도원에 견주어 무릉계곡이라 호명해온 내력을 그저 냉큼 간파할 수 있을 따름이다.

산 이름은 두타산頭陀山, 1353m. '두타'란 범어 'dhuta'의 음역이다. 두다杜茶. 두다杜多. 투다投多라고도 쓴다. 의식주에 대한 집착을 버리고 심신을 수련하는 것을 말한다. 두타의 생활규범에는 12조항이 있는데 이것을 12두타행이라고 한다. 인가와 떨어진 조용한 숲속에 머물 것, 항상 걸식할 것, 걸식할 때 빈부를 가리지 말고 순서에 따라 할 것, 하루에 한 번만 먹을 것, 해지고 헐은 천으로 누빈 옷을 입을 것, 집 없이 항상 나무 밑에 기거할 것, 늘 단정하게 앉아 있되 눕지를 말 것 등의 조항이다. 후세에 이르러 두타란 말의 의미는 산이나 들 그리고 세상을 편력하며 온갖 고행을 인내하는 운수행각을 일컫는 개념으로 변했다. 부처님의 십대제자 중에서 가섭존자迦葉尊者가 두타제일로 칭송받았다.

두타의 뜻이 이러하니, 두타산은 영락없는 불교의 산이다. 부처의 뜻을 정신의 군불로 삼은 산이다. 두타산과 배필처럼 한 몸으로 얽힌 청옥산靑玉山, 1404m의 '청옥' 역시 아미타경에 나오는 일곱 가지 보석

중의 하나로 산을 통째 경으로 읽은 호명이 아닐까. 산 이름부터가 불교색이 짙으니 어련하랴, 예부터 절이 많았다. 십여 개의 크고 작은 가람이 있었다고 한다. 그러나 대부분의 절들이 세월의 썰물에 떠밀려 어디론가 사라졌다. 이젠 더 이상 절의 수효數爻로는 적나라한 불교색을 드러내지 못하는 산이다. 그렇다면 두타산은 절이 지나간 자국이다.

천 명 정도가 모여앉기에 족한 너른 바위인 무릉반석에 이르자 두타산 풍치의 서막이 오른다. 수정처럼 맑은 물에 산 그림자 어린다. 물속 산마루를 타고 손가락만 한 물고기들이 천진하게 노닌다. 가깝거나 먼 곳에 솟아오른 산봉우리들은 곧추 서서 아슬아슬하고, 바위를 정수리에 얹어 절묘하다. 이 산에 사람들의 발길이 즐비한 것은 충분히 이해할 만하다. 산빛과 산향을 담뿍 머금은 사람들의 얼굴마다 살짝 홍조가 어리는 연유를 납득할 수 있다.

산과 사람이 여기에서 이렇게 교감한다. 은연중 내 마음속 부처를 꺼낸 사람들이 산이라는 부처를 바라본다. 이 어간에서 절 하나가 불자들을 맞아준다. 지심귀명례至心歸命禮의 마음으로 산을 찾은 이들을 반기는 절. 삼화사三和寺. 무릉계곡을 옆에 낀 삼화사는 신라시대 선덕여왕 때 자장율사가 지었다는 7세기 창건설과 문성왕 때 범일국사梵日가 창건했다는 9세기 설, 그리고 흥덕왕 때 창건했다는 설이 분분하다. 이 중 7세기 창건설에는 청년장수 김재량을 연모했던 세 처녀가 여신이 되어 자장율사를 도와 삼화사를 창건했다는 설화를 근간으로 하고 있다.

삼화사 철불의 사연

　삼화사에는 철불鐵佛이 있다. 모진 운명을 감내한 채 천년 세월을 견뎌온 철불이다. 이 불상이 학계에 보고된 것은 1967년. '신라오악 학술조사단'이 태백산 지구를 조사하던 중 사찰의 단칸 불전에서 발견했다. 하반신이 완전히 상실되고, 두 손이 잘린 채였다. 명주군소식지는 이 철불이 두 차례의 화재를 입었고, 이후 도적으로부터 팔이 잘린 수난 사실을 전하고 있다. 일제강점기에는 골동품 수집상에게 팔려나갈 뻔했다. 조사단이 고려시대 철불로 추정한 뒤에도 이 불상은 문화재적 가치를 인정받기는커녕 불자들의 귀의조차 받지 못한 채 방 한구석에 섭섭하게 방치돼 있었다. 철불의 진가는 1997년에야 정확히 드러났다. '신라의 노승 결언스님이 880년께 조성했다'라는 내용의 명문 149글자가 발견됨으로써 보물로 지정되고 대적광전에 안치될 수 있었다.

　세상에서 당한 수난은 많았으되 이에 굴하지 않았음인가. 삼화사 철불은 베푼 것이 많았다. 빌면 비는 족족 소원을 들어주는 불상으로 널리 호가 났다. 이 철불에 서린 영험설화의 부피는 중량급으로 영험을 증명하는 많은 설화들이 전해진다. 이를테면 이런 게 있다.

　삼화사 아랫마을에 사는 새댁 하나가 아이를 갖지 못해 애를 태웠다. 그녀는 이웃 마을 어떤 아주머니가 삼화사 철불에게 기도를 해서 영험을 얻었다는 말을 듣고 절로 찾아가 기도를 했다. 그러나 좀처럼 소원이 이루어지지 않았다. 새댁이 아주머니를 찾아가 "어떻게 기도를 해서 소원성취를 했느냐"고 물었다. 그러자 아주머니가 슬그머니 이런 귀띔을 해주었다.

"부처님도 색다른 음식을 좋아한단 말일세. 그러니 명태를 한 마리 가지고 가서 공양을 올리게. 만약 그래도 소원을 들어주지 않으면 삼화사 부처님이 고기만 받아 자시고 소원을 들어주지 않더라고 소문을 내버려. 그러면 부처님이 난처해서라도 어떻게 해줄 게 아닌감."

새댁은 아주머니의 말대로 명태를 실타래에 꿰어서 부처님 목에 걸어놓고 소원을 빌었다.

"부처님, 만약 제 소원을 들어주시지 않으면 삼화사 부처님이 고기를 자셨다고 소문을 내겠습니다. 정말로 그렇게 할 겁니다."

이렇게 으름장을 놓으며 불공을 올리고 난 다음 새댁은 정말로 임신을 해서 옥동자를 낳았다. 이 소문이 퍼지자 그때부터 소원이 많은 사람들이 스님 몰래 법당에 들어가 명태를 올려놓고 기도를 했다는 스토리, 그러면 열에 아홉은 소원을 성취했다는 이야기. 아낌없이 주는 부처의 사랑에 관한 믿음과 예찬의 영험담이다. 믿음이란 눈이 없는 까닭에 이렇게 미신과도 같은 맹신의 사촌으로 흐른다. 하지만 눈 먼 믿음에 지극정성이 보태지면 그게 약진이 되고 수행이 된다.

삼화사를 벗어나자 산길이 둘로 갈린다. 학소대로 통하는 계곡길과 관음암에 이르는 비좁은 산길. 계곡을 뒤로 하고 관음암으로 향한다. 본격적인 등산이 시작된다. 길은 굽이치거나 일어서 번번이 깔딱고개다. 숨이 가빠진다. 저 아래 계곡 물소리가 점점 멀어지며 잦아들더니 마침내 적막만 가득하다. 도란도란 길섶에 웅크린 여린 풀들이 얼굴을 내민다. 꼭 어린 자식놈만 같은 풀들. 덥게 오른 산길이 풋풋하

다. 나무 그림자 내린 맨흙바닥은 푹신하다. 맑은 한지처럼 순수하다. 등으로는 땀이 흐르지만 산길이 해맑아 온몸으로 산과 섞인다. 여기엔 그 어떤 욕심도, 고뇌도, 오류도 없다. 그저 그 자체로 무구하고 아름답다. 길이 도道이고 도가 길인 이유가 이와 같다. 길 끝에서 이윽고 관음암이 나타난다.

저 은산철벽

삼화사에 딸린 유일한 산중암자인 관음암은 아주 작은 산문이다. 소박한 여염집 구색이다. 상주하는 주지도 없다. 주인이 없어 제대로 돌보는 손을 못 탄 탓일 테지. 텁수룩한 경관이다. 불사의 잔해들이 조금은 어수선하다. 주지가 없다지만 스님 없는 절이 무슨 절이랴. 기도 스님이 머문다. 잠시 잠깐 머물다 훌쩍 떠나는 스님들. 정처 없이 왔다가 기약 없이 떠나는 운수雲水들.

승려의 길이란 구름이나 물을 닮아가는 여정이다. 유한에서 무한으로 가는 여행이다. 그게 비단 승려만의 전공이랴. 우리네 속인의 삶도 다를 게 없다. 달라이 라마의 말처럼 사람은 백 년도 못 되어 이 세상을 지나가는 나그네일 뿐이다. 궁극적으로 형상이 있을 수 없는 게 육신이자 정신이다. 땅에서 넘어진 자는 땅을 짚고 일어나야 하듯이 유한의 질곡에 처한 우리는 유한을 딛고 깨어나야 한다는 게 불가의 전갈이다.

이 나라의 절집자리치고 명당 아닌 곳이 없다지만 관음암의 터전도 헌칠하기가 장한壯漢과도 같다. 건물이라야 고작 허름한 법당과 산신각, 그리고 요사채가 있을 뿐이지만 사방의 지세가 예사롭지 않다. 암자 뒤편을 에두른 바위들, 천년고찰의 묵은 세월을 대변하는 아름드리 느티나무를 중심으로 좍 펼쳐지는 경내 풍광이 호방하다. 암자 전면으로는 두타산의 연봉들이 장중한 어깨를 실룩인다. 이 골짝 저 골짝에서는 안개가 자욱하고, 허연 구름장이 산허리에 감긴다.

관음암 법당엔 관음보살상이 주불로 봉안되어 있다. 이 암자는 관음기도 도량이다. 관음신앙이란 자비의 화신인 관세음보살을 일심으로 염불함으로써 구원을 얻고자 하는 타력적인 불교신앙이다. 관음신앙의 근본 경전이라 할 수 있는 것은 『법화경法華經』의 「보문품普門品」이다. 이 경전은 물·불의 재난이나 귀신·도적 등이 가하는 육체적인 어려움에서부터 탐·진·치 삼독의 고난을 비롯한 온갖 현실적인 고뇌를 관음보살을 통해 벗어날 수 있다고 통기한다. 관세음보살을 일심으로 염불하면 관음이 즉시 그 음성을 관觀하고 모두 해탈을 얻도록 한다는 현세적 신앙이다.

본사인 삼화사가 그러하듯 관음암에도 많은 영험설화들이 서려 있다. 그리하여 관세음보살의 가피를 얻으려는 신도들의 발길이 좀처럼 끊이질 않는다.

대나무 대롱에서 콸콸 쏟아지는 물을 마신다. 잠자리들이 허공을 맴돌아 이곳이 가벼이 날 수 있는 방책을 얻어갈 수 있는 구도의 도량임을 암시한다. 짙은 풀내음과 꽃향이 콧등을 스친다. 눈길을 붙잡고 놔주질 않는 것은 산릉에 가득한 바위벼랑들. 허공에 우람하게 치솟

잠시 잠깐 머물다 훌쩍 떠나는 스님들

정처 없이 왔다가 기약 없이 떠나는 운수들

은 수직의 벼랑들은 기묘하여 빼어나다. 그러나 도를 닦는 스님네들에게 날 선 저 바위벽들은 그 자체로 방이자 할이다. 절경이기 이전에 차라리 은산철벽銀山鐵壁일 게다. 무문관無門關일 게다. 화두로 촉발된 의심이 빈틈없이 이어져 전후좌우 한 발자국도 나갈 수 없는 절박한 상황. 이를 어떻게 타파해 업장을 소멸하고 아상我相의 껍질을 벗을 것인가. 옛날의 조사는 설했다.

"은산철벽의 관문을 뚫고자 하는 사람은 없는가? 삼백육십 개의 골절과 팔만사천 개의 털구멍으로, 온몸을 다 들어 의단疑端을 일으켜야 한다. 무無자를 참구하되 이 무자를 밤이나 낮이나 항상 들고 다녀야 한다. 마치 뜨거운 쇳덩어리를 삼킨 것과 같아서 토하고 토해내도 나오지 않는 듯이 하여 이제까지의 잘못된 알음알이를 몽땅 없애야 한다."

몽땅 없앤다! 말은 쉽지만 만고에 어려운 과업이다. 무슨 수로 자만과 허영을 떨칠 것인가. 어떤 예리한 칼로써 무지를 자를 것인가. 늘 본질을 그리워하지만 삶의 진상은 무지의 껍질에 뒤덮여 있다. 그러하니, 어림없다 존재여! 껍질의 무게 그 자체로 숨 막힌 채 숨을 쉬니 이건 무슨 질병인가.

"머리로만 알아 입으로만 떠드는 병통에서 벗어나야 합니다. 말로 안 되는 것이 불교입니다. 석가모니 부처께서도 열반하실 적에 '나는 한마디도 하지 않았다' 하시지 않았던가요? 직접적인 수행만이 유일한 최선이지요."

관음암에 잠시 머물고 있다는 스님의 귀띔이다.

"그렇다고 수행이 쉬운가? 저 삼엄한 은산철벽을 무슨 수로 타파하겠습니까? 원효 같은 자유자재가 그립습니다. 한번 완전히 죽었다가 다시 살아나는, 그런 기개……."

스님의 낯빛에 수줍음이 어린다. 침상에서 깨어났으되 꿈의 흐린 여운으로 모호해하는 표정. 앞산 바위벽이 태산으로 다가온다.

기도 효험 소문난 암자 관음암

산중암자로 관음암은 동해시 삼화동 두타산 자락에 있다. 무릉계곡을 끼고 있는 삼화사에서 서북쪽 1킬로미터 지점에 위치했다. 관음암의 원래 이름은 지조암(指祖庵)으로 고려 태조 4년(921년)에 창건되었다. 풍문에 따르면 용비대사가 절을 지었다고 한다. 용비(龍飛)란 임금이 등극하는 것을 말하는데 법명치고는 야릇해 실존 여부를 의심하는 의견이 많다. 삼화사는 934년 태조 왕건이 하사한 노비와 사전을 발판으로 산내에 8개의 암자를 창건하는 등 급격히 사세가 확장됐는데, 이때 관음암도 중건됐다. 조선 정조 17년(1793년)에 불탄 것을 당시 삼척부사였던 윤청이 주선해 중건했다. 체력이 좋은 사람들은 삼화사에서 25분이면 오를 수 있지만 가파른 길 때문에 누구나 쉽게 오를 수 있는 길은 아니다. 하지만 유난히 많이 보이는 다람쥐들과 다 오른 뒤에 볼 수 있는 절경은 산행에 대한 보상으로는 과분할 정도이다.

암자에 들어서면 관음암 법당에 모셔진 주불이 관음보살상인 것에서 알 수 있듯이 이 암자는 관음기도 도량이다. 예로부터 그 영험함이 소문나 동해 지방에서는 많이 알려진 암자. 사시사철 기도하러 오는 사람들의 발길이 끊이지 않는다. 그래서 1959년 이 암자를 중건하면서 아예 이름도 관음암으로 고쳤다고 한다.

암자를 벗어나면 삼화사 언저리에서부터 펼쳐지는 무릉계곡은 가벼운 트레킹 코스로 적격이다. 두타산과 청옥산에서 발원해 이어지는 계곡으로 울창한 수림과 아기자기한 등산로, 맑은 계류와 호방한 폭포가 어우러져 경관이 빼어나다. 무릉반석, 학소대, 옥류대, 선녀탕, 쌍폭, 용추폭포 등 명소가 즐비하다. 매표소에서 용추폭포까지의 거리는 약 3킬로미터로 왕복 3시간쯤 소요된다.

암자로 가는 길

승용차 영동고속도로 – 동해고속도로 마지막 톨게이트 – 동해시 – 무릉계곡 (공용 주차장 이용, 주차료 5000원, 입장료 1500원) – 삼화사 – 관음암

대중교통 서울고속버스터미널에서 동해행 버스 이용(1일 20회 운행) – 동해시에서 무릉계곡행 12번 버스 이용(30분 간격 운행)

평창 오대산 적멸보궁

내일과 다음 생 중 어느 것이 먼저 찾아올 것인지
우리는 결코 알 수 없다!

그대, 새벽처럼 깨어 있는가

산을 오르는 발길들이 잦다. 절로 가는 길이니 대부분 불자들일 게다. 늦가을의 나뭇잎새들은 부질없이 떨어져 흙으로 귀환할 준비를 서두른다. 잎사귀 벗은 나무들의 몸이 헐벗은 영혼처럼 처량하고 슬프다.

낙엽을 밟고 오르는 노보살의 허리가 'ㄱ'자로 휘었다. 인생은 어쩌면 허리 휘어지는 과정의 연쇄다. 내 몸이야 아직 꼿꼿하다지만 휘청대는 번뇌를 숨길 수 없다. 향초가 들었나? 노보살의 야윈 등허리에서 작은 배낭이 대롱거린다. 그래서 발걸음은 추를 매단 듯 한결 무겁다. 하지만 아랑곳없다. 안간힘을 다해 오르고 또 오른다. 집요한 동작이다. 까마득한 고대에도 우리 어머니들은 저렇게 절을 찾아갔을 것이다. 등산의 효시라 해야 할까?

불심이란 죽음이 서성거리는 노보살로 하여금 기어이 절을 찾아가게 하는 깡과 근력을 부여한다. 게다가 이 길은 적멸보궁寂滅寶宮으로 가는 길이다. 불자라면 누구나 생시에 한번은 순례하고 싶어하는 절집이다. 오대산五臺山, 1563m은 그 후덕함으로 사람들을 불러 모은다. 그리고 월정사月精寺나 상원사上院寺 같은 천년고찰과, 거기에 딸린 많은 암자들이 있어 또 사람들을 호출한다. 그 무엇에 앞서 부처님 진신사리를 모신 적멸보궁이 비로봉 아래 있기에 불자들에겐 선망의 산이다.

하오의 햇살이 비스듬히 들이친다. 옷 벗은 나무들의 몸에 금빛 양광陽光이 어려 문득 눈부시다. 자연은 신이 갈아입는 옷이라 말한 이가 칼라일Thomas Carlyle, 영국의 비평가 겸 역사가이었던가. 산은 이제 가을을 벗고 겨울을 입는다. 나무도 겨울이 추울까? 나는 겨울이 춥다. 몸이 춥고 일쑤 마음도 춥다. 구겨진 옷 같은 주름투성이의 욕망을 가지고 살아서 그럴 게다.

저분이 누구신가. 노보살이 걸어오르는 뒷전을 조선의 세조가 따라 오른다. 세조는 조카 단종을 폐위시키고 유혈극을 통해 왕권을 탈취했다. 악업惡業일레라. 역사에 실려온 소식은 이렇다. 고뇌가 많았던 세조가 불교에 귀의해 도처에서 불사를 행했으며, 간경도감刊經都監을 설치해 불서 간행에도 많은 힘을 기울였다고 한다. 오대산에서는 두 차례의 이적異跡을 체험했는데 한번은 저 아래 상원사 참배 중에 고양이의 도움으로 목숨을 건졌고, 또 한번은 적멸보궁 가는 길에서 문수보살을 친견했다고 한다.

문수보살은 천진한 어린아이의 모습으로 현현顯現하셨다 한다. 열 동이의 탕약, 백 섬의 환약으로도 못 고칠 세조의 피부병을 낫게 해주셨다고 한다. 이런 인연이 빌미가 됐을까. 1984년에 발견된 상원사 법당 내 문수동자 복장에서는 세조의 딸 의숙공주가 문수동자상을 봉안한다는 발원문을 비롯하여 많은 유물이 발견되었다.

『중아함경中阿含經』엔 이런 내용이 나온다.

평소 착한 일을 많이 한 사람이 죽자 악한 사람들이 찾아와, 지옥에 떨어져라! 저주했다. 그럼 그는 과연 지옥에 떨어질까? 당찮은 말이다. 평소 온갖 악행을 한 사람이 죽자 선한 사람들이 찾아와, 죽어 천상에 태어나소서! 축원했다. 그럼 그는 과연 천상에 태어날까? 당찮은 말이다.

인과응보를 말함이다. 자업자득의 삼엄한 귀착을 고함이다. 그러나 선을 가까이하기는 어렵고 악을 멀리하기는 더 어렵다. 어이하나. 『법구경』은 가르친다. 그 무엇에 앞서 무지의 진흙에서 벗어나라고. 무지의 진흙을 씻지 못하는 한 영혼의 새벽은 오지 않는다고. 세조는 부지런히 산천을 누비며 산사를 예배한 결과 씻을 것을 씻고 얻을 것을 얻었는가. 문수보살의 현현은 그 보상일까?

저 너머 도솔천인가

오대산에 적멸보궁이 들어선 것은 신라의 대국통大國統이었던 자장 율사에 의해서였다. 『삼국유사』에 따르면 자장은 중국 오대산에 가서 문수보살의 진신을 친견하고자 636년에 당나라로 들어갔다. 그리고 태화지太和池에 있는 문수석상 앞에서 간절한 기도를 한 끝에 마침내 문수보살의 메시지를 수신했다. "너희 나라 동북방 명주 경계에 오대산이 있다. 그곳에는 일만 문수가 상주하니 그곳에서 나의 진신을 친견할 수 있을 것이다"라는 전갈.

오대산은 동서남북과 중앙, 즉 오대에 오류성중五類聖衆이 상주한다는 믿음에서 산명이 비롯됐다. 동대에는 관세음보살, 서대에는 아미타불, 남대에는 지장보살, 북대는 석가모니불, 중대에는 문수보살이 상주한다는 것이다. 이로부터 오대산은 거대한 불국을 이루었다. '오대산 신앙'이라 일컬을 만한 특유의 법통이 정착되었다. 당나라에서 귀국한 자장은 이 오대산에 들어 초암을 짓고 정진했다. 문수보살이 상주한다는 중대 사자암 뒤편 봉우리에 중국 오대산에서 모셔온 석가모니 정골사리를 봉안하였으니 여기에서 적멸보궁이 유래했다.

중대 사자암으로 들어선다. 이 암자는 적멸보궁의 불사리를 공양하는 분수승焚修僧이 머문다. 말하자면 적멸보궁의 행랑채다. 절 이름이 사자암인 건 문수보살이 타고 다니는 짐승이 사자이기 때문이다. 몇 해 전에는 허름했으나 이제 보니 헌칠하다. 옹골찬 불사가 근래에 벌어졌음을 알 수 있다. 적멸보궁을 한나절 참배하는 것으로 속이 시원하지 않은 불자들은 이 암자에 여러 날을 머물며 보궁을 날마다 찾아간다. 사람 목숨은 무상하고 인생은 잠깐 사이에 막장이다. 더 늦기 전에 부지런히 닦아 불멸의 곳으로 가리라, 그런 생각들일 테지.

사자암을 벗어나자 산길이 더 가파르다. 언덕배기에 선 나무들은 높고 쓸쓸하고 고상하다. 모롱이 휘어지는 저 푸른 하늘 아래엔 무엇이 있을까. 도솔천? 청명한 산경이 산길 끝자락마다 서리서리 피어오른다. 숨이 차지만 눈은 호강한다. 보궁으로 가는 길에 펼쳐진 늦가을의 소슬하고 심원한 경치를 보지 못하는 눈은 아무래도 억울한 눈이다. 나의 눈은 사로잡혀 산정, 산마루, 허공에 사로잡혀 하염없이 바라본다. 살갗으로 파고드는 산의 체온이 따사롭고 향긋하다.

내일과 다음 생 중 어느 것이 먼저 찾아올 것인지 우리는 결코 알 수 없다! 이는 티베트의 잠언이다. 생사의 향방을 가늠할 수 없는 게 인생이라는 여행. 그러하니 지금 이 순간에 최선을 다해 스스로를 닦아 지혜를 구하라는 독촉이다. 그러나 닦음이란 무엇인가. 무엇을, 어떻게 닦나. 마음이 구두라면 나는 구두약 같은 묘리를 구해야만 한다. 하지만 그건 어느 가게에서 파는 물건인가. 이 돌대가리는 지금 산길 바위옹두라지에 털썩 주저앉아 마냥 난감하다.

부러운 건 풍경이다. 산은 나무를 싣고 하늘로 오르려 한다. 솔개는 높이 날아, 날아오르는 새의 생의生意를 알아보겠느냐? 과시한다. 구름은 실바람을 베어물고 당싯당싯 고갯마루를 넘으니 그게 순항이자 정진이다. 폐부로부터 감탄이 터진다. 그러나 현명한 고인이 말했다. 풍경에 대하여 더 이상 찬탄하지 말라고. 도취하지 말라, 열광하지 말라, 고여 있지 말라, 어떤 순간을 마음에 담아두면 더 이상 멀리 가

지 못함이니.

이윽고 적멸보궁에 닿는다. 오대산 주봉인 비로봉 아래 드높은 산봉에 있다. 천하의 명당이라지? 풍수 보는 이들은 적멸보궁 터전을 일컬어 '용이 여의주를 희롱하는 형국'이라 예찬한다. 그럴 수밖에. 생사를 싸잡아 가늠하고, 우주를 통째 삼킬 기세로 도를 닦았던 옛 스님들의 눈이 어련하랴. 이 아둔한 머리가 보기에도 연꽃 속에 든 풍광이다. 적멸보궁이 여기에 있어서 천하의 중들이 굶어 죽지 않는다는 소리도 있다. 둔하기가 나무토막 같은 자라도 여기에 오르면 지혜를 얻는다거나, 황금이 소나기처럼 쏟아져도 그 욕망 자루를 다 못 채울 탐욕마저 여기서는 가만히 잠든다는 얘기도 있다. 그렇다면 여기서 적멸이 멀지 않은 것인가?

보궁에 울려퍼지는 목탁소리

적멸이란 모든 번뇌의 불이 꺼진 곳, 본래의 마음자리인 고요의 상태로 돌아감을 이른다. 한마디로 열반涅槃, Nirvana을 뜻한다. 고귀한 경지다. 그렇기에 적멸이 있어 보궁이다. 적멸에 든 부처님 진신사리를 모신 곳이니 적멸보궁이다.

적멸보궁은 앞면 세 칸, 옆면 두 칸, 작은 규모의 전각이다. 지붕은 옆면이 여덟 팔八자 모양으로 화려한 팔작지붕이다. 앞면 가운데 칸에는 두 짝의 판자로 만든 문을 달았고, 양쪽 칸의 아래에는 판자로 만든 벽을 대고 위에는 띠살창을 하고 있어 특이하다. 전체적으로 보자면 '보궁'라는 의미에 걸맞지 않게 조촐하다. 간소하고 심지어 허름하다. 그래서 더 경건하고 신성하다. 적멸이란 형상에의 미망迷妄을 벗어남이 아닐까. 물상의 허망함을 깨달아 궁극의 티끌로 돌아감이 아닐까. 삼라만상 두두물물이 모두 부처임을 훤히 깨우쳐 니르바나 Nirvana 언덕에 도달하는 게 사람의 본분일 뿐 현상에 미혹되지 말라는 게 불가의 전갈이다. 적멸보궁의 소탈한 미감은 이와 같은 불교의 공리를 웅변하는 것인지도 모른다.

내부에는 적멸보궁의 범례대로 불상이 없다. 부처님이 앉아 계심을 상징하는 붉은색의 방석만이 수미단 위에 놓여 있다. 그러면 보궁 어느 자리에 부처의 사리를 모셔놓은 것일까. 아는 사람은 아무도 없다. 단지 보궁 뒤편 작은 구릉지에 약 1미터 높이의 판석에 석탑을 모각模刻한 마애불탑이 소담하게 서 있을 뿐이다. 그러나 이 불탑도 하나의 상징일 뿐 과연 어느 곳에 사리가 모셔져 있는지 알려진 게 전혀 없다. 어쩌면 이 산 전체가 하나의 불탑일까. 오대산이 통째 부처님 진신사리일까.

사리란 한마디로 승려의 주검을 화장한 뒤에 나온 유골이다. 이곳의 사리는 부처님 이마에서 나온 정골사리다. 과연 사리의 정체는 무엇일까. 사리의 효용성을 따지는 논란은 이미 고대로부터 불가 내부에서 무성했지만, 사리의 진상에 관해서는 놀랍게도 현재까지 그 누구도 정확한 해답을 알고 있지 못하다. 대체로 불에 타지 않으며, 부서지지도 않고, 물에 넣었을 때 가라앉지 않는다는 특징 정도가 알려져 있을 뿐이다. 의학계에서는 일반적으로 몸의 신진대사가 잘 이루

어지지 않을 때 생길 수 있는 일종의 담석이나 결석으로 파악하고 있다. 조선의 유학자 하륜 같은 이는 사리를 이렇게 폄하했다.

"정신을 수련하면 정기가 생기고 정기가 쌓이면 사리가 생긴다고 한다. 하지만 바다의 조개에도 진주가 있고 뱀에게도 명월주가 있으니, 조개와 뱀이 무슨 도가 있어 그런 구슬이 생기겠는가?"

야멸친 논평이다. 사리를 통해 비즈니스를 도모하는 일부 사찰의 행태는 차라리 코미디다. 동남아에서 가져왔다는 부처님 진신사리를 바겐세일한다는 광고까지 등장할 지경이다. 그러하니 우리는 얼마나 난잡한 세상을 살고 있는가. 사리는 아무래도 그 상징성을 존중해야 할 것 같다. 청정한 계행으로 번뇌를 벗고 적멸에 오른 선지식들이 뒷사람들에게 남긴 정신의 선물 같은 것. 존재와 유한에 갇힌 인간이 마침내 궁극의 자유에 도달하기를 귀띔하거나 독촉하는 하나의 알레고리 같은 것. 부처님 사리에서 부처를 친견한 것과 진배없는 감격을 느끼는 불자들의 존경심은 결국 수행의 마음에 깊이를 부여하게 될 게 아닌가.

보궁 안에서 목탁 소리가 울려퍼진다. 우렁차다. "석가모니불! 석가모니불!"을 독송하는 승려의 기가 시퍼렇다. 그리고 차가운 마룻바닥에서 연거푸 배를 올리는 불자들. 그들의 마음, 새벽처럼 깨어 있는가? 별이 없는 밤에도 숲을 직시하는 부엉이처럼 올연히 깨어 있는가? 그렇다면 이 순간은 깨달음을 얻기에 더없이 좋은 시각!

부처님의 정골사리를 모신 곳 적멸보궁

산중암자로 고려 때 고승인 일연(一然, 1206~1289)은 오대산을 일컬어 "명산 중에서도 가장 좋은 곳이요, 불법이 길이 번창할 곳이다"라고 했다. 오대산은 바위와 암벽이 별로 없는 산으로 어머니의 품처럼 포근해 동물은 물론이고 식물들의 서식에 이상적이다. 그러나 일연스님이 오대산을 '불법이 길이 번창할 곳', 즉 종교적 성지로 지목한 것은 이런 자연적 조건 때문만은 아니다. 이 산이 바로 부처님의 정골사리를 모시고 있음에 착안한 얘기였다. 적멸보궁은 상원사에서 2킬로미터 정도 더 올라가야 한다. 가파른 언덕을 굽이굽이 돌아간다. 비교적 짧은 거리에 풍광이 빼어나 산행이 즐겁다.

암자에 들어서면 산마루 언덕 위에 자리한 적멸보궁은 화려하지 않고 단아하다. 불자들의 기도 소리가 끊이지 않는다. 이곳에서는 하루에 네 차례 기도를 올리는 사분정근(四分精勤)이 연중 내내 펼쳐진다.

암자를 벗어나면 적멸보궁을 가기 위해서는 일단 월정사로 들어서서 상원사를 거친다. 두 사찰 모두 명찰이니 답사를 포기할 수는 없다. 수령 수백 년에 이르는 전나무들도 운치를 더해준다. 상원사의 가장 큰 보배는 국보 제36호인 상원사 동종과 근세의 고승인 한암선사의 삶이다. 상원사 동종은 비천상 조각과 함께, 멀리 울려퍼지는 종소리로서 최고의 명작이라는 평을 듣는다. 에밀레종이 장중한 소리를 내는 것에 비해 상원사 종소리는 맑고 청량하다. 한암선사는 오대산의 거목으로 27년을 오대산에 머물다가 앉은 채 입적했다. 적멸보궁에서 오대산 최고봉인 비로봉까지 오르는 코스는 40분 정도가 걸린다. 비로봉에서 1시간을 더 걸어 상왕봉을 거쳐 북대 미륵암까지 발품을 판다면 불교문화의 산실인 오대산의 반은 둘러보는 셈이다.

암자로 가는 길
승용차 영동고속도로 진부IC – 좌회전 – 오대산 방향 6번 국도 – 월정 삼거리에서 좌회전 – 간평교에서 왼쪽 길로 진행 – 월정사 주차장 – 상원사 주차장
대중교통 동서울종합터미널에서 진부행 시외버스 이용(30분 간격 운행) – 진부역 하차 – 진부에서 상원사행 버스 이용(1일 4회 운행)

김천 황악산 중암

"깨달음이란 무엇이라 보시는지요."

"부처님을 닮는 일입니다."

구름 걷히면 청산인 것을

임제선사(臨濟, ?~867)가 남긴 시에 이런 게 있다.

> 옳거니 그르거니 상관 말고
> 산은 산, 물은 물, 그대로 두라
> 하필이면 서쪽에만 극락이랴
> 흰 구름 걷히면 청산인 것을

머리맡에 두고 음미하기 좋은 시다. 평상심 안에 길이 있다 일러준다. 너무 멀리 보지 말라 한다. 높은 곳에 눈 팔지 말라 한다. 극락이 무슨 서천(西天) 허공에 있겠는가. 얽매인 마음을 풀면 구름이 걷힌다. 길은 멀리 있는 게 아니라 지금 네가 발 디딘 그 자리가 환한 길이다.

저기가 아니라 여기가 청산이다. 그리 가르친다. 인한계화락人閑桂花落이라 읊은 이는 왕유였다. 사람의 마음이 미혹을 벗어나 한가로우니 방에 앉아서도 꽃잎 똑똑 떨어지는 소리를 듣는다.

청산에 가고 싶다. 때는 꽃봄이니 마음에도 꽃물이 밴다. 꽃피운 것 하나 없이 마음만 그런지라 실은 송구하다. 봄날의 설렘조차 어쩌면 미혹에 붙들린 마음의 증명인가? 부질없는 탐심인가? 당실당실 몇 점 구름 떠가는 파란 하늘이 눈부시다. 선사는 저 눈부신 것에 매이지 말라고, 얽매인 자신부터 자유롭게 풀어놓으라고 귀띔했다. 황금 같은 전갈이다.

그러나 매인 나를 푸는 일, 쉬운 게 아니다. 누구도 대신해줄 수 없으며, 시늉으로 오를 수 있는 경지가 아니다. 그렇기에 청산이 멀다. 하지만 나의 발은 이미 산에 들어와 있다. 김천 땅 황악산黃嶽山, 1111m이다.

신라의 아도화상阿道은 선산 땅에 도리사桃李寺를 창건한 직후 멀리 황악산 쪽을 바라보다가 문득 필을 받아 그 산을 손가락으로 가리켰다. '저 산자락에 좋은 절터가 있도다!' 그리 발설했다. 아도의 손이 가리켰다 해서 직지直指라, 황악산 직지사는 그렇게 생겨났다. '직지'의 은유는 심장하다. 곧게 뻗친 손가락 같은 지혜로 마음속의 부처를 옳게 바라보라는 뜻이다. 팔만대장경의 무진장한 숲도 결국은 '직지인심', 즉 '마음을 바로 보라'라는 문구 하나로 모아진다. 마음 밖에 부처가 있다고 오해해 도를 구하는 것은 마치 모래로 밥을 지으려는 일과 다름없는 우매라는 게 석가의 통신이지 않았던가. 마음이라는 물건을 옳게 운전하라는 독촉은 비처럼 쏟아진다.

　뜻도 크고, 역사도 많고, 규모도 큰 대찰 직지사엔 사시사철 순례자들이 남실거린다. 이 천년거찰은 다섯 개의 산중암자를 거느린다. 은선암, 백련암, 명적암, 운수암, 그리고 중암中庵이다. 나는 방금 산길을 올라 중암에 도착했다.

　암자라지만 매우 실팍한 절이다. 딱 벌어진 어깨를 가진 황악산이라는 장한壯漢의 탄탄한 가슴팍에 터를 잡은 암자다. 그래서 눈으로 밀려드는 전경이 시원하고 호방하다. 갖가지 관목들은 지금 잎을 틔우려 부산히 물오르고 있으리라. 나무들의 몸에 순한 연둣빛이 스멀거린다. 경내 한편을 채운 대밭에선 바람에 출렁이며 몸 부딪히는 댓잎소리 청정하다.

　일당스님의 사연

　중암을 처음 안 것은 비구니계의 거두 일엽스님一葉, 1896~1971의 외아들인 일당스님이 이 암자에 머문다는 신문기사를 보고서였다. 일엽스님은 윤심덕, 나혜석과 함께 동시대 '신여성'으로서 시인이자 여성운동가였으며, '자유연애론'과 '신정조론'을 주장했다. 당대의 전위에서 파격적 여성해방운동을 펼쳤다. '일엽'이라는 필명은 춘원 이광수가 그의 아름다운 문체에 반해 '한국 문단의 일엽나뭇잎 하나이 되라'는 뜻에서 지어줬다. 일엽의 급진성은 늘 논란의 표적이 되었다. '스캔들 메이커'로 호사가들의 입길에 오르내렸다. 가장 대표적인 게

'직지'의 은유는 심장하다

곧게 뻗친 손가락 같은 지혜로

마음 안의 부처를 옳게 바라보라는 뜻이다

'이광수의 애인설'이다.

일엽은 1921년, 도쿄행 특급열차에서 만난 일본인 오다 세이조太田淸藏와 사랑에 빠졌다. 일당스님은 두 연인의 사이에서 태어난 아들이다. 일엽의 삶은 파란만장한 것이었다. 일당스님은 자전소설『어머니 당신이 그립습니다』(문학과의식, 2002)를 통해 어머니 일엽의 생애를 점철한 진실과 오해를 공개하기에 이르렀다. 일당스님의 생 역시 어머니와 마찬가지로 기구해서 남의 집 양자로 살다가 열네 살이 되어서야 수덕사를 찾아가 그리운 어머니 일엽을 처음 상봉하고 눈물을 펑펑 쏟았다고 한다. 그러나 일엽은 냉정했다. 대뜸 불호령을 터뜨렸다.

"울음을 그쳐라! 여기는 산중의 절이다. 너는 절에 왔으니 절 풍속과 예절을 지켜야 한다. 우선 나에게 다시는 '어머니'라고 불러서는 안 된다. '스님'이라고 해야 한다. 알겠느냐?"

일엽의 근기가 엿보이는 대목이다. 수행이란 부처의 내장을 꺼낼 기세로 덤벼들어야 하는 절체절명의 일대사. 선지식이란 선방에 앉아 거저 이룰 수 있는 게 아니다. 그러나 모자간의 사랑은 어찌되는가? 사랑할 때 사랑하지 못하고 죽는 일은 또 하나의 미망은 아닐지. 이게 속된 생각이겠으나 일당스님의 소년 시절은 애증 혹은 고독으로 사무쳤으리라. 그러나 아들 역시 출가를 해 구도의 길에 들었으니 이는 모성의 감화인가. 구도로써 동행하고자 한 지고한 자비인가.

모자는 아마도 서로의 슬픔을 앓아주었으리라. 슬픔을 대놓고 드러내 비탄하는 대신 냉정을 가장한 포용이 있었으리라. 네가 슬프면 나도 슬프다. 상대의 슬픔을 앓아주는 그 마음. 슬픔을 공유하는 마음. 그것이 자비가 아닐지. 자비慈悲란 단어엔 사랑慈과 슬픔悲이 나란히 들어 있다. 사랑하기에 슬픔도 자라는 것, 그게 자비다.

　언제든 중암을 찾아 일당스님을 한번 뵙고 싶었다. 등 돌릴 수 없는 인연, 그럼에도 등 돌린 사랑, 그리하여 하늘처럼 커진 그리움 하나로 견뎌야 하는 삶의 막막한 파랑을 묻고 싶었다. 자비를 듣고 싶었다. 그러나 일당스님은 얼마 전 중암을 떠났단다. 경기도 양평 어딘가에 머무신단다.

　중암의 내력은 직지사의 창건과 거의 맥락을 같이 한다. 그러나 굴곡이 많았다. 유서가 깊지만 오랫동안 가라앉은 채 시간이 흘렀다. 그러다가 근래에 다시 세워 지금의 어엿한 모습을 갖추게 되었다.

　이 암자에는 대웅전이 없는 대신 영산보전靈山寶殿이 있다. 보전의 불단 중앙엔 석가여래불을 모셨고, 좌우편엔 관세음보살과 지장보살을 협시불로 봉안했다. 법당 왼편에는 영가를 축원하는 영가단이 있고, 그 맞은편엔 검은 바탕에 금칠로 그린 신장탱화가 걸려 있다.

그림자처럼 살다간 스님

　신장탱화란 부처와 불법을 수호하는 신장을 그린 탱화다. 여기엔 전통적인 기법에 따라 부처를 중심으로 탑이나 보주 등의 상징물을 들고 있는 천녀나 보살 등이 배치되는 게 보통이다. 그런데 중암의 신장탱화엔 흥미로운 물건 한 점이 그려져 있다. 핸드폰을 들고 있는 천녀의 모습이다. 범례를 깬 작은 파격이다. 자칫 근엄한 이들에게 눈총을 받을 수 있는 꾸밈이다. 천녀도 핸드폰으로 문자를 보내는 세상이 도래한 것인가. 기발한 발상이다. 소통에 이바지한다는 점에서 핸드폰도 어쩌면 꽤나 도가 높은 사물일지도 모른다. 즐거운 착상이다. 핸드폰을 탱화에 그려넣을 것을 주도한 이는 누구인가? 주지 도진스님이다. 그의 얘기는 이렇다.

"신장탱화를 설계하며 고심을 많이 했습니다. 전통을 어기지 않고, 틀을 깨지 않고, 그러면서도 고정관념을 깨는 탱화를 선보이고 싶었으니까요. 과거에 고루하게 얽매이지 말고 현대의 시대상을 반영하자, 이런 의도였습니다. 현대문명의 상징인 컴퓨터 내지는 미사일을 그려넣을까 하다가 핸드폰으로 결정했지요. 참배객들의 반응이 참 좋습니다. 큰 화면에 보일 듯 말 듯 살짝 그려넣어 숨은그림찾기처럼 탱화를 뒤지는 눈길들이 즐겁습니다."

자칫 신성한 성화의 품위를 깎을까 걱정했다고 한다. 장난기로 비치면 어쩌나 했단다. 그러나 장난기면 뭐 어떤가. 유쾌한 장난은 해학이다. 생각이 난다. 티베트에서의 일이었단다. 평생 닦은 도로 천진天眞을 얻은 현자가 죽었다. 제자들이 장작더미에 그의 시신을 얹고 다비茶毘를 했다. 그런데 불길이 시신의 몸에 닿자 별안간 폭죽이 터지는 게 아닌가. 웬 축포란 말인가. 알고 보니 현자가 죽기 직전 자신의 옷 안에 폭죽을 잔뜩 장착해두었더란다. 야들아, 죽음이란 쪽문 하나

다시 여는 일, 장례란 축제일지언정 슬픈 게 아니란다, 내 죽음을 축하해다오. 그런 통첩이었을 게다. 진상을 알아차린 제자들이 배를 쥐고 웃어댔다. 평소 개구쟁이 어린애처럼 천진했던 현자가 마지막까지 멈추지 아니한 장난기 앞에서 데굴데굴 구르며 웃어댔다. 영결치고는 기찬 장관이었다.

도진스님이 경내 여기저기를 보여준다. 황악산이 남한의 중앙이라고, 그 황악산 중에서도 중암이 중앙이라고, 그래서 기도 좋고 풍광도 장쾌하다고 설명한다. 암자의 오른편 야트막한 봉우리 위에는 수미산방이 있다. 육각 정자처럼 지어진 이 산방은 관응스님觀應, 1910~2004이 머물던 공간이다.

관응스님은 누구신가. 이 스님은 조계종 정화 직후인 1959년 조계사 초대 주지로 취임한 이래 무불통지無不通知의 포교사로 활보했다. 교학에 뛰어났지만 참선 수행도 치열했다. 환갑의 나이에 도봉산 천축사 무문관에서 육 년여 동안이나 두문불출하며 수행한 일은 지금도 승가에 회자되고 있다. 무엇보다 그는 청정한 가풍의 실천자였다. 직지사 조실을 맡은 채 내내 중암에 머무시다 지난 2004년에 육신의 옷을 벗고 입적했다. 도진스님은 사십 년 가까이 관응스님을 시봉한 손상좌다. 스승을 회고하는 도진스님의 음성이 준절하다.

"저의 어른은 출가 전에도 공부가 많았지만 끝까지 공부를 놓지 않으셨습니다. 유불선은 물론 칸트철학 등 서양사상까지 달통하셨어요."

"임종 시의 모습은 어떠하셨나요?"

"어른께선 생전에 그림자처럼 살다 가겠다고 하셨습니다. 그림자가 그림자를 낳지 않듯이 뭔가를 남에게 드러냄이 없는 수행을 일관하셨습니다. 마지막 모습도 실로 그림자와 같았습니다. 사리 같은 걸 수습하려 하질 말아라, 그건 육체가 남긴 찌꺼기에 불과하다, 그러셨지요. 임종게臨終偈조차 남기지 않으셨습니다. 평범함 속에서 묵묵히 수행하라는 가르침으로 받아들입니다."

"그 관응스님께서는 지금 어디에 계신 걸까요?"

"휴대폰으로 한번 알아보시렵니까? 히힛!"

도진스님은 관응스님을 모시고 중암을 일구었다. 일군 게 전각뿐이랴. 배운 게 집 짓는 일뿐이랴.

"어른이 가신 뒤로 제겐 아쉬움만 크게 남았습니다. 더 열심히 배우지 못해서. 더 잘 모시지 못해서."

"관응스님은 크게 깨우친 어른이라 하더군요."

"제가 깨달질 못한 입장에서 단정할 수는 없습니다. 스스로 깨닫지 못한 상태에서는 남의 깨달음도 보질 못합니다. 부처의 눈에는 부처가 보이고, 돼지의 눈에는 돼지가 보이는 이치이지요. 어른의 경우 제가 미처 모를 뿐이지만, 그 행적으로 볼 때 우리가 상상하지 못할 정신세계를 보신 분임은 분명합니다."

"수행은 번뇌로부터 벗어나는 공부라 들었습니다."

"쉬운 건 아니죠. 수행자인들 왜 번뇌가 없을까요. 다만 세상 사람들과 같은 번뇌는 없을 겁니다. 공부를 통해 줄일 수 있는 게 번뇌이니까."

"깨달음이란 무엇이라 보시는지요."

"부처님을 닮는 일입니다."

부처를 닮는 일, 부처를 믿는 일, 출가 때의 뜻이 그 하나에 있었을 것이며, 오늘도 그 하나의 뜻에 숨을 불어넣을 것이라. 삶이 새삼 무상하다. 누구를 믿기 이전에 내가 나를 못 믿는 판국인지라, 도진스님의 간명한 언설에 그저 겸연쩍다.

유쾌한 신장탱화를 볼 수 있는 중암

산중암자로 중암은 경북 김천시 대항면 황악산 아래에 있는 천년고찰 직지사에 딸린 산중암자. 직지사에서 중암까지는 약 2킬로미터에 이르는 찻길이 나 있지만 걸어서 찾아가는 게 운치 있다. 구불거리며 이어지는 길과 계곡, 숲과 새소리 등속이 암자 순례의 묘미를 더해준다. 황악산 등산을 겸하면 더욱 좋다. 직지사에서 명적정사 입구를 지나, 백련암과 운수암을 거쳐 정상에 오르는 코스가 무난하다. 소요시간은 2시간 30분. 산세는 비교적 평평하고 부드럽다. 울창한 소나무 숲과 깊은 계곡에 옥같이 맑은 물, 가을의 단풍과 겨울의 눈꽃이 아름답다. 정상에 서면 서쪽으로 민주지산, 남쪽으로 수도산과 가야산, 동으로 금오산, 북으로는 포성봉이 보인다.

암자에 들어서면 암자에 도착하면 주지 도진스님을 청해 절집의 소식을 들어본다. 객들을 편하게 맞이해주는 스님이다. 기존의 상식을 깨는 핸드폰을 든 천녀가 그려진 탱화도 놓쳐서는 안 될 것이다. 경내에서 약간 떨어져 있는 수미산방은 관응스님의 숨결이 남아 있는 공간이다.

암자를 벗어나면 암자를 향하기 전에 일단 직지사를 답사한다. 직지사는 신라시대인 눌지마립간 2년(418년) 아도화상이 선산 도리사를 개창할 때 함께 지었던 절이라고 한다. 선덕여왕 14년(645년) 자장율사가 중창한 이래로 경순왕 4년(930년), 태조 19년(936년)에 천묵대사와 능여대사가 각각 중창하여 대가람이 되었으며 조선시대에는 사명대사가 출가하여 득도한 절로도 유명하다. 현재 경내에는 대웅전을 비롯하여 천불이 모셔져 있는 비로전, 약사전, 극락전, 응진전, 명부전, 사명각 등이 남아 있다.

암자로 가는 길
승용차 경부고속도로 김천IC – 추풍령 방면 4번 국도 – 덕천 삼거리에서 좌회전 – 977번 지방도 – 향천리 – 직지사를 거쳐 오도재를 넘어 실상사에 도착
대중교통 동서울종합터미널에서 김천행 버스 이용(1일 3회 운행) – 김천공용버스터미널에서 직지사행 버스 이용

해남 두륜산 **일지암**

그대는 아는가
무생의 이치를
옛날이 곧 오늘인 것을

풀옷 입은 옛 스님, 산길에 어른거리네

며칠째 내린 비로 산길이 축축하다. 8월 하고도 중순. 성가신 건 폭염이지만, 땡볕을 먹고 여름꽃이 피고 과실이 짭지게 익으니 햇덩이를 향해 마냥 삿대질을 하는 것도 우스운 일이다. 물폭탄이라고도 하고 국지성 호우라고도 부르는 장대비가 내려 저 어느 고장엔 물난리가 훑고 지났다 했다.

'자연은 자애롭지 않아 만물을 하찮게 여긴다'라는 게 장자의 귀띔. 폭염도, 폭우도 차라리 자연의 선물로 알아 지그시 견디는 일을 대책 중 상책으로 삼아야 하는지도 모른다. 산길 오르막 저 위로 보이는 두륜산頭輪山, 703m 정수리가 짱짱하다. 바위가 억세나 녹음이 짙어 허전할 게 없는 풍광이다. 안개 한 뭉텅이가 새하얀 강아지처럼 잰걸음을 놀려 능선을 탄다.

조선 말기를 살았던 선지식 초의선사草衣, 1786~1866. 그는 열다섯 나이에 출가하여, 열아홉 나이에 월출산에서 떠오르는 보름달을 보고 황홀하게 깨달았다. 이후 조선 팔도의 선각들을 찾아 공부를 하다가 명성이 높아지자 두륜산 자락에 일지암一支庵을 짓고 은거했다. 나는 지금 그 일지암을 찾아가고 있다. 산길은 가팔라져 숨이 턱에 닿는다. 그러나 내 눈은 호사하는 눈이다. 저기 저 앞에 초의스님이 단아하게 걸어가고 계시잖은가. 고명했던 옛사람의 실루엣이 산길에 환幻으로 어른거린다.

초의라는 거인을 해석하는 평론은 현란하다. 조선 불교의 선풍을 진작한 대선사, 다도를 중흥한 다성茶聖, 조선 시의 정통을 상속한 예술가. 운명이 그에게 특혜를 부여한 것인가. 하나의 영혼이 그토록 다채로운 재능을 발휘하기란 실로 드물고도 어려운 일. 우리는 초의라는 괴물 코끼리의 뒷다리 하나를 겨우 더듬을 수 있을 따름이다.

일지암으로 들어선다. 비에 씻겨 말쑥한 나무들 사이로 암자의 조촐한 풍치가 수줍게 드러난다. 때맞춰 새파란 차밭 위로 새 한 마리가 청명한 소리로 날아오른다. '일지'라는 이름은 장자의 '소요유逍遙遊' 편에 나오는, '뱁새가 깊은 숲에 보금자리를 마련할 경우 나뭇가지 하나면 충분하다(雛鷦巢於深林 不過一枝)'와, 한산의 시 '금서자수琴書自隨'의 '뱁새는 언제나 한마음으로 살기 때문에, 나무 한 가지에 살아도 편안하다(想念誚鷦鳥安身在一枝)'에서 따온 것이다. '초의'란 풀옷이라는 뜻이다. '일지'나 '초의'나 다 욕심 없는 무소유의 삶을 표한다. 그렇다면 방금 날아오른 새 한 마리는 일지암의 대변인인가.

초의의 전령인가. 환영사인가. 초의의 유적지에 이르렀다는 감명으로 가슴에 잔잔한 파문이 인다.

일지암의 경관은 잠잠하다. 산 중턱치고는 제법 너른 터전 곳곳에 전각과 정자가 들어앉아 담백한 맛을 풍긴다. 근자에 지은 법당이며 요사채의 품새가 조금 둔탁하지만 공간에 여백이 깃들어 차분하다. 초의 생시의 암자는 화재로 사라졌다. 지금의 건물들은 모두 폐허 위에 새로 지어진 것들이다. 덕분에 고색을 입지는 못했지만 가지런히 배치된 초막과 누각, 연못 등속이 조촐하고 그윽하다. 공들인 솜씨, 뜸 들인 정성이 완연하다. 어련하랴, 초의를 숭모崇慕하는 마음이 복원 불사의 밑거름이었을 것이다.

오늘날 다인茶人을 자처하면서 초의선사를 모른다면 그는 간첩이다. 초의는 여기 일지암에서 차의 바이블 『동다송東茶頌』과 『다신전茶神傳』을 지었다. '유천乳泉'이라 부르는 뒤란의 샘물로 '물의 신'인 차를 달여 마셨다. 초의가 마신 차의 총량이 얼마나 될지는 두륜산 신령만이 알 뿐이다.

초의와 추사

그렇다면, 옛 스님은 왜 그렇게 차에 몰두했을까? 시종일관 끽다 명상으로 한살이를 통과한 초의의 차 정신은 어떤 것일까? 초의는 자신의 다론 요체를 다음처럼 설명했다.

팔덕을 겸비한 진수眞水를 얻어, 진다眞茶와 어울려 체體와 신神을 규명하고, 거칠고 더러운 것을 없애고 나면 대도大道를 얻는 것은 어렵지 않다.

어렵게 들리지만 실은 간단하다. 좋은 물을 얻어 좋은 차를 마시면 도통할 수 있다, 그런 뉴스다. 초의는 차의 성질이라는 게 군자와 같아서 사악을 타파한다고 보았다. 아울러 제법諸法이 불이不二하니 차와 선禪이 둘이 아니라고 했다. 이른바 다선일미茶禪一味의 이데아. 좋은 차를 마시길 마치 참선처럼 하면 그물에 걸리지 않는 바람처럼 집착을 무정차 통과할 수 있으며, 마침내 자유자재의 경지를 얻어 종국에는 바라밀波羅蜜에 도착할 수 있다는 뜻이다.

이런 다론이 독창적인 것은 아니다. 다선일체의 묘법으로 심경일여心境一如에 이르고 물아불이物我不二의 도리를 밝힌다는 프로그램은 불가에 전수된 고전적 황금률이다. 그러나 초의의 시대엔 이 황금률이 녹슬고 있었다. 이 녹을 벗겨내고자 진력했던 인물이 바로 초의였다. 『동다송』이나 『다신전』은 그런 초의의 전략지침서였던 셈이다. 그래서 '차의 중흥조'라는 별칭은 그지없이 부합한다. 말차나 덩어리차 중심의 중국풍 차 문화를 토산 잎차 중심의 토종 다풍으로 돌린 것도 초의였다.

누각 마루에 올라앉으니 저절로 땀이 식는다. 누각 아래로는 자그마한 연못이 있고, 알 수 없는 물고기 몇 마리가 유리 세공처럼 투명한 몸을 살랑이며 물속 그늘로 스며든다. 솔바람은 이미 꽃향과 풀향

을 실어와 누마루에 가득 풀어놓았다. 근심도 번뇌도 끼어들지 못할 시간이다. 물욕도 애욕도 저만치 철수했다.

정히 그런가! 누군가 그리 묻는다. 누구신가. 눈을 끔벅이며 바라보자니 초의 그 양반이시다. 고요하여 심연을 닮은 초의의 안광이 번개처럼 가슴을 찌르고 지난 느낌이다. 나는 오늘 영영 초의에게 사로잡혀 있다.

초의가 일지암에 머문 햇수는 자그마치 사십여 년. 지루할 수도 있을 장기근속이었다. 초의는 붙박이 장롱 취향이었을까. 아니다. 초의의 명민한 정신은 잠시의 안일도 안주도 허용하지 않았다. 그는 구도라는 이름의 양탄자를 타고 세사의 모든 영역을 비행했다. 일지암이라는 주둔지는 그 비범한 이착륙의 베이스캠프. 하나의 진리를 얻으면 다른 진리를 찾아 이행했다. 시·서·화는 물론 탱화·단청·범패·사찰음식·단방에까지 조예가 깊은, 신통방통한 준재俊才이지 않았던가.

사교에도 능란했다. 그가 정신의 아비로 여겼던 저 강진의 유배객 다산 정약용과, 그리고 불멸의 예술혼 추사 김정희와 나눈 삼각교제엔 신비할 지경의 아우라가 어린다. 특히 동갑내기 추사와의 사십이 년 우정은 영롱한 보화였다. 당대의 천재적 두 지성은 학문적·문예적 교류를 지속했다. 선불교의 깊은 묘리를 공감했고 교감했다. 말 그대로 금란지교의 견본을 구가했던 두 사람을 끈끈하게 이어준 매개는 단연 차였다. 초의는 손수 거둔 찻잎으로 차를 만들어 추사에게 보내기를 즐겨했고, 추사는 아낌없는 사의를 표했다. 가끔 추사는 응석에 다름 아닌 협박 투의 편지를 보내 초의의 차를 독촉했다. 보라! 추사의 위트를 엿볼 수 있는 편지 문장 하나가 여기 있다.

'초의! 그대의 차가 떨어져 마실 수 없으니 혓바늘이 돋고 정신이 다 멍해지네. 빨리 차를 보내게. 그렇지 않으면 내 당장 말을 몰아 일지암의 차밭을 몽땅 뭉개버리리.'

꽃만 향을 뿜는 게 아니다. 우정도 향을 흩뿌린다. 초의는 해남에, 추사는 유배지인 제주나 서울에, 둘의 물리적 거리는 천 리였지만 깊은 우정은 그 거리를 메우고도 남는 천리향이었다. 악동 시늉으로 차를 청원하는 추사의 조크에 응수한 초의의 애드리브도 유쾌하다.

'어허! 초의의 차에 환장한 사람처럼 그대 분별없는 글을 쓰셨구먼. 천하의 추사도 초의 없이는 맹탕이지 아니한가?'

끽다거

초의가 차를 보내주면 추사는 서화로 답례했다. 그러나 차나 서화는 일테면 권커니 잣거니 할 때 쓰이는 술잔 같은 것. 그 술잔에 담긴 건 도반道伴의 신의라는 향기로운 술. 초의와 추사의 유대는 원숙해서 아무런 엇갈림이 없었다. 부럽다, 그 흔연한 동행이. 추사는 지금 어디에 머물며, 초의는 또 지구를 떠나 무엇이 되셨나. 초의 말하길,

'대도는 지극히 깊고 넓어 가없는 바다와 같다'라고 했다. 생도 사도 허상인 것을 일러 이렇게 탄했다.

'그대는 아는가. 무생無生의 이치를. 옛날이 곧 오늘인 것을.'

옛날이 곧 오늘이면 오늘은 곧 내일인가. 오늘의 내 팔자는 과거의 성적표며, 내일의 양상은 오늘들의 누적으로 결정난다는 게 불가의 공리다. 그러하니 오늘 이 자리에서 당장 마음을 옳게 운전해 선업을 무진장 저축하라는 통첩인데, 초의의 게송을 읊조리자니 그 뜻은 밝지만 마음은 도리어 무겁다.

일지암엔 오랫동안 여연스님이 암주로 머물렀다. 호탕하고 유유하여 그의 윤택한 어법을 얻어듣기만 해도 즐거워지는 스님이었다. 그는 이태 전에 저 위쪽 강진 만덕산 백련사로 옮겼다. 현재의 일지암 암주는 젊은 무인스님이다. 초의는 어떤 어른이셨냐 묻자 무인스님이 이리 답한다.

"말 없는 덕성이 천 리를 날아가 사람을 불러들인다고 합니다. 초의선사의 지고한 덕이 고스란히 남아 그렇게 사람들을 불러들입니다. 일지암이 수행자의 도량이지만 널리 대중에게 개방한 이유도 거기에 있지요."

무인스님 말마따나 일지암은 활짝 열려 있다. 누구나 언제라도 누각에 올라 차를 마실 수 있도록 차와 다구를 비치해두었다. 다선일미, 그 오묘한 경지의 한 자락이라도 맛보고 가라는 배려이리라.

차는 같은 차이되

입맛따라 맛과 향이 다를 것인즉,

도 공부도 이와 같아서

각각의 근기에 따라

깨달음을 얻으면 그만이다

끽다거喫茶去! 차나 마시고 가게! 이는 불가의 오래된 양속이자 화두가 아니던가.

어느 날 두 사람의 학승이 조주선사를 찾아왔다.

조주가 한 학승에게 물었다.

"그대는 이곳에 온 적이 있는가?" "없습니다."

"차나 한잔 마시게!"

또 다른 학승에게 물었다.

"그대는 이곳에 온 적이 있는가?" "있습니다."

"차나 한잔 마시게!"

옆에 있던 원주가 이상해서 물었.

"온 적이 없는 이나 온 적이 있는 이나 어찌 차나 한잔하라 하십니까?"

그리 묻는 원주에게 조주가 말했다.

"너도 차나 한잔 마셔라."

너도 마셔라, 영희도 마시고 철수도 마셔라, 차는 같은 차이되 입맛 따라 맛과 향이 다를 것인즉, 도道 공부도 이와 같아서 각각의 근기根機에 따라 깨달음을 얻으면 그만인 거라! 이런 소식인가? 말이 쉬워 다선일미이지 차를 마셔 도를 얻는 경지란 대체 무슨 미스터리? 아득하여 무인스님에게 묻자 이 돌대가리가 갑갑하다는 양 목청을 돋워 말한다.

"차로써 마음의 평정을 유지하라는 뜻이겠지요. 불가에선 차를 자기 점검의 도구로 썼습니다. 차란 만들 때나 우릴 때나 단번에 그 맛

해남 두륜산 일지암 225

을 잡아내야 하는데, 마음이 흐트러지면 이게 어려워집니다."

"그 도구가 왜 꼭 차여야 하나요? 커피는 안 되나요? 숭늉은?"

"다 됩니다. 그저 서로가 다를 뿐임을 인정하고 나면 오만 가지가 모두 조화로우리."

"깨달음이란 대체 무엇인가요?"

"앗! 그만하시지요. 저는 깨닫지 못했기에, 고급 쪽을 말하자면 거짓말밖에 아니 될 것입니다."

버리고 또 버려라. 그리들 쉬 말하지만, 말처럼 쉽다면 할喝 한 방에도 좌복을 박찰 일이렷다. 그러나 부처님도 한 생으로 성불하지는 못했다. 깨달음의 길, 젊은 스님에게 이는 짝사랑일 뿐이런가. 암주의 얘기는 허공에서 끊기고, 그저 찻물에 흠뻑 젖어 길손의 마음은 축축하다.

다성 초의선사가 숨 쉬는 일지암

산중암자로 일지암은 전남 해남군 삼산면 구림리 두륜산 자락의 천년고찰 대흥사에 딸린 산중암자이다. 대흥사에서 700미터가량 정상 쪽으로 난 등산로를 따라 오르면 일지암이다.

암자에 들어서면 일지암은 다성 초의선사의 유적지다. 스님의 열반 뒤 폐허가 된 채 그저 '초암터'라 불렸다. 이후 차에 대한 일반인들의 기호가 높아지면서 차의 중흥조 초의선사의 유적지를 찾게 되었고, 마침내 1979년에 일지암이 중건되었다. 옛 모습을 살리고자 여수에 있던 고가의 목재를 활용했다. 초의스님의 시와 간찰(簡札), 초의의 제자 소치(小癡) 허련이 저술한 『몽연록(蒙緣錄)』을 참고로 복원했으며, 근대 3대 건축가 중 하나로 꼽히는 조자룡 박사의 설계로 지어졌다.

암자를 벗어나면 일지암을 답사하기 전에 대흥사부터 둘러본다. 두륜산의 절경을 배경으로 자리한 대흥사는 한국불교사에서 중요한 위상을 차지하고 있는 도량이다. 특히 임진왜란 이후 서산대사의 의발(衣鉢)이 전해지면서 조선불교의 중심 도량이 되었고, 한국불교의 종가 역할을 해왔다. 풍담스님으로부터 초의스님에 이르기까지 13대종사가 배출되었으며, 만화스님으로부터 범해스님에 이르기까지 13대강사가 이 절에서 나왔다. 호국불교의 정신이 서려 있는 사찰이기도 하다. 서산대사의 구국 정신은 이미 잘 알려진 내용이지만, 경내에 자리하고 있는 표충사(表忠祠)는 개인의 수행에 앞서 국가의 안위를 더욱 우선시했던 한국불교의 전통을 대표하는 전각이라 할 수 있다.

암자로 가는 길
승용차 서해안고속도로 – 목포IC – 2번 국도 – 강진군 성전면 – 13번 국도 – 해남읍 – 827번, 806번 지방도 – 대흥사 주차장
대중교통 서울고속버스터미널에서 해남행 버스 이용(1일 7회 운행) – 해남종합버스터미널에서 대흥사행 군내버스 이용(30분 간격 운행)

거창 우두산 고견사

걷거나 서거나 앉거나 눕거나

말하거나 말하지 않거나

움직이거나 가만히 있거나

일체의 행위가 모두 수행이다

은행나무 부처를 훔쳤네

달라이 라마의 이야기에 이런 게 있다. "우리는 백 년도 못 되어 이 세상을 지나가는 과객이다." 한살이라는 거, 알고 보면 짧은 여행일 뿐이니 욕망에 사로잡히지 말라는 전갈이다. 달라이 라마는 계속 말한다. "우선 스스로의 평화를 찾고, 그런 뒤에 남의 행복을 위해 삶을 쓰라"라고.

황금보다 값진 소식이다. 그러나 우리네 일상은 평화를 쉬 용납하지 않는다. 사업은 부진하기 십상이며, 사랑은 진부하고, 선은 흔히 악에게 눌린다. 코피 터지게 나름대로 열심히 살아가지만 한바탕의 오해로 끝날 가망성이 많은 게 인생이지 않던가. 삶이란 그래서 고해苦海이자 불타는 집, 즉 화택火宅이다.

산사로 가는 길은 이 화택에서 잠시 벗어나는 일이다. 절집이란 말

그대로 절하는 집이니, 절집의 초입부터 마음은 낮아지고 가벼워진다. 고해니 화택이니, 이것은 단지 사바 세상의 고난을 말하는 것만은 아닐 게다. 내 몸이 곧 고苦의 덩어리이며, 마음이 곧 불타는 아수라장이다. 문제는 결국 나 자신인데 산사로 오르는 길에서는 이 '나'라는 물건을 제삼자의 눈으로 바라보는 여유를 얻게 된다. 방하放下, 방하! 놓아라! 내려놓아라! 부처의 저 고명한 통첩을 생각하게 된다.

우두산牛頭山, 1046m은 경남 거창군 가조면 수월리에 있다. 우두산이라. '소머리 산'이다. 서쪽의 장군봉이 소의 머리를, 산의 정상은 소의 등을 닮아 붙은 이름이다. 한때는 '별유천지비인간別有天地非人間'의 비경이라 해 '별유산別有山'이라 부르기도 했다.

산의 입구가 밝다. 눈부신 햇살이 들이쳐 여름의 녹색 숲은 터질 듯 부푼다. 산길은 가지런하다. 이 길 끝에 절이 있으니 깨달음이 있는 길이다. 늘어선 나무들의 몸은 어쩌면 그대로 경전이다. 우짖는 새들의 낭송은 독경이다. 삐뚤빼뚤 거듭 이어지는 이 산길에서 깨달음을 얻으려는 수많은 발길들이 땀을 흘렸을 것이다. 도를 향해 내딛었을 그 숨찬 정진들. 구도의 일념으로 산을 올랐을 옛사람들의 인기척이 아른아른 들려올 것만 같다.

산길 위엔 돌무더기가 가득하다. 울퉁불퉁한 돌길 위에서 발은 허방을 딛기 일쑤다. 조심스레 내딛는 한 걸음 한 걸음에 저절로 사색이 담긴다. 우두산은 바위가 많은 산이다. 6월의 녹색 숲 사이 여기저기로 촛농처럼 흐르는 암반들이 허옇고 거대하다. 그래서 이 산은 오직 푸르기만 한 게 아니라 희고 밝다.

계곡을 따라 뻗친 산길을 오르는 중에 물소리가 은은하더니 산모롱이 하나를 감아오르자 호방한 굉음으로 바뀐다. 고견폭포가 연주하는 산중음악이다. 전체 크기를 가늠하기 어려울 만큼 웅장한 암반 위를 흐른 계류가 호를 그리며 꺾이더니 수직 벼랑 아래로 낙하한다. 80미터에 이르는 폭포의 길이. 폭포수가 떨어지는 자리의 바위엔 웅덩이가 깊다. 물길에 패인 바위는 상처인가 기쁨인가. 떨어진 물들은 흘러내려 고운 연둣빛을 머금고 바위 연못과 한 몸이 된다. 두 손 모은 기도처럼 순한 풍경이다. 옛사람들은 흔히 두레박 타고 내려온 선녀나 용으로 승천하는 이무기 전설을 고안하기를 즐겼지만 지금 내 눈에 비치는 저 잠잠한 연둣빛 물웅덩이는 기도삼매, 그 진경이다.

한때는 칠십 명의 승려가 머물렀던 천년고찰

경쇠소리인가, 염불소리인가. 바람에 실린 희미한 소리들의 기척으로 산사가 멀지 않았음을 알겠는데 이윽고 고견사古見寺가 눈앞에 드러난다. 천년고찰이다. 절의 뒤편 저 멀리로 바위 봉우리가 우뚝하다. 우두산의 제2봉인 의상봉義湘峰이다. 신라 문무왕 때의 고승 의상대사를 기리는 이름으로, 고견사의 창건 역시 의상과 연을 맺으면서 이루어졌다는 설이 전해진다. 의상이 이 산에 들었다는 사료는 어디에도 없다. 그러나 산에 서린 전설 한 자락은 의상을 주인공으로 삼는다. 내용을 볼까.

의상대로 오르는 길목에 승천하지 못한 이무기가 사는 굴이 하나 있었다. 이 이무기는 기어이 용으로 승천하겠다는 원을 세우고 굴에서 쌀이 나오게 하는 신통력을 발휘해 의상대사에게 양식을 대주었다. 의상은 날마다 굴에서 쌀을 얻어 수행에 전념했다. 마침내 공덕을 쌓은 이무기가 용으로 승천할 날이 박두했다. 그러나 의상의 상좌승 하나가 쌀을 더 많이 얻으려는 욕심으로 막대기를 꼬나들고 굴을 마구 후벼파는 게 아닌가. 하지만 쌀이 더 쏟아지기는커녕 이무기마저 그대로 돌이 되어 쌀굴 앞의 십이지석十二支石으로 변하고 말았다. 이렇게 돌이 된 이무기는 오늘도 저 아래 고견사를 내려다보며 용이 되어 하늘로 올라갈 날만을 기다린다.

이무기의 승천이란 성불을 상징한다. 성불이란 매우 지난至難한 일임을 알리는 전설일 게다. 상좌는 어쩌자고 막대기를 휘저어 이무기를 방해했나. 욕심이란 나를 망치고 남을 해하는 칼이자 폭탄이다. 욕심의 화신인 상좌의 탐심을 용의주도한 공력으로 타파하지 못하고 그저 쌀 보시만으로 해탈을 꿈꾸었던 이무기의 방심과 그 돌이킬 수 없는 실패도 결국은 교만이 거둔 당연한 횡액橫厄. 도를 얻기란 실로 하늘의 별을 따는 것처럼 난해한 일이다. '도'라는 메뉴를 파는 사이비는 많아도 진정한 도인은 드물다.

경내로 들어선다. 상당히 너른 터전 위에 대웅전을 중심으로, 나한전과 약사전과 종각 등속이 늘어서 있다. 모든 전각들이 명절날 빔을 입은 것처럼 새뜻하다. 거의 모든 건물들이 근래에 새로 지어진 탓이다. 대웅전 지붕에 입힌 구리기와는 아직 검은 녹을 입지 못해 금물을 바른 듯 싯누렇다. 여름날의 땡볕이 누런 기와에 쏟아져 예리한 빛살을 튕겨낸다. 전각들에 칠해진 단청도 방금 사서 입은 오색 무늬 속옷처럼 심하게 튄다.

세월의 더께를 걸치지 못한 새 전각들의 들썩거림. 이는 단시일 내에 모면할 수 있는 약점이 아니다. 긴 세월 동안, 바람이 불고 비가 지나가기를 거듭하고서야 전각들은 비로소 차분한 제 면모를 드러내게 될 것이다. 전각의 기왓장은 이끼를 머금고서야 도량다운 암시와 의미의 파장을 넓혀갈 것이며, 단청 역시 세월의 농간으로 빛이 바랜 다음에야 상상을 돋우는 풍경으로 진화할 것이다.

고견사는 유서 깊은 절이다. 조선시대인 1395년엔 태조가 고려 왕조 왕씨의 명복을 빌기 위해 전지田地 오십 결을 내리고, 매년 2월과 10월에 내전의 향을 보내서 수륙재水陸齋를 행하게 했다. 전성기의 한때에는 승려도 칠십 명에 달했다. 그러나 현재의 모습을 지니기 이전의 고견사는 심하게 퇴락한 상태였다. 한국전쟁 통에 거의 잿더미로 변한 탓이다. 이를 번쩍 일으켜 세워 어엿한 산사를 복원했으니 그 원력이 예사롭지 않다. 모악산 금산사의 법당이 실화失火로 사라진 이후 이를 복원하던 스님이 표했던 결의가 생각난다.

"이번 세상에서 나의 도리는 불탄 법당을 제대로 복원하는 일에 있을 뿐, 도를 이루는 일은 다음 세상으로 미루겠다."

절을 세우는 일에는 용맹정진의 수행 못지않은 근성과 열의가 필요한데 고견사를 복원한 스님들 역시 혼신의 힘을 다했다.

무엇보다 절 터전의 원형을 크게 훼손하지 않은 탓에 유지된 지세의 자연스러움이 돋보인다. 경사면이든 녹지대든 일단은 야무지게 까뭉개서 운동장처럼 너른 터부터 닦고 보는 게 근래의 불사 경향이 아니던가. 원래 우리 조상들은 자연 풍광 속에 집 한 채를 짓는 데에도 '점지占地의 묘'라는 걸 염두에 두었다. 절집을 짓는 일에도 전통적인 범례와 함께 '점지'의 안목을 발휘했다. 절이 들어앉을 산의 크기와 높이, 앞뒤 벌의 넓이를 고려해 전각의 규모를 책정하는 형안이 있었던 것. 고견사의 불사가 원체 대대적인 것이라서 마치 신생 사찰처럼 생경한 분위기를 자아내지만 균형 있는 짜임새와 지세를 해하지 않은 자제력이 엿보여 그런대로 풍광이 생동한다. 눈맛을 즐길 수 있다.

경내로는 줄곧 사람들의 발길이 이어진다. 불자들 외에도 등산객들이 마당을 가르며 지난다. 우두산을 오르기 위해서는 고견사를 거쳐야만 한다. 절은 조용한 맛으로 찾아드는 곳이지만 사람이 많으면 많은 대로 따사롭고 넉넉해서 좋다. 절을 찾아온 사람들의 표정 역시 도시에서의 그것과는 다르니 이게 장관이다.

마당 한 모퉁이에 있는 샘터에 서서 시원한 물 한 모금을 마시며 법당에서 기도하고 나오는 한 아주머니와 눈을 마주쳤다. 이 아주머니의 얼굴빛은 법당을 들어가기 전과 나온 뒤가 서로 다르다. 오늘 그녀가 홀로 산중의 절을 일부러 찾아온 걸 보면 뭔가 쓸쓸하고 고달픈 사연으로 문득 부처님이 간절히 그리웠던 게 아닐까. 그리고 그녀는 마침내 법당에 들어 간절한 기도를 함으로써 부처를 만났을 게다. 중생

염불불환억^{衆生念佛佛還憶}이라, 원래 우리가 부처이니, 우리가 부처를 부르면 부처도 역시 우리를 굽어본다 했다. 법당을 나서며 환한 낯빛이 된 아주머니의 이마 위에도 부처의 굽어보는 눈길이 머물렀을 게다. 부처의 품에 강아지처럼 안겨 생기를 회복했을 게다.

칠백 살 나이 자신 은행나무

경내의 동편엔 아주 오래된 석불이 있다. 고려시대에 만들어진 것으로 추정되는 이 석불은 아마도 고견사 최고의 성물이다. 화강암을 깎아 만든 여래입상으로 그 높이는 2.2미터. 아담하고 정겹다. 돌을 떡 주무르듯 했을 석공의 솜씨로 보기 좋게 조각됐을 터인 이목구비는 이제 완연하게 뭉개졌다. 세월이라는 도적이 훑고 지나간 탓이다. 그리하여 여래의 얼굴은 뭉크의 그림처럼 모호한데, 웃는 표정인가 하면 보는 방향에 따라선 사뭇 준엄한 상이 드러난다. 어깨높이까지 추어올린 오른손은 중생의 모든 두려움을 없애준다는 시무외인^{施無畏印}이고, 아래로 내려 손바닥을 밖으로 향한 왼손은 중생의 모든 소원을 들어준다는 여원인^{與願印}이다.

심하게 마모된 이 석불은 이제 한 점 돌덩어리에 지나지 않는다. 석공은 공들여 부처를 새겼으나 정작 부처는 비와 바람을 불러들여 돌에서 부처의 얼굴을 지워버렸다. 천년 세월 동안 서서히 형상을 깎아내고 상징을 지워버렸다. 돌덩어리는 그저 돌덩어리의 본성으로 돌아가는 게 본분이며, 중생은 본래의 부처 면목으로 돌아가야 한다는

게 부처의 전갈이지 않던가. 그렇다면 참담하게 마멸된 이 석불이야말로 정진의 표상이다. 고물단지 석불에 마음을 붙잡히는 이치, 몸이 낮아지는 이유가 여기에 있다. 그러나 아쉬워라. 복전함을 석불에 바짝 붙여놓았으니 이게 정녕 꼴불견이다. 좀 멀찍감치 떼어놓았더라면 덜 민망했을 것을. 돈 들어가는 구멍이 휑하게 뚫린 복전함으로 인해 석불이 욕보고 있다.

고견사에는 비구와 비구니 스님 두 분이 머문다. 비구 스님은 출타했고 비구니 스님은 말이라는 걸 하길 극구 삼간다. 요사채 툇마루에 앉아 공양주 보살께서 내놓은 차와 과일을 대접받는데 이 보살 또한 말수가 드물다. 하긴, 절집에 살며 딱히 무슨 말이 필요하랴. 말을 줄이는 자제력으로 마음을 돌보는 일은 승속을 아울러 썩 승산 높은 공부다. 행주좌와行住座臥, 어묵동정語默動靜이라, 걷거나 서거나 앉거나 눕거나, 말하거나 말하지 않거나 움직이거나 가만히 있거나 일체의 행위가 모두 수행이다.

말이 없기는 저 앞에 선 은행나무도 마찬가지다. 칠백 살의 나이를 자신 이 은행나무는 '거목'의 진정한 보기이자 묵언수행默言修行의 표상이다. 나무에게도 보는 눈이 있고 듣는 귀가 있으리라. 칠백 년간 본 것도, 들은 것도 많으리라. 그러나 오직 외연巍然히 우뚝할 뿐 입을 열지 않는다. 바람이 불어오면 그저 슬며시 잎새를 나부껴 칠백 년을 살아온 비결이 부동의 묵상에 있었음을 암시할 따름이다.

천지 만물이 곧 생명이며 부처님이라는 게 불가의 전언이다. 우리의 마음이 차근차근 맑아져서 마침내 옳게 보는 눈이 열리면 모두가 부처로 보인다는 소식도 가히 아름답다. 그런데 지금 내 눈에 저 은행나무가 부처님으로 보인다. 이는 무슨 조짐인가? 은행나무의 가피인가? 은행나무 부처를 암암리에 두 눈으로 쓸어담는다. 그러고 나서 뒤도 안 돌아보고 달아나는 도둑처럼 황급히 하산한다.

칠백 살 은행나무가 있는 고견사

산중암자로 경남 거창은 명산들이 즐비한 '산의 전시장'이다. 의상봉, 장군봉, 바리봉 같은 거암들을 거느린 우두산은 가조면이 내세우는 진산. 천년고찰 고견사가 이 산기슭에 있어 불자는 물론 등산객들의 각광을 받는 산이다. 가조면 소재지에서 고견사 주차장까지는 약 4킬로미터 거리. 이 주차장에서 고견사까지는 1.5킬로미터로 30분 정도면 닿는다.

암자에 들어서면 한국전쟁 이후 오랫동안 낙후했던 고견사는 근래의 불사를 통해 면모를 되찾았지만 역사 속에서는 상당한 위의를 과시했다. 후백제왕 견훤이 경주까지 침략했을 때, 거창 지역 20여 성(城)의 사찰에 보관되어 있던 불상과 각종 불서를 거두어 고견사에 옮겼다는 설이 있는 것으로 보아서도 그 유서의 깊음을 미루어 짐작할 만하다.

고견사는 세 가지의 자랑거리를 가지고 있다. 조선 인조 때 주조된 동종, 고려시대에 만들어진 것으로 추정되는 여래입상석불, 그리고 조선 숙종이 원효대사를 흠모해 하사했다는 강생원(降生院) 현판이 그것들이다. 이 절에는 세 가지의 볼거리도 있다. 절의 들머리에서 만나게 되는 고견폭포, 최치원이 심었다는 풍설이 전해지는 아름드리 은행나무, 그리고 전설과 함께 등장하는 쌀굴 등을 말한다.

암자를 벗어나면 고견사 답사는 우두산 산행과 겸하면 더욱 좋다. 고견사에서 의상봉을 곧바로 오르는 코스가 가장 널리 이용된다. 주차장에서 곧바로 장군봉을 거쳐 의상봉에 이르는 코스도 좋다. 의상대사가 참선하던 터로 알려진 의상봉에 올라서면 동쪽으로 가야산, 서쪽으로 덕유산, 남쪽으로 지리산이 보인다.

암자로 가는 길
승용차 88올림픽고속도로 – 가조JC – 가조면 소재지 초입 – 우두산 이정표를 보고 좌회전 – 고견사 주차장
대중교통 서울남부터미널에서 거창행 버스 이용(1일 13회 운행) – 거창시외버스터미널에서 가조행 군내버스 이용 – 가조면 소재지에서 하차 후 택시 이용

영암 월출산 상견성암

공부하다보면 감사한 마음이 끝이 없어

계속하여 눈물이 납니다

수건 두 개를 걸어놓고 공부하고 있습니다

외롭고 높아 고요하다

냇물에 떠내려온 오이를 먹고 임신한 어머니에게서 태어난 도선국사 道詵, 827~898. 그는 자신의 출생처인 월출산 月出山, 809m 자락에 도갑사 道岬寺를 창건했다. 도갑사에는 열두 개의 산중암자가 딸려 있었다. 지금은 단지 두 암자가 남아 있으니, 산정 가까이 있는 상견성암 上見性庵이 그중 한 곳이다. 원래 하견성암과 중견성암도 있었지만 시간이라는 강물에 떠밀려 사라졌다. 상견성암으로 가는 길은 깊고 푸르다. 산 정상부에 암자가 있어 길은 하염없이 이어진다. 대와 차나무, 동백나무 무성한 2월의 숲은 이미 봄처럼 푸르고 훈훈하다.

산속은 적막하다. 좌선한 나무들, 침묵이 흘러내리는 산자락들, 묵중한 바위들. 오직 길을 오르는 내 발걸음 소리만이 고요를 깬다. 옛날 선시에 이런 게 있다.

바람이 멈춘 뒤에 꽃이 떨어지는 것을 본다
노래하는 새소리로 산이 고요한 것을 안다

고요함 속에서 무엇인가가 일어나기 전에는 고요함을 느끼지 못한다. 나는 지금 발걸음이 내는 증폭된 소음으로 산중의 고요를 자각한다. 수영할 때 물살에 몸을 맡기듯 온몸을 적막에 담근다. 오감이 그렇게 적막에 젖어들고 마침내 마음마저 적막강산이 된다. 그저 가만히 바라보고 가만히 생각하며 산길을 오른다. 월출산이 명산인 것은 길길이 불꽃처럼 치솟아오르는 바위의 성세盛勢 때문이다. 그러나 암자로 통하는 이 고요한 산굽이에선 바윗덩이조차 맥을 잃고 몸을 낮춘다.

"제대로 찾아가실 수 있을랑가 모르겄소잉." 상견성암 가는 길을 일러준 도갑사 종무소 처사는 그렇게 말했다. 등산로가 아니니 인적이 끊겨 있다고, 산 갈피 속에 꽁꽁 숨은 절이니 유심히 오르라는 당부였다. 그러나 정작 산에 들자 참 눈부신 길이 펼쳐진다. 순수하고 정결한 표정으로 열리는 산길이 마음을 보듬어준다.

2003년 11월 12일. 사부대중四部大衆이 하나같이 추앙하던 큰스님 한 분이 입적했다. 그가 마지막 숨을 거두며 제자들에게 당부한 얘기는 이랬다.

"올 때도 빈손이었는데, 마지막 가는 길이 호화로울 필요가 뭔가? 거적때기에 말아 일반 화장터에서 태운 뒤 그냥 뿌려라. 혹시 장례비용

이 남거든 가난한 이들에게 주어라."

누구신가. 청화스님이시다. 이 스님은 불교사상의 일원화를 주창한 원통불교의 수장이었다. 이룬 공부는 태산이었지만 승속 간에 누구를 만나거나 하심下心과 겸손으로 일관한 대덕이었다. 말년의 한 시절을 제외하곤 사십여 년 동안 가파르고 외진 산중토굴만 이십여 곳을 옮겨다니며 정진한 대기大器. 하루 한 끼만 자시던 일종식, 도무지 자리에 눕지 않는 장좌불와의 치열한 수행법은 차라리 전설로 회자한다.

이 청화스님이 상견성암에서 삼 년을 머물렀다. 그러니까 지금 내가 걸어오르는 산길은 청화스님이 밟았던 길이다. 청화스님이 보았을 나무와 숲, 들었을 바람소리, 읽었을 숨결을 생각하자 문득 들킨 듯 부끄러워진다. 나는 지금 산중의 적막에 필이 꽂혀 기꺼워하고 있지만 무엇을 분명히 보았다 할 것이며, 무엇을 심오하게 느꼈다 할까. 보았지만 못 보았고, 느꼈지만 못 느낀 것과 다를 바 없다. 눈 밝은 선사의 심명深明을 시늉조차 할 길이 없다. 산중에 가득한 두두물물과 진진찰찰塵塵刹刹을 대하는 깊은 관조와 밝은 통찰. 삼라만상이 미묘한 관계의 그물망 속으로 녹아드는 이치와 공空을 보아냈을 선사의 혜안은 지금 어디서 무엇을 바라보고 있는가.

강을 건널 때 토끼는 물 위에 떠서 파닥거리며 건넌다. 말은 반쯤 떠서 헤엄치는 반면, 코끼리는 물 밑바닥을 발로 밟으며 건넌다. 『열반경涅槃經』에 나오는 얘기다. 토끼와 말은 수박의 겉을 핥았을 뿐이지만 코끼리는 사물의 진상을 투철하게 인식한다는 비유다. 코끼리 발처럼 정진하라는 게 부처의 통첩이었다. 청화라는 코끼리, 그가 남긴 장중한 행보가 마음에 짚혀 산행길이 새삼 진중해진다.

한 마리 학을 연상시키는 암자

"한 사십 분가량 오르시면 커다란 바윗뎅이가 나타날 것이요. 거그 바위 꼭대기서 한 시 방향으로 쳐다보면 상견성암이 보입니다잉." 종무소 처사는 그렇게 귀띔했는데, 정말 바위에 올라서서 보니 저 위쪽으로 암자의 모습이 아른거린다. 주변엔 늙어서도 용트림처럼 굳센 소나무들. 가득 찬 적막에 리듬을 부여하며 흐르는 서늘한 바람결. 하늘과 사이좋게 천지를 양분한 산마루의 곡선. 일어서거나 눕거나 어깨를 겯고서 골짜기를 통솔하는 바위들의 군웅할거. 군살도 잡티도 하나 없는 절경이다. 분방하지만 현란하지 않으니 격조가 넘치는 풍광이며, 광활한 산협이지만 물물物物이 찬연하여 섬세한 그림이다.

저 옛날 이곳의 모습은 어떤 것이었을까. 조선 후기의 문인화가 담헌 이하곤은 호남 지방을 여행하고 『남유록南遊錄』이라는 기행문을 남겼다. 이 기록 안에 상견성암 일대의 과거 모습이 묘사되어 있다.

용암사로부터 갔던 길을 되돌아서 아래로 율령에 이르렀다. 북쪽으로 꺾어 몇 리를 걸어가서 백 길쯤 되는 절벽에 나 있는 실 같은 길로 빙 돌아가는데, 지극히 위험스러워 무서웠다. 무성하게 자란 대나무가 촘촘히 우거져 제멋대로 이리 가로막고 저리 뚫려 더 갈 수가 없었다. 상견성암에 이르니 뒤편에 석봉이 있는데 식규암과 같다. 서쪽의 큰 돌들은 마치 깎아 세운 듯 대를 이루고 있으며, 노목 몇 그루의 그림자가 어른어른 돌 위에 퍼져 있다. 돌 위에 신보가 먼저 올라갔다. 노승 서넛이 차례로 앉아 있는 모습이 나무뿌리에서 올려다보니 거의 인간 세상의 사람이 아니었다.

그렇구나. 세상도 세사도 여기서 멀어지니 노승이야 차라리 선인으로 비쳤겠다. 인간 세상의 탐욕과 광기가 침범 못 할 여기 산중에서 수행의 열정과 공부의 기쁨으로 가득했을 옛 스님들의 모습이 어른거린다. 상견성암을 지척에 둔 발길에 힘이 붙는다. 암자를 찾아가는 길이지만 어쩐지 암자가 나를 부르는 것만 같다. 여기에서 그저 가만히 훔쳐만 보고 잠잠히 사라져도 미련이 남을 것 같지는 않다. 그러나 마치 청솔 위에 올올히 좌정한 한 마리 학을 연상시키는 저기 저 암자. 그 청명한 매혹에 발길이 바퀴처럼 구르다시피 빨라진다.

암자 초입에서 샘물로 목을 축이고 돌계단을 올라 경내로 들어간다. 암자 건물은 절 같지 않은 절의 표본이다. 법당이자 처소로 쓰이는 한 채의 허름한 기와집. 의좋고 정갈한 산골 노부부 둘이서 도란도란 살고 있을 것만 같은 여염집 구색이다. 처마 아래 걸린 '상견성암' 현판만이 이 집이 절집임을 알려준다. 스님네들이 흔히 말하는 '토굴'이다. 비를 가리고 추위를 견딜 수 있는 최소한의 설비만으로도 족한 은둔 도량이다. 부처가 보신다면 이마저 호사일까. 부처 사후 불상이 생기고 탑이 서고 절이 지어졌지만 부처는 이를 구슬피 여길지도 모른다. 만상이 공하거늘, 생사마저 꿈이거늘, 절을 크게 짓고 탑을 높이 쌓는 일은 그 무슨 헛놀음인가.

교회건 사찰이건 정신 나간 물질주의·대물주의에 매몰된 채 건설과 개발에 박차를 가하는 게 요즘의 경향이다. 부처는 이게 부끄럽지 않을까. 대체로 복을 비는 기복불교로 퇴색하거나, 불교문화재를 내세운 관광불교로 전락한 채, 엉터리 상징과 치레를 꾸미기에 급급한 근자의 퇴행을 부처가 안다면 낯 뜨거워 쥐구멍을 찾지 않았을까. 상견성암은 이 점에서 순수하며 순정하다. 아무런 과장과 시늉이 없는 채로 어엿하다. 불당의 위의를 과시하는 대신 한없이 몸을 낮춘 암자가 아니겠는가. 비유하자면 이 암자는 노승의 좌선을 닮았다. 서리 내린 듯 허연 눈썹 아래로 반쯤 감은 실눈을 내리깐 노승이 두 손을 하단전에 모은 채 단아한 자세로 좌정한 품새. 암자의 질박함과 단출함을 바라보는 것만으로도 머릿속이 샘물처럼 맑아진다.

조용한 산승

청화스님은 1978년부터 삼 년간 상견성암에서 안거했다. 가까이서 모셨던 이들의 전언에 따르면 이 스님은 무엇이건 통 자시지를 않았다. 냄비에 쌀 씻어 밥하고 설거지하는 일 따위에 금쪽같은 공부 시간을 허비하기 싫어하셨더란다. 그래서 스님은 주로 물에 불린 생쌀과 솔잎을 드셨다. 그런 나머지 치아가 못쓰게 왕창 문드러졌다.

청화스님의 토굴살이 모습을 알게 하는 어느 재가신도와의 문답이 전해온다.

"큰스님! 얼마만큼 부처님을 그리워해야 합니까?"

"옆에 있는 사람들로부터 저 사람 미쳤다 하는 소리를 들을 정도는 돼야 합니다."

"외로운 토굴 생활이 마땅하신가요?"

"공부하다보면 감사한 마음이 끝이 없어 계속하여 눈물이 납니다. 수건 두 개를 걸어놓고 공부하고 있습니다."

"염불을 권하는 이유를 말씀해주십시오."

"염불은 가장 하기 쉬우면서도 공덕 또한 많습니다. 그리고 무엇보다도 더 빨리 초승超乘할 수가 있습니다."

"토굴 생활이 적적할 때가 있으시겠죠?"

"바람이 있고 달이 있습니다. 하늘에서는 신묘한 음악이 흐릅니다. 그러하니 더 이상의 행복이 어디에 있으리오."

암자의 뜰에 하오의 햇살이 나뒹군다. 그것은 금싸라기처럼 눈부시게 부서져 차가운 늦겨울 산사에 온기를 배급한다. 주위의 경관은 어디를 보나 흠 없이 수려하고 완벽하게 조화롭다. 그러나 이 암자의 진정한 비경은 달밤에 비로소 술술 풀려나온다. 음력 보름날보다는 해가 지자마자 달이 뜨는 열사흗날이나 열나흗날의 풍광이 빼어나다.

달은 떠서 어떤 언어를 발하는가. 휘영청 교교皎皎한 달이 구름을 비끼면 암자의 스님은 어떻게 견디나. 낮이건 밤이건 경치에 홀리면 수행은 어떻게 되나. 혹은 비 내리고 한풍이 세찰 텐데 그런 날의 외로움은 또 무엇으로 누르나. 하지만 끄떡없다. 암자에는 지금 스님 하나가 머물며 여러 해 동안 염불선에 들어 있다. 깨달음을 얻기 위한 불가의 수행법에는 간화선·묵조선·위파사나 등이 있는데, 염불과 참선을 접목시켜 체계화한 염불선은 청화 큰스님에 의해 널리 보급되었다.

털신 한 켤레가 그 아래 가지런히 놓인 빈지문을 두드린다. 면벽참선 중일까? 낯선 객이 암자의 뜰을 서성거리지만 한동안 안에선 기척이 없었다. 풋잠을 주무시나? 이윽고 중년의 스님 한 분이 문을 열고 모습을 보인다. 침묵과 고독을 벗 삼아 공부 속에 들어 있는 산승의 조용한 풍모. 결례되는 얘기지만 스님은 한 마리 순한 산짐승처럼 맑다. 쑥스러워 견디기 어렵다는 표정을 감추지 못한다. 내면의 소리에 귀 기울이는 자의 진중한 눈길로 조심스레 객을 살핀다. 말을 아낀 채 그저 겸양으로 일관하며 과일을 내놓는 스님에게 "어떻게 사는 게 잘 사는 길일까요?"라고 묻는다. 자못 갑갑한 물음이지만 돌아오는 답은 친절하다.

"남을 위해 사는 삶이 아닐까요. 하지만 이게 말처럼 쉬운 일이 아니라서 우리는 카르마의 노예가 되어 있습니다. 눈에 안 보이는 업장業障이 몸을 친친 감고 있음이라. 마치 누에가 실을 뽑아 제 몸을 가두는 고치 안에 들어가 죽듯이, 그렇게 업의 노리개로 살다가 죽을 가망성이 많지 않겠어요? 그걸 피하기 위해 힘들지만 소승, 이렇게 혼자 수행하고 있지요."

들창으로 들이치는 황혼의 햇살로 방 안에 주황물이 번진다. 행패처럼 악을 쓰며 덤벼든 골바람이 문풍지를 쥐어뜯는데, 이미 할 말 다했다는 투로 입을 딱 다문 산승은 나무토막처럼 마냥 묵연하다. 날마다 자자自恣라! 묵묵한 칩거 중에 돌아봐 뉘우칠 게 많음인가. 산 아래의 번거로운 소식은 물론, 세찬 골바람이 데려오는 외로움도 어림없다, 쥐고 있던 것들 다 놔버리라, 하는 수행자의 허심한 결기가 보인다.

서녘 해는 져 어느 여인숙에 머무는가. 노을빛 물러가, 암자 홀로 외롭고 높아 고요하다. 이내 차가운 어둠이 밀려든다.

노승의 좌선을 닮은 상견성암

산중암자로 상견성암을 가기 위해서는 도갑사 뒤편, 미왕재 억새밭으로 향하는 산길로 접어든 뒤 수미비를 지나 곧바로 왼편으로 꺾이는 산길을 탄다. 주의하지 않으면 길을 놓칠 수 있다. 이 길은 지정된 탐승로는 아니다. 따라서 미리 탐방안내소나 종무소 측의 양해를 구하는 게 좋다. 상견성암까지는 천천히 걸어도 1시간이면 도착한다. 외길로 뻗어나가는 산길이라서 길을 잃을 가능성은 거의 없다.

암자에 들어서면 월출산은 국내에서 규모가 제일 작은 국립공원으로 천태만상의 기암괴석이 수석 전시장을 연상케 한다. 남성적인 웅장함을 갖춘 북쪽의 가파른 돌산과 여성적인 섬세함을 갖춘 완만한 남쪽 산이 조화를 이뤄 호남의 5대 명산으로 꼽히고 있다. 이 산 노적봉 아래 상견성암에 있는 바위에는 '천 개의 바위봉우리는 서로 빼어남을 견주고, 만 개의 구렁은 그 흐름을 다툰다'라는 문구가 새겨져 있는데 월출산의 탁월한 경관은 일찍이 고산 윤선도를 비롯해 서거정과 율곡 이이, 다산 정약용 등 수많은 선비들이 시로 칭송하였다.

암자를 벗어나면 상견성암을 오르기 전에 도갑사를 답사한다. 도갑사는 월출산 남쪽 도갑산(道岬山, 376m)을 등지고 주지봉을 바라보는 넓은 산자락에 자리 잡은 도량으로 신라 말 헌강왕 6년 도선국사에 의해 창건되었다. 해탈문(국보 제50호)과 마애여래좌상(국보 제144호), 석조여래좌상(보물 제89호), 문수보현보살 사자코끼리상(보물 제1134호), 대형석조, 그리고 도선비, 수미비 등 많은 문화재를 소장하고 있는 고찰이다.

암자로 가는 길
승용차 ❶ 서해안고속도로 – 목포 – 2번 국도 – 독천 – 도갑사
❷ 광주 – 13번 국도 – 나주 – 영암 읍내 – 도갑사
대중교통 광주에서 영암읍행 버스 이용(10분 간격 운행) – 영암 읍내에서 도갑사행 군내버스 이용(1일 7회 운행)

함양 지리산 **금대암**

눈이 자지 않으면 온갖 꿈이 저절로 없어질 것이요

마음이 변하지 않으면 모든 법이 한결같다

성현조차 한순간의 번개에 불과하다

가을 들꽃들로 산길이 밝다. 핀 꽃술을 바람에 너울거리는 억새. 청초해서 애틋한 쑥부쟁이. 살랑살랑 몸 흔들어 향기를 전하는 산국. 저 멀리 도시는 소음과 매연의 저주에 붙들려 있지만 산길엔 환한 꽃들이 지천이니 여기가 이방이다. 마음을 정좌케 하는 꽃향이 분분하니 이곳이 지성소至聖所다.

불가의 소식통이 전하길 사람에겐 네 가지 고독이 있다. 태어날 때 혼자서 오며 죽을 때 혼자 간다. 괴로움도 혼자서 받고 윤회의 길도 홀로 간다. 고독 천지다. 삶이 어수선할 때마다 자신의 몸과 마음을 숙연한 심정으로 들여다보곤 하지만 마침내는 도살장으로 끌려가는 소처럼 죽음을 향해 고독하게 걸어가게 돼 있는 게 인생의 시나리오. 그렇다고 부질없이 구슬피 울 일도 아니다. 마치 바람이 솜털을 날려

버리듯이 탄식을 애써 떨칠 수밖에 없다. 그러고서도 마음이 갈피 없이 흔들리면 어쩌나? 그럴 때 나는 산으로 간다. 산사를 찾아간다. 산사의 초입에서 기다려주는 건 언제나 초목이다. 꽃이며 향이다.

꽃 핀 가을 초목들 사이로 소로는 줄기차게 뻗어나간다. 햇살은 수정처럼 파랗게 투명하다. 햇살 세례를 받는 중에 잘 빨아 말린 행주처럼 심신이 개운해진다. 이게 무상의 보시가 아닌가. 햇살의 보시, 꽃들의 보시, 향기의 보시……. 나는 이렇다 할 선행을 별로 한 적이 없다. 그러나 산에 가면 상장과 부상으로 트로피까지 받은 기분에 사로잡힌다. 과분한 호사다. 도시의 거리를 걸을 때면 긴장이 되거나 피로가 밀려든다. 맹수에게 쫓기는 기분인 채 괜히 속도를 내어 걷기도 한다. 허나 산길에선 한가하고 편하다. 산의 은총이다. 부모님에게 신세진 것과 마찬가지로 산에게도 신세를 지고 살아온 셈이다.

산을 신神으로 바꿔 불러도 무방할 게다. 산을 돌아다니다보면 비록 어머니의 자궁을 박차고 나온 중생이지만 또 달리 생각해보자면 산이 나를 만든 게 아닌가 싶은 생각이 든다. 산에서 육친의 정을 느끼는 것이다.

산길의 끝에서 암자가 나타난다. 금대암金臺庵이다. 지리산에 딸린 수많은 식솔들 가운데 하나인 금대산 꼭대기 근방에 있다. '금대'. 이건 수준 높은 단어다. 불가에서 '금金'자는 부처님을 뜻한다. 부처님을 모신 법당을 금당金堂이라 일컫는 이유가 여기에 있다. 그러하니 '금대'란 통째로 부처님 계신 터전이라는 뜻이다. 『정토경淨土經』을 보면 이런 말이 나온다. '염불공덕이 있는 사람은 임종 때 서방의 대성

大聖께서 맞이하시는데, 가장 공덕이 높은 사람은 금대에, 그다음 사람은 은대에 모신다'라고. 우리는 모름지기 죽어서 금대에 오를 수 있도록 노력해야 할 것 같다.

그런데 왜 하필이면 금을 부처님에 비유했나. 금빛 가사를 지어 부처 제단에 받치는 풍습도 있거니와 대체로 불상들은 금물을 잡숫고 계신다. 부처님도 이왕이면 다홍치마라고 값비싼 금덩이를 좋아하셨나? 불가에 금이 흔해터진 탓인가? 아니다. 세상의 물질들은 빛의 반사를 통해 제 자태를 드러낸다. 은도 그렇다. 그러나 금은 스스로 빛을 뿜는다. 이게 과학적으로 맞는 얘기인지 아닌지 모를 일이지만 불가에선 그렇게들 말한다. 오직 금만이 스스로 발광하며 스스로 과시한다는 것. 이는 부처님과 잘 부합하는 성향이다. 그래서 금부처를 만들고 금가사를 짓는다.

산정엔 벌써 단풍빛

금대암에 대해서는 간간이 들은 소식이 있었다. 지리산 주능선을 한눈에 쓸어담을 수 있는 최상의 전망대라는 얘기였다. 과연 그렇다. 암자의 뜰에 서자 별안간 시야가 탁 트인다. 저 건너편 하늘 아래로 지리산의 연봉들이 한눈에 들어온다. 하봉, 중봉, 천왕봉, 제석봉, 연하봉, 촛대봉, 영신봉, 칠선봉, 덕평봉······. 지리산의 지리적 오디세이라 할까? 두 눈에 모조리 쓸어담기에 족한 함축적인 산경이 파노라마처럼 펼쳐진다.

산을 관장하는 총감독은 가을이면 붓 한 자루를 집어들고 청단, 홍단, 현란한 단풍 그림을 산에다 그려댄다. 이분께선 이 가을에도 어김없이 붓을 들고 납시었다. 능선의 상부엔 벌써 단풍빛이 흥건하다. 머잖아 빨강이 노랑을, 노랑이 주황을, 그렇게 꼬리에 꼬리를 문 원색들이 온 산을 채색의 향연장으로 물들일 것이다.

아름다운 단풍산을 바라보면 나는 일쑤 질탕한 욕망에 취한 자의 광란 같은 걸 연상한다. 애욕의 햇불을 거머쥐고 달리는 수컷들, 암컷들. 번뇌의 잡초가 무성한 자의 연상이란 게 겨우 이렇다. 삶의 경험을 다해 나는 성찰하고 자성해야만 한다. 불가에선 가르치길 애욕이란 독사와 같은 것이라 했다. 어리석은 자는 애욕의 꽃을 탐하다 꽃 뒤에 숨은 독사에게 물려 죽을 것을 알지 못한다는 통첩이다.

금대암은 합천 해인사의 말사다. 아담한 암자다. 금대선원과 대웅전, 그리고 나한전과 삼층석탑 등으로 이루어졌다. 신라 무열왕 3년(656년)에 창건된 것으로 전한다. 긴 역사에 맞먹는 나름대로의 깊은 유서를 간직한 절이다. 도선국사가 일찍이 유력한 참배지로 인정했다고 한다. 고려시대엔 보조국사가, 조선시대엔 서산대사가 여기에서 정진했다는 풍설도 전해진다. 또 보조국사 지눌의 법맥을 이은 제자 진각국사 혜심慧諶, 1178~1234도 이곳에서 도를 닦았다. 혜심은 눈이 이마까지 차오르도록 흐벅지게 내린 날에도 그저 묵묵히, 마치 고목처럼 꼼짝하지 않고 수행했다고 한다. 깡이 없는 수도란 불가능하다. 혜심은 누구인가.

혜심선사는 우리나라 최초의 화두 모음집이라 할 수 있는『선문염송 禪門拈頌』을 편찬하였다. 이 책은 수행승들이 화두를 들고 공부할 수 있는 실질적인 길을 열어놓았다. 또한 『구자무불성화간병론 狗子無佛性話揀病論』을 저술하여 수행자들이 공부할 때 생길 수 있는 구체적인 병통과 그 증상에 대하여 자세히 밝혀놓았다. 공부도 많고 구해 얻은 도는 많았던 선지식. 이 혜심이 하루는 법상에 올라가 설법을 했다.

"거품이 생기거나 사라져도 물에는 그 흔적이 남지 않는다. 구름이 가거나 오거나 허공엔 그 자취가 끊어진다. 오음 五陰이 모이고 흩어지는 것 같지만 애당초 있지도 없지도 않은 것이다. 나고 사라지는 것, 가고 오는 것, 살고 죽는 것, 모이고 흩어지는 것, 이 모든 것은 범부의 꿈속에서 뒤바뀐 소견이요, 깨달은 이의 바른 관찰이 아니다. 그대들은 알지 못하는가? 눈이 자지 않으면 온갖 꿈이 저절로 없어질 것이요, 마음이 변하지 않으면 모든 법이 한결같다. 그렇다면 어떤 것이 자지 않는 눈이며, 어떤 것이 변하지 않는 마음인가?"

혜심은 잠시 멈췄다가 주장자 柱杖子를 탕 내려치고 다시 설했다.

"분명히 보니 한 물건도 없으며, 사람도 없고, 부처도 없다. 시방세계도 바다의 물거품이요. 일체의 성현도 한순간의 번개에 불과하다. 나는 오랫동안 죽은 이의 콧구멍을 빌려 숨을 내뿜었으나 지금은 나의 콧구멍을 가지고 숨을 내쉰다!"

그러고 나서 선사는 게송을 읊었다.

　　한 생각에 선한 마음이 생기면
　　부처가 마왕의 궁전에 앉고
　　한 생각에 나쁜 마음이 생기면
　　마왕이 부처의 법당에 살게 된다
　　선악을 한꺼번에 잊어버리면
　　부처와 마왕이 어디에 나타나랴

　선악을 한꺼번에 잊으라는 전갈이다. 본말을 따져 선이니 악이니 분별함은 만겁의 사슬에 빠지는 것과 마찬가지라는 얘기다. 선악을 가리는 분별심을 버리고 오직 내 콧구멍으로 줏대 있게 숨을 쉬어 진리의 진상에 도달하라는 독촉이다. 호방하다. 웅장하다. 그러나 필부에겐 벅차다. 선을 행하는 게 그나마 사람된 도리라 알고 있는데 선을 잊으라 한다. 악을 멀리하는 게 그나마 참한 경지인 것 같은데 악마저 잊으라 한다. 이는 대체 무슨 수수께끼냐? 어리석고 게으른 자에겐 도통 어렵기만 하다. 무장무애無障無礙의 고덕高德과 시중을 떠도는 건달이 지닌 정신세계의 경치가 이와 같이 사뭇 다르다.

풀밭에 누워

　조선시대 때 금대암은 어떤 모습이었을까. 조선의 학자이자 문인이었던 김일손이 지리산을 노닐며 쓴 기행문 『유두류록遊頭流錄』에서 약간의 단면을 엿볼 수 있다. 당시 김일손은 정여창과 함께 금대암에 잠시 들렀는데 이십 명쯤의 승려들이 수도에 정진하고 있었다고 적었다. 스님들이 범패를 부르며 뜰 안을 돌고 있었고, 고승의 주석지팡이도 보았노라 기록하고 있다. 대부분의 절집들이 그렇듯 금대암에도 구전은 많지만 기록은 별반 전해지는 게 없다. 한국전쟁 때엔 폐허가 되기도 했다.

이 암자의 대웅전은 인법당因法堂 형태로 지어졌다. 인법당이란 큰 법당이 없는 절에서 승려가 거처하는 방에 불상을 모신 집. 말하자면 편의를 도모하기 위한 다용도 전각이다. 그래서 고방庫房이 있으며 툇마루도 붙였다. 대웅전 내부엔 아마타삼존불상을 봉안했다. 인상적인 것은 창문에 새겨넣은 빗꽃살문이다. 비록 근래에 만들어진 것이지만 소박하고 정갈한 모란 문양이 정겹다. 고방의 빗장 둔테 역시 눈길을 끈다. 둔테란 문을 가로질러 잠글 수 있는 빗장 위에 덧대어 놓은 나무조각으로 일명 빗장걸이라고도 부른다. 이곳의 둔테엔 거북 문양을 새겼다. 상서로운 동물인 거북을 통해 복을 기원하는 마음을 담은 셈이다.

대웅전 뒤편 석축 위엔 나한전이 있다. 안에는 다섯 분의 나한상이 봉안되어 있다. 원래 조선시대에 조성한 것인데 한 분만 빼고는 모두 도난당해 근래에 새로 만들어 모셨다.

암자의 공간 가득 적막이 넘친다. 문득문득 새소리와 바람소리가 들리지만 잠시 지나는 구름 그림자처럼 덧없이 사라진다. 스님은 공

하늘은 언제나 거기에 있다

푸른 공으로 본질과 영원을 일깨워준다

부방에서 나오질 않는다. 용맹정진만이 그의 관심사일 게다. 천만 번 까무러칠 목숨일지라도, 천만 번 헤맬 인생일지라도, 그래도 기어이 도를 얻어야 하는 게 승려들의 본분이자 책무다.『장로게경長老偈經』이라는 불서에는 이런 구절이 나온다.

이 몸뚱이를 갈기갈기 찢어보라. 살덩이를 흩뿌려보라. 내 두 다리를 무릎 관절부터 잘라보라. 설령 그럴지라도 이 집착의 화살을 뽑아내지 않는 한 나는 아무것도 먹지 않고 마시지 않으리.

수행이란 재주나 요령으로 하는 게 아니다. 청정한 계행이 없는 한 동쪽으로 걸어갔지만 결과는 서쪽을 향해 걸어가는 것과 마찬가지다. 그러하니 공부에 공부를 거듭해야만 한다. 공부가 많은 스님과 마주 앉는 일은 참 즐겁다. 그러나 지금 암자의 스님은 객을 맞이할 여유가 없다. 귀가 시원해지는 법문이라도 경청하고 싶지만 여의치 않다. 적막 속에서 살짝 허전하다. 풀밭에 눕는다. 풀내음이 싱그럽다. 슬며시 졸음이 밀려온다. 암자 풀밭에서의 낮잠이라? 괜찮을 것 같다.

경허스님은 이렇게 읊었다.

머리 숙이고 항상 조느니
조는 일 말고는 또 무슨 일이 있단 말인가
조는 일 말고는 다시 일이 없어

머리 숙인 채 항상 졸기만 하네

경허, '깨우친惺 소牛'. 그는 한때 잠타령을 본업으로 알았던 만고의 몽인夢人이었다. 무애의 거장이자 선의 협객이었던 경허의 낮잠 경지를 어이 흉내라도 낼 수 있으랴만 풀밭으로 내리치는 햇살이 따사로워 눈꺼풀이 무거워진다.

그러나 누운 몸 저 위에서 쏟아지는 하늘의 푸른빛이 졸음을 내쫓는다. 우리가 볼 수 있는 것 중에서 가장 놀라운 것은 아마도 하늘이다. 지상에 존재하는 모든 유정有情과 무정無情은 마침내 사라지거나 흘러간다. 무사하거나 온전하거나 영원한 것은 없다. 그러나 하늘은 언제나 거기에 있다. 푸른 공空으로 본질과 영원을 일깨워준다. 시간의 무한대, 공간의 무진장을 가리킨다. 끝내는 사멸할 것들이 돌아갈 존재의 궁극을 상기시킨다. 그러니 법이자 화엄이다. 화엄 하늘 아래에서 나는 하염없이 작다. 점점 작아져 마침내 티끌이 되면 가벼워질까? 나비처럼 사뿐히 날 수 있을까?

지리산을 한눈에 볼 수 있는 금대암

산중암자로 함양군 마천면 구룡리엔 '지리산 제1관문'으로 불리는 오도재(悟道峙)가 있다. 과거 영남학파 종조인 김종직을 비롯하여 정여창, 유호인, 서산대사 등 많은 인걸들이 걸음을 멈추고 지리산을 노래한 고갯마루였다. 청매 인오조사가 득도한 곳이라 하여 '오도'라는 지명이 붙었다. 이 오도재를 통해 마천면 가흥리에 닿은 뒤 금대산 9부 능선쯤에 자리한 금대암을 찾아간다.

암자에 들어서면 금대암의 매력은 무엇보다 뛰어난 조망에 있다. 절 앞 저편으로 지리산 북사면의 연봉들이 한눈에 들어온다. 장쾌한 경관이다. 천왕봉과 중봉, 하봉, 제석봉, 촛대봉 등 해발 1800미터 안팎의 봉우리들이 열병식을 하듯 늘어서 있다. 지리산의 거대함은 그 안에 들었을 때보다, 오히려 이렇듯 거리를 두고 바라볼 때 더 압도적인 풍경으로 다가온다. 능선들이 마치 금대암을 향해 예배를 하는 듯한 풍경이기도 하다. 이처럼 빼어난 산경의 파노라마를 거느린 암자라서 기운도 밝고 쌩쌩하다. 전설에 의하면 지리산 산신이 여자인데 금대산의 산신은 남자이기 때문에 지리산 산신의 정기가 금대산에 다 모여든다고 한다.

암자를 벗어나면 뜰 앞에 펼쳐지는 대밭은 금대암의 또 다른 명물이다. 대밭 사이엔 전나무 한 그루가 우뚝 서 있다. 수령 500년에 높이 30미터, 둘레 3미터로 국내의 전나무로서는 가장 오래되었고 가장 크다. 원래는 두 그루가 있었으나 하나는 1998년에 낙뢰를 맞아 죽었다. 금대암을 오르거나 내려가는 산길에서 바라볼 수 있는 건너편 삼정산 능선 도마리의 다랑논들도 이채롭다.

암자로 가는 길
승용차 88올림픽고속도로 함양IC – 함양읍 – 마천 표지판 보고 오도재, 지안재 통과 – 마천면 – 임실 방향으로 진행 – 안국사와 금대암 표지판 – 우측 산길로 진행
대중교통 동서울종합터미널에서 함양행 버스 이용(1일 12회 운행) – 함양지리산고속터미널에서 추성리행 버스 이용 – 금계리마을에서 하차

화순 무등산 규봉암

저는 그저 빛나는 태양이 아니라

이웃의 밤길을 돕는

골목길 가로등 정도만 되길 바랄 뿐입니다

천 개의 달이 달인가

눈이 내린다. 무등無等. 등급을 따지지 않고 모두를 껴안는 산이라 해서 무등산無等山, 1187m이라 한다. 이 평등의 산에 차곡차곡 눈이 쌓이니, 설원이 눈부시다. 굴곡도 많고 피폐도 많은 세사世事. 비는 내려 세상의 티끌을 씻어주지만 눈은 그것을 감싸준다. 내리는 눈의 숨결은 따뜻하다. 이것은 하늘이 내는 모성인가. 가여운 아들아, 외롭고 두려운 세상도 온몸으로 껴안으면 견딜 만하단다, 하는 어버이 음성. 내리는 눈에는 그런 게 실려 있다.

장불재에서 규봉암圭峰庵으로 가는 길을 알리는 이정표를 따라 눈 속으로 들어간다. 제법 널찍하던 길이 이내 소로로 바뀌더니 폭신히 내린 눈으로 길 자취가 흐릿하다. 길의 실종. 잠시 암담해진다. 그러나 기꺼워라, 눈길 위에 발자국이 찍혀 있다. 대설주의보가 내린 날의 눈 천지 속을 누군가 앞서 걸어간 흔적. 그 알 수 없는 이의 발자취가 길이 된다. 세상의 모든 길들은 기실 앞서간 사람들의 발자국이다. 그게 길의 원형이며 도의 진원이다.

눈에 묻힌 길 위에 발자국을 남긴 이여, 복되도다! 발자국이 없었다면 꽤나 허둥거려야 했을 것이다. 길이랍시고 엉뚱한 길을 밟아 마침내 미로에 처할 수도 있을 것이다. 하지만 한 뼘 길이의 발자국들이 가지런하니 이게 탄탄대로다. 예수며 부처가 남긴 진리의 발자국이 여기에서 다를 게 무엇일까. 이 하얀 산길을 따라 끝없이 가면 부처의 마음에 닿을까?

사박사박 쌓인 눈 위로 자꾸 눈이 내린다. 소리 없이 내리는 눈으로 산의 적막이 깊어진다. 나무도 숲도 계곡도 하늘도, 일체가 묵언에 들어 있다. 눈 외투를 두른 하얀 산에 눈꽃이 난무하니, 그건 아마도 적멸의 꽃이다.

한 시간 남짓 걸었을까. 꿈길인 듯 차라리 흥에 겨워 눈길을 걷는 중에 시간을 헤아릴 길 없는데 이윽고 암자다. 규봉암은 규봉圭峰, 950m의 품에 들어 있어 규봉암이다. 그런데 규봉은 널리 이름 날리는 봉우리. 곧추서거나 비스듬히 늘어선 바위 단애斷崖들의 장엄하고도 기묘한 총집叢集으로 비경을 이룬다.

흔히 서석대와 입석대, 그리고 규봉을 일컬어 '무등산 3대 석경'이라 부른다. 무등산에 올랐으되 규봉을 보지 못했다면 그건 아니 오른 것과 진배없다는 소리가 도는 것은 규봉이 무등산의 하이라이트이기 때문이다. 규봉이 펼치는 경관은 일테면 바위들의 '묘기 대행진'이

다. 허공으로 머리를 들이민 돌기둥들이 병풍처럼 쫙 펼쳐져 기발한 곡예를 한다. 과학계의 통신에 따르면 이 희한한 바윗덩이들은 칠천만 년 전의 화산 폭발로 분출된 용암이 갑자기 굳으면서 생성된 이른바 '주상절리'라는 것이다. 고려 명종 때의 시인 김극기는 규봉에 올라 시 한 수를 남겼다.

    이상한 모양이라 이름 붙이기 어려워라,
    올라와 보니 만상이 공평하네
    돌 모양은 비단으로 말아낸 듯, 봉우리는 옥을 다듬어 이룬 듯
    명승을 밟으니 속세의 자취가 끊어지고,
    그윽하게 머무니 궁극이 그립다

시인은 '비단'이며 '옥'에 빗대어 기암절벽들의 예술을 노래하고 있다. 이 산의 조물주는 규봉에서 아티스트의 실력을 맘껏 발휘한 게 분명하다. 찬탄하며 암자로 들어선다. 석문을 거치고 돌계단을 오르자 관음전을 중심으로 석탑과 요사채, 해우소 등을 본때 있게 배열한 규봉암의 전모가 훤히 드러난다. 두 팔 벌린 규봉의 너른 품 중에서도 그 가슴께에 살풋 안긴 암자의 기운이 싱싱하고 다사롭다. 서슬 퍼런 한풍이 산자락을 돌아 이곳에서 순해진다.

불가의 스타들이 남긴 행적

표고가 높고 바위는 지천인데 물은 어디에 있나. 그 옛날 처음 이곳에 절집을 짓고자 했던 이는 아마 물부터 찾았을 것이며, 용케도 바위틈에서 용출하는 샘을 찾아 마음을 굳혔을 게다. 그가 바로 의상이다. 규봉암에 전해오는 설화에 따르면, 전생에 이곳에 온 적이 있었던 의상스님이 현생에 다시 이곳을 찾았단다. 바위틈에서 흐르는 물이 옹골차 가뭄에도 불구하고 물이 마르지 않음을 기이하게 여겨 절을 지었다고 한다.

의상 외에도 다수의 고승들이 규봉암에 족적을 남겼다. 신라 말의 도선국사는 이 절의 은신대에 앉아서 조계산의 산세를 살펴 송광사의 절터를 잡았다. 고려 후기의 보조 지눌普照 知訥, 1158~1210, 진각국사 혜심은 절 주변의 삼존석과 십이대에서 정진하여 득도했다. 또한 고려 말의 나옹 혜근懶翁 惠勤, 1320~1376도 규봉암에서 수도했던 것으로 전해오고 있다. 당대 불가의 스타들이 규봉암에서 구도의 한때를 머물며 얻을 것을 얻고 구할 것을 구한 셈이다. 그러하니 암자의 위신이 반듯하다.

바위 풍광이 아무리 빼어나다 하더라도 여기는 높고 험한 산중이다. 늙은 바위들이 간신히 시간을 움켜쥐고 있을 뿐인 산꼭대기 변방이다. 쉽지 않은 수행이었으리라. 별안간 뭐에 물려가도 아무도 모를 고립무원이 두려웠으리라. 그러나 정작 두려워할 일은 다만 제 속에 갇혀 홀로 꿈꾸다 죽는 일이 아닐까. 형체 없는 마음의 집, 그것을 허물어 생사의 저편을 조망하고 존재의 초월을 도모하는 용맹정진은 자랑이라면 자랑이지 초라한 범사일 수 없다.『장로게경』이라는 불경은 수행자들의 긍지를 이렇게 말하고 있다.

> 우리는 숲속에서 고독하게 살고 있다. 숲속에 나뒹구는 나뭇조각같이. 하지만 많은 사람들은 우리를 부러워한다. 지옥에 떨어진 이들이 천상에 사는 이들을 부러워하듯이.

그 옛날 고명했던 스님들은 지금 어디에 머무나. 은하계의 방방곡곡에서 성좌星座처럼 빛을 내는가. 수행은 큰 나무의 씨를 키워 싹을 틔우고 꽃이 피게 하며 열매 맺게 하는 것과 같다고 했다. 통 큰 정진이 있었으면 열매도 튼실해 별처럼 빛나리라.

법문이 있었는가. 법당에서 한 무리의 아낙들이 쏟아져나와 저마다 신발을 찾아 신고 암자를 빠져나간다. 이를 드러내며 뻥튀기처럼 환한 웃음을 터뜨리는 아낙의 표정에 천진天眞 한 자락이 어린다. 급박한 세속에서 벗어나 잠시나마 부처의 품에 들었으니 그네들의 가슴에 훈기가 감돌겠지. 아무도 모를 눈물이 괴었던 마음 기슭에 한 떨기 작은 꽃이 피어날 것이다.

사는 일의 애환을 눅이는 술을 목에 털어넣을 수 있는 도시의 주점은 얼마나 다행스런 장소인가. 절을 하고 가슴을 쓸어내리고, 그래서 마음을 내려놓을 수 있는 절집이 산에 있음은 얼마나 적실한가. 정붙일 곳 없는 도시에서 마음의 장난에 휘둘리며 서럽게 견뎌야만 하는 시간이 과연 사람의 것일 수 있을까. 행복에 관한 강박, 가망 없는 희

망, 목에 걸린 가시처럼 아픈 사랑으로 절뚝이며 살아야만 하는 게 우리네 일상이다. 절은 그 불안하고도 모순에 가득한 것들을 내려놓으라 한다. 당나귀가 소금 짐을 벗듯이 무거운 마음을 내려놓고, 마음의 길을 찾는 그 마음마저 내려놓으라 한다. 아낙들이 재잘거리며 빠져나간 암자의 모퉁이에 훈김이 피어오른다.

골목길 가로등 정도만 되길

눈발이 굵어진다. 꽃비처럼 너울너울 흩어져 내리는 눈은 마당에 떨어지고. 법당 지붕에 앉고, 바위에 쌓인다. 이 산의 디자이너는 자를 들고 일일이 재단을 해 바위 예술을 구현했는가. 지극한 정교함과 절묘한 여백의 미가 완연한 바위벼랑들이 눈과 한파 속에서 어엿하다. 조용하면서도 강인한 눈을 달고 한겨울을 견딘다. 그 어떤 세간의 사악과 흉계도 용납할 수 없다는 투로 눈 없는 눈을 뒤룩거리니, 이게 천년의 신장神將이요, 만년의 나한羅漢들이다. '지심귀명례至心歸命禮' 그 한마음으로 예불을 올리니 바위마다 불심이요, 불성이다.

규봉암은 신라나 고려시대 고승들의 유서가 남아 탁월하지만 불교를 짓눌렀던 조선시대에도 상당한 위상을 누렸던 것 같다. 조선 때 쓰인『신증동국여지승람』에서는 규봉암을 '규봉사'라 적고 있는데 썩 규모 있는 절집이었음을 기별하는 문건이다. 또한 조선 중기의 문인이자 의병장인 고경명의『유서석록遊瑞石錄』에 의하면 당시만 해도 신라의 명필 김생이 쓴 현판이 전해왔다고 한다.

조선의 의병장 김덕령 장군의 설화도 바람에 실리어 지금까지 숨을 쉰다. 규봉 10경 가운데 하나인 은신대 윗머리에는 '문바위'가 있다. 김덕령은 여기에서 무술을 연마하면서 어느 하루는 저 아래 마산리까지 활을 쏘면 화살과 백마 중 과연 어느 것이 빨리 도착하는지 시험을 했다. 활을 쏜 장군이 말을 타고 살바위에 도착했으나 화살은 보이지 않았다. 이에 김덕령이 화살을 제대로 찾지 못한 죄를 물어 즉시 백마의 목을 베고 나자 그때서야 살바위에 화살이 꽂혔다는 스토리. 이후 '말이 죽었다'는 뜻에서 마을 이름을 마살리馬殺里라 불렀는데 살殺자가 흉하다고 해서 훗날 마산리馬山里로 고쳐 부르고 있다.

내린 눈 위로 거듭 눈이 내려 발등이 눈에 묻힌다. 듣기로는 폭설이 내리면 배꼽까지 눈이 차오른다고 한다. 동안거의 한철이 눈 속에서 깊어가는 게다. 눈이 내려 지구가 무너지더라도 아랑곳없이 도를 구하겠다는 일념으로 정진하는 게 수행자의 본분이다. 그 옛날 어떤 수행자가 눈보라 속을 헤쳐 선사를 찾아갔다. 제자로 거둬줄 것을 청하는 수행자에게 선사는 "너의 근성을 보여달라!" 요구했다. 수행자는 그 자리에서 팔 하나를 댕강 칼로 잘라 눈밭에 내던졌다. 깡과 배짱이 아니고서는, 고독과 고난이 아니고서는 이룰 수 없는 게 도다. 『장로계경』은 수행자의 도리를 이렇게 적고 있다.

숲속에 사는 사람이거라. 탁발로 끼니를 잇는 사람이거라. 누더기 옷을 걸치는 사람이거라. 앉은 그대로 눕지 않는 사람이거라. 늘 오염에서 떨쳐 일어나 고행을 즐기는 사람이거라. 이렇게 그대는 나를

사람은 본래 크고 작음이 없는 법입니다

분별심을 버려 모두가 평등한 불성이라는 걸 알아야 하겠지요

다그쳤다. 마음이여.

나는 산속에서 홀로 살고 싶은 마음을 갖고 있는 사람이다. 조석간에 헌걸찬 법어를 듣거나 묵연한 좌정으로 존재의 비밀을 궁구하는 식의 수행은 가당치 않지만 그저 자연의 형제로 참하게 늙어가고 싶다. 하지만 막상 실행을 못 한다. 세상의 관계와 업무와 애욕에 얽혀 있기 때문이다. 그래서 청빈한 수행자를 보면 남몰래 낯이 붉어지는데, 규봉암 주지 정인스님이 마치 남의 속을 읽어버린 사람처럼 빙긋이 웃으며 차실로 데려간다. 규봉암은 한국전쟁 때 폐허로 스러졌다. 이걸 지금의 암팡진 모습으로 복원한 이가 정인스님이다. 이십 년을 오로지 이 후미진 암자에 머물며 절을 다시 일으켰으니 예사 공력이 아니다. 오늘 불자님들에게 무슨 법문을 하셨느냐 묻자 답이 이렇다.

"제가 좋아하는 글 중에 천강유수千江有水 천강월千江月이요, 만리무운萬里無雲 만리천萬里天이라, 하는 게 있습니다. 여기에 대해 얘기했죠. 천 개의 강에 달이 뜨지만 그것은 달의 그림자일 뿐 하늘의 달, 즉 참마음은 하나입니다. 만 리 하늘에 구름 걷히면 만 리가 다 하늘이니, 결국은 번뇌와 업장에 가려진 불성을 부지런히 닦자, 그런 얘기였습니다."

번뇌의 구름, 업장의 그림자를 지워가는 공부가 참선이고 염불이고 기도라는 뜻일 게다. 얼마나 오랜 세월 몸을 가린 옷일까. 나달나달해진 누비 동방이 숫제 누더기다. 스님이 들고 있는 화두는 "이 뭣고!"

"저는 큰스님도 아니고, 큰 도인도 아닙니다. 사람은 본래 크고 작음이 없는 법입니다. 분별심을 버려 모두가 평등한 불성이라는 걸 알아야 하겠지요. 따지고 보면 이 세상 누군들 이미 부처가 아닐 수 있겠습니까? 저마다 타인을 위해 일하고 있는 한 다 부처죠. 저는 그저 빛나는 태양이 아니라 이웃의 밤길을 돕는 골목길 가로등 정도만 되길 바랄 뿐입니다."

낮은 자리, 작은 세상으로 눈길을 두었으니 매사가 애틋하리라. 정인스님의 얘기가 따사롭다. 산토끼처럼 귀가 예민해지는데, 절 하나가 내 몸을 지나가는가? 눌려진 생각들, 감겨진 꿈들이 슬금슬금 풀린다. 한 올 바람처럼 머리가 가벼워진다. 뜰엔 사뿐히 눈 내리고.

규봉
10경이
있는
명승지
규봉암

산중암자로 규봉암은 화순군 이서면 영평리 산 897번지 무등산 동쪽에 자리하는 대한불교조계종 제21교구 본사 송광사의 말사이다. 규봉암에 오르자면 화순 방면에서는 이서면 영평리 장복동 마을에서 오르는 등산로를 탄다. 그러나 보통은 광주 쪽 증심사나 원효사를 탐방기점으로 이용한다. 증심사를 기점으로 할 경우 왕복 약 6시간이 소요되며 중머리재와 장불재를 거쳐 규봉암에 이른다.

암자에 들어서면 규봉암은 의상대사, 혹은 도선국사가 창건했다는 풍설을 지니고 있다. 고려시대엔 보조국사가 머물렀다는 소식도 전해진다. 규봉암 옆댕이엔 돌을 쌓아 지은 석실(石室)이 있는데 이를 '보조석굴'이라 부른다. 근래의 불사로 어엿하게 지어진 관음전, 범종루, 일주문 등이 암자를 구성하고 있다. 여래석존 · 관음석존 · 미륵석존으로 부르는 세 개의 웅장한 바위기둥은 이 암자의 명물이자 성물이다.

암자를 벗어나면 절 주변은 여러 가지 모양의 바위들이 솟아 있어 명승지를 이루고 있다. 규봉 10경으로 통하는 은신대 · 삼존석 · 십이대 · 광석대 · 풍혈대 · 설법대 등의 기암괴석은 신라와 고려의 고승들이 수도했던 자리라고 전해진다.

암자로 가는 길
승용차 ❶ 광주 시내 – 화순 방면 남문로 – 전남대병원 – 증심사 진입로에서 좌회전 – 증심사 주차장
❷ 호남고속도로 동광주IC에서 진출하여 우회전 – 2.2킬로미터 진행 뒤 좌회전 – 산수동 오거리에서 좌회전 – 신양파크와 지산유원지 입구 – 잣고개 – 청암교 – 충장사 – 원효사 – 지구 주차장 – 무등산장
대중교통 동서울종합터미널 또는 센트럴시티터미널에서 광주행 버스 이용 (수시 운행) – 광주에서 증심사행 시내버스 이용

대구 팔공산 중암암

시시비비는 아예 상관 말고

산과 산, 물과 물, 그냥 그대로 두라

극락일랑 묻지를 마시게

흰 구름 걷히면 청산이 있네

돌구멍 저편, 벼랑 끝에 매달린 암자

중암암中巖庵은 높고 깊은 산중에 자리한 암자다. 하지만 찻길이 어엿하여 차가 산으로 오른다. 한달음에 암자 주차장에 닿는다. 차에서 내리고 보니 살짝 회의가 생긴다. 걸어서 올라올 것을. 절은 걸어서 가야 제맛이 난다고, 마음을 내려놓고 천천히 오르는 걸음걸음마다 기도이자 명상이라고, 그래서 찻길은 도리어 애물단지라고, 평소 그리 여겼지만 진상이 이렇다. 생각과 행동이 다르다. 편리와 타성에 젖어 있다. 일상의 많은 것들이 그렇다. 편리를 앞세운 얕은 결탁과 실리를 도모하는 잔머리로 세사를 넘으려 한다. 이건 알고 보면 곡예이거나, 심지어는 지랄이다. 살아 있다는 게 이변처럼 느껴지는 건 바로 이런 순간들이다.

이보게! 아니, 산길도 길이요, 찻길도 길인 것을, 뭘 꿍얼거리나.

내 안의 내가 불쑥 그렇게 힐난한다. 마음속엔 이렇게 두 갈래의 입장과 편애가 들어 있다. 어느 쪽 손을 들어주건 합리화가 가능하다. 이렇게 되면 나는 나를 상당히 코믹한 꾀보로 느낄 수밖에 없다.

중암암은 은해사銀海寺에 딸린 여덟 개의 산중암자 가운데 가장 높은 곳에 위치한 도량이다. 중암암이 있으니 상암암과 하암암도 있었을까. 그랬다는 소식은 들리지 않는다. 암자 입구로 들어서자 암괴와 돌부리들이 나타나 '암岩'으로 도배를 한 사명의 유래를 짐작케 한다.

절은 그 입지에 따라 평지형과 산지형으로 나뉜다. 평지형 사찰은 불교 초기의 형태로 도성과 가까운 평지에 두었으며, 주로 왕실의 원당願堂이나 국찰國刹로 지어졌다. 도성 사람들과 접촉이 쉬워 불교의 대중화에 크게 기여했다. 산지형은 불교가 정착한 뒤 포교보다 수행을 목적으로 외떨어진 산속에 터를 잡으면서 파생했다. 초기에는 자연 석굴을 이용하다가 점차 산지에 터를 두고 사찰을 조영하게 되면서 일반적으로 되었다. 바위 군락 속에 들어앉은 중암암은 산지형 사찰의 모범적인 본이다.

돌계단을 걸어올라 바위모롱이를 휘돌자 소운당小雲堂이 보인다. 소운, 작은 구름이라는 뜻이니 새털구름이나 조각구름인가. 사방에 가득 들어찬 바위가 무거워 붙인 이름이리라. 수행이란 바윗덩어리처럼 굳센 좌정의 한판 승부인가 하면, 마침내는 뜬구름처럼 가볍게, 물처럼 거침없이 흐를 수 있는 자유의 날개를 얻는 일이다. 그래서 승려를 일컬어 운수雲水라 한다. 객방으로 쓰이는 저 소운당에 머물렀던 운수들은 지금은 어느 하늘 아래를 구름처럼 흐르나.

소운당을 지나 법당으로 이어지는 어간의 산자락엔 몇 가지 명물들이 있다. 세 살배기가 건드려도 흔들린다는 건들바위. 만 살의 나이를 자셨다는 만년송. 김유신이 열일곱 살 때 이곳에서 수련을 하며 마셨다는 장군수. 암자와 더불어 세월강을 흐른 품목들이니 저마다 불성한 자락씩 깔고 있을 게다. 그래서 성물 대접을 받는다. 중암암이 언제, 어떤 내력으로 창건됐는지 소상하게 알려진 바는 없다. 팔공산八公山, 1193m 불교의 종가인 동화사의 창건 설화에 나오는 심지대사心地가 지었다는 짧은 풍설이 붙어 있을 뿐.

팔공산은 신라의 다섯 영산 중에서 중악中嶽에 해당하는 산이다. 우리 민족의 기층문화를 이루어온 무속신앙의 영향으로 산천을 숭배했던 고대에 팔공산은 왕실뿐만 아니라 민간의 숭배 대상이기도 하였다. 지금은 팔공산이 불교성지로 알려져 있지만 고대에는 산신을 숭배하는 무속신앙의 성지였을 것으로 추측된다. 신라 땅 팔공산에 불교가 들어오면서 기존의 무속신앙은 불교와 습합習合되고, 팔공산은 거대한 불교문화의 중심으로 바뀐다. 그 옛날 팔만 암자가 있었다는 과장법에서도 팔공산의 불교적 위의를 엿볼 수 있다. 이렇게 팔공산 불교문화를 일으킨 인물들의 중심에 바로 심지대사가 있다. 심지는 신라 41대 헌덕왕의 아들로 태어났다. 헌덕왕은 신라시대 친족간 왕위쟁탈전의 서막을 올린 사람이다. 조카 애장왕을 죽이고 왕위에 올랐던 것. 심지가 열다섯 이른 나이에 출가한 연유도 아버지가 일으킨 쿠데타에 염증을 느꼈기 때문일 것이라는 설은 그래서 설득력을 갖는다.

해우소는 참선 1번지

　소운당 구역을 뒤로하고 다시 바윗장 사이 돌길로 나아가자 커다란 석문이 나온다. 자연 암반들이 서로 몸을 기대면서 생겨난 구멍 통로. 중암암의 일주문 노릇을 하는 이 석문으로 말미암아 중암암은 별명 하나를 얻었으니 '돌구멍 절'이라는 게 그것이다. 돌구멍 이편에서 저편으로 넘어서면 길은 이제 끝난다. 길 끝난 곳에 법당이 있으니 바야흐로 돌구멍을 경계로 산사와 세속이 결별을 하는가.

　세상의 모든 일들은 어쩌면 '구멍'의 문제인지도 모른다. 우리네 세속인의 삶은 쥐구멍 속이나 마찬가지다. 여하튼 쥐구멍에 볕 들 날을 학수고대하며 희망의 끈을 틀어쥐고 있는 게 아닌가. 생로병사의 진실과 비밀을 푸는 일은 낙타가 바늘구멍 지나기처럼 어려운 일일 뿐더러, 번뇌에 찌든 가슴은 수챗구멍처럼 어지러우니 이를 어쩌나.

　부처의 뉴스에 답이 들어 있다. '맹구우목 盲龜遇木'이라. 부처가 설하시길, 백 년에 한 번 해면 위로 머리를 들이밀고 숨을 쉬는 눈먼 거북이가 있고 망망대해엔 구멍 뚫린 널빤지 하나가 떠다닌다. 그대들이여, 그대가 사람으로 태어난 것은 이 눈먼 거북이가 널빤지 구멍에 머리를 들이민 것과 같은 희소한 확률이니라, 진리를 깨닫는 일도 마찬가지의 확률이니라. 그러므로 더욱 정진하고 노력하라는 메시지. 사람의 몸을 받은 것만으로도 절반은 이미 성공이니 목숨을 걸고 도를 구하라는 통첩이다.

　돌구멍 안통에 배치된 가람 구조는 간소하다. 아담한 법당과 조촐한 요사채가 차지하고 남은 자리에 몇몇 구색들이 갖춰져 있다. 사람들에게 많이 알려진 중암암의 명소는 재미있게도 해우소다. 그도 그럴 것이 벼랑 끝에 간신히 매달린 탓에 용무를 보고 나면 배출된 것들이 아스라한 허공으로 흩어진다. 정월 초하룻날 볼일을 보면 섣달그믐쯤에야 지상에 도착하는 소리가 들린다는 우스개가 전해질 정도다. 내 안의 집착과 욕망도 그처럼 시원하게 떨어져나가 허공으로 해산한다면 얼마나 좋으랴.

불교의 요체가 되는 화두는 방하착放下着. 착着을 내려놓아라. 당나라의 조주선사는 도를 물으러 찾아온 엄양존자에게 "무엇을 가져왔느냐"라고 물었다. "모든 걸 버리고 왔습니다"라는 답이 나오자 조주는 다시 말한다. "내려놓아라!" 의아해진 엄양이 따진다. "스님, 전 이미 아무것도 가져오지 않았습니다. 대체 더 이상 내려놓을 게 뭐란 말입니까?" 조주가 말한다. "그렇구나, 그럼 짊어지고 가거라."

조주는 엄양이 잔뜩 짊어지고 있는 것을 보았다. 그것은 '나는 아무것도 가져오지 않았다'라는 그 마음이다. 그 분별심이다. 집착은 분별에서 시작한다. 일체의 분별심을 내동댕이쳐야 한다는 가르침인 방하착은 예나 지금이나 선문의 최대 화두다. 우리가 그토록 쉽게 말하면서도 그토록 어려울 수가 없는 "마음 비우기", 그 고도의 무심 경지. 그 완전한 방하. 벼랑 끝에 매달린 중암암 해우소는 방하착의 메타포를 끊임없이 환기하는 용도로 쓰였을지도 모른다. 아스라한 추락 속으로 사멸하는 똥 덩어리의 방하착. 변소간의 명상 집중력이 지니는 파워야 대체로 널리 인정받고 있다. 많은 사람들이 이 해우소에서 볼일을 보며 삶의 이런저런 묘책을 궁리했을 게다. 어쩌면 중암암

세상의 모든 일들은 어쩌면

'구멍'의 문제인지도 모른다

의 참선 1번지일지도 모를 절묘한 해우소에 지금은 자물통이 걸려 있다. 절 바깥에 새로운 화장실이 생긴 탓이다.

다람쥐가 좋은 스님

크거나 작거나, 절마다 반드시 있게 마련인 게 산신각山神閣이다. 중암암 산신각은 어쩌면 국내에서 가장 작은 것일지도 모른다. 옆구리에 끼고 냉큼 훔쳐가기에 족할 만큼 작고 앙증맞다. 법당의 동쪽 벽면에 몸을 찰싹 붙인 구조라서 마치 법당과 비밀스런 정분을 나누는 것처럼 보인다. 원체 비좁은 터전이기에 이렇게 옹색하게 들어앉은 것이겠지만, 산신각을 향한 불자들의 애호와 숭배는 그 사이즈나 모양새에 아랑곳없이 열렬하다.

이 땅에 불교가 들어오기 이전부터 우리에겐 산신신앙이 있었으며, 그것은 기층 깊숙이 뿌리를 내린 토착신앙이었다. 이를 초기 불교가 끌어안고 들어감으로써 원활한 포교와 정착을 도모했고, 마침내 하나의 범례처럼 사찰 안에 산신각을 조성하는 관습이 자리 잡게 되었다. '산신각이 없는 절은 절도 아니다'라는 얘기는 산신각을 선호하는 불자들의 일반적 경향을 대변한다. 박정희 정권 당시, 권력의 핵심부에 있던 이후락은 전국불교평신도회 회장을 맡은 적이 있다. 이 이후락이 한 번은 엉뚱하게도 절의 산신각을 철거해버리자는 운동을 벌였다. 그러나 신도들의 맹렬한 반대운동에 부딪쳐서 좌절됐을 뿐만 아니라 회장직마저 잃는 웃기는 결말을 맞았다.

중암암 산신각 내부의 조형과 신단은 전형적인 것이다. 탱화나 소조로 모셔진 산신은 흰 수염에 벗겨진 머리, 휘날리는 긴 눈썹을 갖고 있으며 안면 가득 인자한 미소를 머금고 있다. 이 산신은 요마를 물리치는 가람수호신, 산속 생활의 안전을 지켜주는 외호신外護神, 부귀장수를 기원하는 소재강복消災降福의 역할을 한다.

법당 마루에 앉자 출렁이는 능선이 시야에 가득 들어온다. 날이 흐려 하늘빛은 부옇지만 3월 초의 봄기운이 천지간에 스멀거린다. 골바람이 달려와 산죽 숲을 흔들고, 바람이 지난 자리에 새들의 지저귐이 청아하다. 세월에서 묻은 때, 저자에서 얻은 먼지를 여기에서 털어내며 산경의 운치를 훔친다.

경내는 비좁다. 낭떠러지 위로 펼쳐진 터전 자체가 지극히 옹색하므로 전각들도 구겨져 박힌 듯 몸을 웅크렸다. 엄정한 범례에 따라 계획적으로 지어진 전각들은 아니라서 오감이 즐거워지는 건축 미학이나 서정을 누릴 여지는 별로 없다. 그때그때 편의나 필요에 따라 고치고 늘리고 보탠 나머지 생긴 부조화랄까. 그러나 깊은 산중의 낭떠러지 위에 절을 짓는 일의 수고는 가히 극한의 것이었으리라.

스님들은 어쩌자고 이 험한 산속에 암자를 지었을까. 참지 못할 불심에 이끌렸을 것이다. 수도를 하기 위해서는 비바람을 가릴 최소한의 설비도 필요하다. 찾아오는 신도들이 치성을 올릴 불상과 먹거나 자고 갈 공간도 필요하다. 부처는 불전도, 불탑도, 불상도 만들기를 바라지 않았다. 불교는 개념을 넘어선 절대 진리에 대한 직접적인 몰입을 통해 본성을 밝히는 일이지 무엇인가를 간절히 비는 기복祈福은 아니다. 벙어리가 꿀맛을 설명하기 어려운 것과 같이 미묘한 궁극의 진리를 너희 스스로 체득하는 수밖에 없다는 게 부처의 뜻이었으리라. 부처는 밖에 없다, 눈앞 형상에 속지 말라, 마냥 너 자신을 궁구하라. 험준한 바위벼랑 위에 지어진 중암암은 어쩌면 부처의 가르침을 오해한 사람들이 새긴 과욕의 덩어리들이다. 전각은 검푸른 상자에 불과하며, 금물을 자신 불상은 마술사의 재주처럼 허상에 지나지 않는다.

하지만 이마저 분별심이고 시시비비다. 먼 곳을, 다른 곳을, 한눈팔며 바라볼 일도 아니다. 지금 서 있는 이 자리에 모든 것이 있다. 수처작주, 입처개진! 어디서건 주인이 되면 거기에 진리가 있다. 옛 선사는 시 한 수로 평상심을 노래했다.

> 시시비비는 아예 상관 말고
> 산과 산, 물과 물, 그냥 그대로 두라
> 극락일랑 묻지를 마시게
> 흰 구름 걷히면 청산이 있네

암주는 출타 중이다. 학인學人 스님 한 분이 암자를 지키고 있다. 출가 삼 년째란다. 아직 햇스님이다. 파르스름한 삭발 머리가 개운한데 눈빛엔 갈 길 먼 수행자 특유의 긴장이 서려 있다. 배운 기강이 엄정할 것이니, 앉는 자리마다 본분을 생각하고 도리를 헤아릴 것이다. 당장에 넉넉하고 다정한 태도는 부족하지만 그의 안에선 공부 중에 곱게 마모돼가는 마음의 결이 아롱질 게다. 그렇게 중물이 들어가리라.

하지만 젊은 스님에게 점점 푸르게 드리워지는 봄날의 산경은 얼마나 고통스러운 그림일 것인가. 밤하늘에 망막을 베는 달빛이 일렁거리면, 알 수 없는 그리움에 눈을 들어 천 리 허공을 더듬을 테니, 그건 또 얼마나 심란하랴. 산 아래 두고 온 인연과 사랑을 어이 다 쉬 떨치랴. 대충 살아와 대충 짐작할 수밖에 없는 나는 그런 생각을 할 뿐인데, 스님은 이 산중에서 무엇이 가장 보기에 좋은가, 묻자 어눌하게 더듬거리는 그의 응답이 듣고보니 가뿐하다.

"다람쥐가 참 좋습니다. 순진하잖아요."

풍경이 탁월한 돌구멍 절 중암암

산중암자로 중암암은 은해사에 딸린 산중암자 가운데 가장 높은 곳에 있다. 가파른 산세와 험한 지형 속에 있어 암자 전면으로 펼쳐지는 풍경이 탁월하다. 팔공산의 절경 가운데서도 손꼽히는 곳이다. 속인의 입장에서는 그 풍치가 돋보이지만, 스님들에겐 깊고 외진 자리에 있으니 최적의 수행처일 것이다. 찾아가는 길은 쉽다. 은해사 경내를 거쳐 산으로 뻗은 등산로를 따라 백흥암을 지나 곧장 오르면 된다. 총 거리는 4.8킬로미터. 소요시간은 약 1시간. 자동차로도 중암암까지 오를 수 있다.

암자에 들어서면 일명 '돌구멍 절'이라 불리는 중암암은 삼국을 통일한 김유신 장군이 수련한 곳이라는 전설이 서려 있다. 이곳의 장군수는 물맛 뛰어난 석간수인데 김유신이 마셨다 해서 붙은 이름. 세 살배기 아이가 흔들어도 흔들린다는 건들바위, 만년을 살았다는 만년송, 우리나라에서 제일 깊다는 해우소 등도 이채롭다. 기묘한 바위들, 탁월한 조망 역시 이 암자의 자랑이다.

암자를 벗어나면 대구시와 경상북도 5개 군에 걸쳐있는 팔공산은 비로봉을 가운데로 동봉과 서봉이 줄기를 뻗고 있다. 천년고찰 동화사를 비롯한 수십 개의 사찰과 암자가 산재한다. 울창한 수림, 맑은 물이 흐르는 여러 갈래의 계곡이 빼어나다. 이른 봄엔 진달래, 늦봄엔 영산홍, 여름엔 후박 등이 청초하게 피어나고, 가을에는 단풍과 활엽수, 겨울의 설경 등이 신비한 경관을 이룬다. 동편에 영천 은해사가 위치하고 있다. 조계종 제10교구의 본산으로 혜철국사가 신라 헌덕왕 원년(809년)에 해안평에 창건하였고, 조선 명종 원년(1546년)에 천교화상이 이곳으로 이전하여 은해사라 하였다. 은해사에는 거조암, 백흥암, 운부암, 백년암 등 8개의 암자와 국보 제14호인 영산전과 보물 3점이 있다.

암자로 가는 길
승용차 경부고속도로 경산IC – 하양 대구카톨릭대학 방향 – 4번 국도 영천 방향 – 하양 동서 오거리 좌회전 – 와촌 – 은해사
대중교통 서울고속버스터미널에서 영천행 버스 이용(1일 3회 운행) – 영천고속터미널에서 은해사행 버스 이용(1시간 간격 운행)

완주 불명산 화암사

불교의 요체는 자리이타에 있습니다

너도 좋고 나도 좋아야 합니다

꽃 없어도 꽃비 내린다

물소리도, 새소리도 그쳤다. 암자로 가는 산길에 그저 정적만 고여 있다. 계곡 곁 바위를 움켜쥔 솔들은 푸르나 산협의 잎들은 거반 누렇게 시들었다. 바람의 기척인가. 자잘한 잎사귀들이 나비처럼 흩날려 내린다. 조락凋落이다. 잎은 입이 없으니 지면서도 유언이 없다. 눈이 없어 눈물이 없고, 여한이 없은즉 부음을 전갈할 일이 없다. 떠나면서 티를 내는 건 어쩌면 사람뿐이다.

떨어진 잎새들은 이제 어디로 가나. 차가운 맨땅이 잎들의 종착역일 리 없다. 어쨌거나 절정의 날은 오늘 바로 이 순간이다. 조락조차 괜찮으니 애도하지 마소! 잎들이 그리 말하는 것을 12월의 숲에서 깨닫는다. 떠날 것 떠나는, 오늘도 길일吉日인가.

전북 완주군 경천면 불명산佛明山, 480m 자락이다. 불명이라. 불佛이 밝으니明 만상이 화엄인가. 바위도 꽃인가. 암자 이름은 '꽃바위절' 화암사花巖寺다. 전설 한 자락이 훤하다. 신라의 어느 공주가 중병에 걸렸더란다. 왕은 딸을 살리기 위해 불공을 드렸고, 하루는 꿈에 부처가 나타나 연꽃 한 송이를 던져주었다. 이를 계시로 여긴 왕은 신하들에게 연꽃을 찾도록 하였으나 한겨울에 연꽃을 찾는다는 것은 가망성 제로. 그러나 여기 불명산 바위에 연꽃이 피어 있는 것을 발견했고, 산 아래 연못에 사는 용이 물을 주어 키워낸 꽃임을 알았다. 공주는 그 연꽃을 먹고 목숨을 건졌다. 이에 감복한 왕이 연꽃 피었던 자리에 절을 짓도록 하였으니 바로 화암사다.

왕의 불공이 부처를 움직인 것이다. 『법화경』은 '만선성불萬善成佛'의 묘리를 알려준다. 사소한 선근공덕善根功德이나 수행이 성불의 씨앗이라 말한다. 부처는 아이들이 모래를 가지고 불탑을 만들거나 장난으로 불상을 그리기만 해도 부처를 이룬다고 설했다. 부처를 칭송하는 말 한마디나 불상을 향해 경의를 표하는 것만으로도 불도를 이룬다 하였다. 아무리 작은 선행이나 공덕이라도 그것이 그대로 부처를 이루게 한다고 전했다.

귀가 솔깃해지는 말씀이다. 부처에 이르는 길이 하염없이 가깝다는 게 아니냐. 그렇다면 암자로 가는 이 길은 불도에 닿는가. 드잡이와 악머구리 들끓는 저자는 그대로 아수라인가. 아니리. 마음이 번거로우면 세상이 번거롭고, 마음이 밝으면 세상이 밝다. 마음은 본시 부처이니 부처의 행이 부처를 드러낸다. 한번 장난으로 불탑을 만들면 그 순간 부처이지만 다음 순간에 중생의 업을 지으면 다시 중생으로 낙

묵은 목재들의 맨살에서

긴긴 시간을 지켜본 것 특유의

깊은 허심 같은 것이 느껴진다

제한다. 부처를 이루는 선근공덕의 씨앗을 지속하는 일이 중요하렷다. 옛날의 조사는 이렇게 설했다.

"찰나 동안 부처의 행을 지으면 찰나 동안 부처다. 하루 동안 부처의 행을 지으면 하루 동안 부처다. 영원히 부처의 행을 지으면 영원히 부처다."

산사로 오르는 골짜기는 깊고 어둑하다. 빛깔도, 움직임도, 소리도 모두 지운 채 적멸처럼 잠잠하다. 밀레르파 티베트의 불교 성자가 말했다. "고독한 동굴을 너의 아버지로 삼고 정적을 너의 낙원으로 만들라." 추사 역시 비슷한 통첩을 했다. 계곡 정자에 누워 더 이상 세상을 보지 않아도 족하다고 했다. 산속에서 산 밖이 보이고, 나를 보는 나의 눈이 밝아진다는 뜻이다. 그렇다면 고요한 겨울 산골짜기는 이미 법당인가. 속俗에 속했던 번뇌가 새삼 애틋해지고, 사는 일의 뒤척거림이 낱낱이 갸륵하여 진흙을 움켜쥐고 꽃을 피워올리는 연의 마음을 짐작케 한다. 밀반죽처럼 물컹거리던 몸도 문득 생동한다.

계곡길의 끝. 하늘 가린 나무들의 차양이 물러나며 동트듯 산기슭이 훤해지는데, 거기 청명한 둔덕에 화암사가 있다. 범례에 따르면 대체로 일주문을 통해 절에 들게 된다. 그러나 화암사엔 일주문이 없다. 사천왕문, 금강문, 해탈문, 불이문 따위도 없다. 오름길의 숲과 풀과 바위, 그리고 무심한 정적이 그것들의 역할을 대신하는 탓이다. 이미 절을 지나 절에 들어온 셈이다.

곱게 늙은 우화루

화암사에 오른 건 작년 늦가을에 이어 오늘이 두번째다. 두 번 모두 채웠던 것들을 비워내는 계절에 찾아온 셈이다. 절이 마음을 비우는 곳이라고 한다면 잎 떨군 나무들의 누드, 그 허심한 풍경이 있는 계절은 어쩌면 절호의 기회다. 화암사에 들어 일변 맞닥뜨리게 되는 전각은 우화루보물 제662호다. 나는 지난해 11월에 보았던 우화루의 고졸古拙한 풍광을 찾아 기민하게 눈알을 굴린다. 그러나 우화루가 보이지 않는다.

이런! 보수공사를 하고 있다. 거대한 휘장과 쇠파이프 들이 우화루를 칭칭 휘감았다. 덕분에 암자 풍경이 둔하고 어지럽다. 우화루는 원체 곱게 늙은 누각이다. 늙을수록 정갈해지는 묘를 통기하는 선생이다. 그럼 늙어가는 그대로 모시며 경청할 일이지 웬 난리굿? 전각은 시간에 실려 마침내 영영 무로 돌아감으로써 섭리를 말해주는 선생이거늘, 회춘이나 회생은 그의 소망이 아닐 게다. 누각의 고운 자태를 보지 못한 아쉬움에 한탄 같은 것이 반짝하고 머리를 스친다.

우화루를 풀자면 비雨가 꽃花처럼 내리는 다락樓인가. 비 내려 꽃이 피고, 꽃 피어 두두물물이 불도로 가는 도솔천인가. 석가모니 부처께서 득도한 뒤 첫 설법을 하실 적에 꽃비 내렸다지. 우화루의 고즈넉한 아름다움에서 꽃비를 본다. 오백여 년 긴긴 세월의 홍진紅塵을 견뎌 마를 대로 마른 몸피의 개결함과 청정함에서 궁극의 달을 가리키는 어떤 손짓을 느낀다.

우화루는 화암사의 강당이다. 경사진 지형을 적절히 이용한 반누각

식 건물로 바깥에서 보면 우람한 다섯 개의 기둥이 떠받친 2층 누각이지만 안마당 쪽에서 보면 단층이다. 자연석 허튼층쌓기의 높은 석축 위에 자연초석을 놓았고, 길고 짧은 민흘림기둥을 세우고 귀틀을 짜올려 하층 축부를 구성하였다. 귀틀 위에는 다시 기둥을 세우고 창방과 평방을 결구하여 상층 축부를 이루었다. 처마 아래에는 '불명산 화암사佛明山花巖寺'라 쓴 현판이 걸려 있다.

우화루 옆댕이 돌계단을 올라 행랑채를 지나면 안마당이다. 일반 살림집을 꼭 닮은 행랑채는 세 칸 일一자 집인데, 왼쪽 두 칸은 방이고 오른쪽 한 칸에 문짝을 달아 대문을 냈다. 절집에 행랑채가 있는 것이 이채롭다. 이는 파격이나 자못 색다른 친밀감을 자아낸다. 옆집에 놀러가듯이 편한 마음으로 경내에 들어서게 된다. 대문턱은 아래로 휘우듬히 굽었고, 문미門楣는 반대로 위로 둥그렇게 휘었다. 애당초 잘 다듬은 수평재를 쓰지 않고 대충 용도에 맞게 생긴 나무둥치를 잘라 만들었음을 알 수 있다. 적당한 곡률을 가진 나무를 짜맞춤으로써 구조적 안정성과 시각적 자연미를 동시에 얻은 셈이다. 옛날 목수의 안목이 예사롭지 않다. 이렇게 행랑채를 조성한 드라마틱한 진입로를 지나 지붕을 맞댄 우화루와 적묵당이 만나는 모퉁이 사이를 빠져나가면 바야흐로 안마당이다.

암자의 안마당은 거의 손바닥만 하다. 네모반듯한 안마당을 가운데에 두고 네 채의 건물들이 'ㅁ'자로 늘어서 있다. 북쪽으로는 남향으로 앉은 주불전인 극락전보물 제663호이 있고, 그와 마주한 곳에 우화루가 있다. 좌우로는 승방으로 쓰이는 적묵당과 불명당이 동서로 마주

본다. 자칫 비좁고 답답한 느낌을 풍길 법하지만 건물들의 모서리로 트인 여백이 잔잔해 오히려 아늑하고 편안하다.

덕을 쌓은 이가 큰스님

극락전 단청은 하염없이 빛바래 나무의 맨살이 그대로 드러나 있다. 차라리 안으로 스민 단청빛이 노을처럼 어룽거리는가. 단청 무늬가 어렴풋이 남은 늙은 처마의 질박한 멋이 일품이다. 처마를 이룬 묵은 부재部材들의 맨살에서 긴긴 시간을 지켜본 것 특유의 깊은 허심 같은 것이 느껴진다. 화암사 극락전을 보기 위해 건축학도들이 자주 찾아드는 이유는 이 전각이 국내 유일의 백제계 '하앙下昂구조'를 갖추고 있기 때문이다.

'하앙'이란 기둥 위에 중첩된 공포와 서까래 사이에 끼워진 긴 막대기 모양의 부재를 가리킨다. 이 하앙의 끝 부분 위에 도리를 걸고 서까래를 얹으면 밖으로 돌출한 하앙의 길이만큼 처마를 길게 뺄 수 있다. 일종의 겹서까래 구조로 실용성과 장식에 대단히 유용한 기법이다. 이를 백제계 양식으로 보는 이유의 하나는 하앙에 의해 만들어진 깊은 처마는 강수량이 많은 평야지대, 즉 백제지역에 적합한 기능이기 때문이다.

또 백제의 장인들에 의해 지어진 일본의 호류지法隆寺의 금당과 오층목탑의 하앙이 유력한 물증이다. 1970년 이전까지만 해도 하앙구조는 중국과 일본에서만 발견됐다. 그동안 일본학자들은 하앙구조가 한반도를 거치지 않고 중국에서 일본으로 직수입되었다고 주장했다. 그러다가 1976년 화암사 극락전의 하앙구조가 학계에 보고됐다. 일본에게는 충격이었고 우리에게는 더없이 반가운 발견이었다. 이후 화암사 극락전은 국내외 전문가들의 관심의 표적이 되었다.

극락전 편액 또한 흥미롭다. "極, 樂, 殿", 이렇게 한 글자씩 작은 판자에 따로따로 써서 정면 어간 포벽 위에 나누어 붙였다. 그 이유를 '화려한 포작과 하앙의 장식성을 편액이 가리지 않도록 배려한 결과'라고도 하고, 주심포와 주간포의 첨차 길이가 달라서 생겨난 불균형을 해소하기 위한 대책이었다고 추정하기도 한다. 내막이야 어쨌든 유쾌한 파격이자 이색임에 틀림없다.

산사에 들면 잠시나마 피신에 성공한 것 같은 기분이 드는 건 어인 일인가. 저자에서의 상처가 깊은 탓인가. 삶은 오리무중이고 아집이 들끓는 마음엔 산불이 잦다. 어지간해서는 잡히지 않는 번뇌의 불길. 번뇌에서 빠져나가는 문은 비좁고, 다시 번뇌로 돌아오는 문은 드넓다. 번잡하고 옹졸하여 그저 쌀벌레처럼 살아온 자에게는 암자에 드는 일만으로도 위안이 되는데, 길손들로 하여금 목이나 축이라 샘물을 단지에 담아 마당 한편에 놓아둔 승려의 심중엔 무엇이 들어 있는가. 고요한 차실에 앉아 주지 스님이 내는 차를 마시노라니 다시 돌아가야 할 도시가 저승처럼 멀어지고, 걸어온 지난날의 굽이진 길이 꿈결처럼 아련하다. 나는 어디서 왔으며 어디로 가야 하나. 이 스님은 이 암자에 머문 십칠 년간 무엇을 얻으셨나.

"무엇인들 얻은 게 있어야 말이죠. 그저 절을 지키며 목숨을 부지

하고 있다는 그뿐…….”

"우화루 보수공사는 어떤 연유로 하게 되었습니까?"

"비가 샙니다. 어지간하면 돌멩이 하나 건드리지 말고 그냥 그대로 두자는 게 제 생각이지만 노후가 자못 심한지라 더는 방치할 수 없는 형편이지요."

"한눈에 검박한 살림살이가 엿보입니다. 수행자에겐 가난이 차라리 필수일까요?"

"지나치게 부족해도, 지나치게 넘쳐나도 좋을 것이 없지요."

"요즘은 어떤 공부를 하시나요?"

"남에게 피해를 주지는 말자, 물리적인 도움은 못 주더라도 뭔가 어려운 문제를 갖고 찾아오는 사람들에게 눈곱만큼이라도 도움이 되는 얘기를 들려주자, 뭐 그런 생각입죠."

"결례되는 말씀이지만 그 정도의 방법만으로 큰 공부가 되겠습니까? 스님들의 서원은 웅장하던데 말이죠."

"불교의 요체는 자리이타自利利他에 있습니다. 너도 좋고 나도 좋아야 합니다. 참선으로 깨달음을 얻는다지만 저 혼자 큰스님이면 무슨 소용일까요? 자기 혼자 부처면 무슨 소용일까요? 내가 알고 있는 아주 작은 것이라도 상대에게 나누어주는 것이 수행자의 본분이라는 생각입니다."

"깨달은 자, 또는 큰스님이란 어떤 존재를 일컫는 건가요?"

"덕을 많이 쌓은 분이겠죠. 진정 사람다운 사람이기도 하겠지요. 저야 공부하는 과정에 있을 뿐이지만 절밥을 축낸 대가는 할 작정입니다. 남들에게 털끝만큼이라도 도움이 된다면 참 좋으리."

　스님의 얘기는 겸손하기가 땅에 몸을 붙인 벌레와도 같다. 나직한 음성엔 메아리가 실려 조용하나 멀리 가는 기척이 없지 않다. 그는 어쩌면 뱃사공이다. 아집에 빠진 나를 싣고 강 하나를 건네주었음인가. 그대여! 너만 너인가, 남도 너이거늘! 스님의 얘기를, 나는 그리 뼈 있게 들었다.

이색적인 건축양식이 돋보이는 화암사

산중암자로 화암사는 대둔산의 지맥인 불명산 시루봉 중턱에 위치하고 있는 작은 산지가람이다. 화암사를 가기 위해서는 일단 완주군 경천면 가천리 요동마을(일명 싱그랭이 마을) 느티나무 앞 삼거리에서 북쪽 좁은 도로를 따라 약 2킬로미터를 달려 화암사 주차장에 닿는다. 주차장에서 오른쪽(동쪽) 오솔길을 따라 골짜기로 들어선 뒤 30분쯤 오르면 화암사다. 또는 완주군 경천면 불명산 등산로 입구에서 계곡 사이로 난 산길을 따라 약 1킬로미터 정도 올라가면 큰 절벽이 나타나는데 그 위에 화암사가 있다.

암자에 들어서면 경사진 지형에 석축을 쌓아 조성한 경내 중앙에 극락전과 우화루, 요사인 적묵당과 불명당이 사동중정(四棟中庭) 형식으로 배치되어 있다. 각 건물들은 지붕이 서로 연결되거나 거의 붙어 있어 매우 폐쇄적인 공간을 이루었다. 중심곽 외곽에는 명부전, 산신각, 철영재 등의 부속전각이 각각 별도의 영역을 이루고 있으며 누각 옆에는 문간채가 연결되어 있다.

김봉렬 교수는 『가보고 싶은 곳, 머물고 싶은 곳』(안그라픽스, 2002)이란 책에서 '희귀한 구조에 대한 관심이 없더라도 이 절은 환상적인 입지와 드라마틱한 진입로, 그리고 잘 짜인 전체 구성만으로도 최고의 건축이다'라고 소개했다. 극락전 안에선 유난히 정교한 아름다움을 지닌 닫집과 조선시대 동종을 볼 수 있다. 밤이면 저절로 종소리가 울려 스님과 신도들을 깨웠다는 믿지 못할 이야기가 전해지는 종이다

암자를 벗어나면 화암사 아랫동네인 '디지털 산내골마을'을 둘러볼 만하다. 다양한 식물과 동물, 천연기념물, 보호종 등 청정자연을 잘 보호하고 있는 환경의 명당이다. 산과 내, 골짜기로 이루어진 마을로 순수하고 아늑하다. 마을의 자연 속에 머물며 뿔나비와 부전나비 같은 곤충들, 금낭화, 은방울꽃, 하늘나리 등속의 야생화를 찾아 즐길 수 있는 생태체험 산촌이다.

암자로 가는 길
승용차 대전, 통영 간 고속도로 금산IC – 17번 국도 – 마전 사거리에서 우회전 – 용진, 진산 – 운주 삼거리에서 좌측 17번 국도 – 용복리 용복주유소 앞에서 좌회전 – 구재마을 – 화암사 입구
대중교통 용산역에서 전주행 기차 이용 – 전주역 앞에서 화암사행 버스 이용

서산 연암산 천장사

소가 되어도 코뚜레 뚫을
콧구멍이 없으면 될 것을
무슨 문제인가

들사람 일 없어 태평가를 부르노라

　차로 가기엔 아깝다 느끼면서도 운전대를 움켜쥐고 산길을 오른다. 내려오는 차와 교행하기엔 어림없이 좁은 길이라서 도중에 차를 둘 곳이 없다. 콘크리트로 뒤발된 것이 못내 섭섭하도록 참한 길이다. 길을 삼키듯 허공을 가린 나무들의 범람으로 한낮에도 검푸른 산자락. 굽이치며 일어서는 오르막에선 엔진소리가 자지러진다. 숲에 사는 귀 달린 것들은 성가실 게다. 내 길을 쉬 가자고 덤불 속에 깃든 것들을 놀래키니, 이것이 민폐이자 악행이다. 옛 스님들이 지팡이를 앞세워 땅을 노크했던 건 행여 무심한 발길에 개미며 지렁이 밟힐까 저리 가라 통고하려는 까닭이었다.

　산길의 끝, 연암산燕岩山, 440.8m 중턱, 평평하게 다듬은 공터에 차를 세우고 돌계단을 오른다. 추분이 코앞인지라 여름은 접때 저물어 산

공기가 벌써 소슬하다. 숲 덩굴에는 그림자가 서늘하다. 들꽃들은 하릴없이 스러져 하찮은 부스러기처럼 땅에 흩어졌다. 더러 하오의 나비 날개처럼 간신히 줄기에 매달려 울먹울먹 마지막 날을 서러워하는 꽃이 없지도 않지만 질 것들 어지간히 다 졌다. 화무십일홍이라, 열흘 동안 붉은 꽃 없으며, 시간이라는 강도에 몽땅 털리지 아니할 재주 있는 사람도 드물다.

항상 새벽처럼 깨어 있으라! 불가의 전갈은 친절하다. 하지만 무딘 마음의 안통은 흐려서 깨어 있는 것들이 멀기만 하다. 도토리며 상수리 떨어져 뒹구는 돌계단이 맑아 오르는 발길이 사뿐하다. 그래도 물매가 가팔라 헐떡거릴 수밖에 없는데, 숨찬 고개를 뒤로 꺾어 산 아래를 내려다보면 거기에 사바는 없고 출렁출렁 숲의 이랑과 고랑만 아득하다. 산죽에 옷자락을 스치며 층계를 올라 암자로 향한다.

부처는 빛나는 별을 보고 깨우쳤다. 존재의 이치를 명철하게 꿰뚫어 한 방에 깨치기. 이것이 화두며 선이다. 범부로서는 요량하기 어려운 경지다. 혜능慧能은 '머무는 바 없이 그 마음을 낸다'라는 『금강경』의 한 귀를 보고 느닷없이 깨달았다. 향엄香嚴은 돌이 대나무에 부딪치는 소리를 듣고 필이 꽂혔다. 대혜大慧는 원오圓悟가 '남쪽에서 훈풍이 부니 전각이 서늘해진다'라고 읊은 시를 보고 통했다. 청허清虛는 닭 우는 소리에 한 소식했으며, 지눌은 『육조단경六祖檀經』을 읽다가 아하! 갑자기 환해졌다.

선가의 소식은 참 아리송하다. 전광석화처럼 예리하고 통렬한 섬광이 번쩍! 하는데 그게 왜 그렇게 되는지 요령부득이다. 알음알이로

헤아릴 수 없는 세계라 하고, 직접 맛을 봐야 아는 경지라 하니 더 아득하다. 경허鏡虛, 1846~1912가 깨우친 것은 '콧구멍 없는 소'에서였다. 이게 무슨 얘기인가.

경허가 계룡산 동학사에서 화두를 들고 있던 때였다. 결가부좌로 앉은 경허의 몸은 송곳에 찍힌 핏자국 투성이였다. 잠이 덮칠 때마다 스스로 송곳을 찔러댄 탓. 이렇게 석 달째 화두와 씨름하는데 사미승 하나가 아랫마을의 제 집에 가서 아버지에게 얻어들은 얘기를 전한다. 사미승의 아버지가 "중이 공부를 제대로 안 하면 소로 태어나 죽어라 일만 하게 된다더라" 했더니, 어느 지나가던 처사가 "소가 되어도 코뚜레 뚫을 콧구멍이 없으면 될 것을 무슨 문제인가?" 하더라는 얘기였다.

'뚫을 콧구멍 없는 소', 경허는 이 한마디에 머릿속이 밝아졌다. 부처의 실바람이 불어 날아오를 것 같은 환희에 젖었다. 이른바 견성見性, 혹은 확철대오確澈大悟의 일순이다. 경허는 그렇게 화두를 타파하고 돈오頓悟에 이르렀다. 그의 나이 서른넷이었다. 선가에는 오후보임悟後保任이라는 게 있다. 견성은 제 본성의 공함을 본 것으로 아직 성불은 아니다. 성불을 위해서는 견성으로 발아한 에너지를 잘 지켜 서서히 키우는 시간이 필요하다. 이를 보임이라 하는 것이다. 경허는 서산 땅 연암산 기슭의 천장사天藏寺로 옮겨 보임의 한때를 보내게 되는데, 나는 지금 천장사 경내에 들어와 있다.

반 평 쪽방에서 깨달은 경허

이름이 천장天藏이니, 뜻대로 풀면 '하늘이 감춘 암자'다. 작은 암자라서 하늘 소매에 한 줌이면 들 것이며, 부처를 모신 곳이라 작지만 웅장하여 하늘 정도가 아니고서는 필적한 너비가 없다는 은유가 아닐까 싶다. 접근이 그리 까다롭지도 않고, 박힌 유서가 가볍지도 않건만 발길이 끊어지다시피 적적한 것은 이 절이 선방禪房이기 때문이다. 고적한 가운데 그저 그윽할 따름이다. 무엇이 미묘한가? 그리 묻는 제자에게 송나라 지홍스님은 "바람이 물소리를 베갯머리로 실어주고, 달이 산 그림자를 잠자리로 옮겨준다"라고 답했다. 스님은 참선에 들었는가. 텅 빈 듯 고요한 암자의 하오가 미묘하다.

햇살은 갸웃이 각을 꺾어 금잔디처럼 쏟아진다. 거기에 암자의 전모가 일목요연한데 소담하기가 여염집 풍색이다. 번다하게 치장한 구석이 별로 없는 채로 찌그러질 듯 묵은 것들뿐이지만 그래서 간결하고 소탈하며 말갛다. 나라 안의 많은 절집들이 놀이터로 변한 지 오래지만 격이 다른 고졸古拙이 여기에 있으니, 마냥 우두커니 바라보는 것만으로도 잡히는 게 많다.

전각이며 석탑 등속으로 이루어진 절이라는 게 본래 인위의 덩어리이다. 그러나 천장사에 남은 건 인위가 아니라 세월의 여파일 따름이다. 낡고 닳은 전각의 그윽함은 거기에 입혀진 시간의 옷이 자아내는 무형의 보물이다. 빛바랜 단청, 갈라진 흙벽, 넝쿨 뻗친 토담, 마모된 석탑⋯⋯. 저마다 견뎌온 세월의 겹이 두터우니 그 안에 담긴 사연은 또 얼마나 흥건하랴. 지금 여기에 산중 적막이 가득하지만 저 오래된

경허의 고군분투는

득도가 목숨을 건

사생결단 이후에야 얻어지는

선물임을 알게 한다

사물들은 입을 열어 말을 건네고 있는 것인가. 경내를 거닐며 고즈넉한 풍경의 정취를 누리는 중에 귀가 당나귀처럼 쫑긋해진다. 눈으로 보이는 게 다일까 보냐고, 사는 일의 명암은 눈으로 보는 게 아니라고, 날 봐! 나의 진상을 봐! 하고 재촉하는 풍경들. 명석하게 생사를 읽고 싶은 충동을 느끼지만 그뿐, 귀는 벽창호이니 들리는 게 없다. 눈은 멀었으니 대낮에도 어둡다. 경허는 이 절에서 무엇을 들었고, 무엇을 보았나.

경허가 보임하며 정진에 들었던 방을 들여다본다. 외짝문이 달린 반 평짜리 방이다. 방문 위엔 '원구문圓求門'이라 새겨진 현판이 걸려 있다. 경허의 친필이다. 경허는 육 척 장신의 거구였다. 그런 그가 이 손바닥만 한 쪽방에 들어 송곳으로 수마를 쫓으며 장좌불와의 선에 들었다. 속인이 보기에 그건 전쟁이거나 지옥일 텐데 경허는 이를 태연히 치러냈다. 대소변을 보는 일 외엔 일체의 움직임이 없어 봉두난발 머리 위엔 하얀 이가 싸락눈처럼 소복이 쌓였단다. 이렇게 일 년여를 바윗덩이로 뭉쳐 있다가 드디어 한 소식을 얻고서 방을 뛰쳐나오게 된다. 1881년 6월의 일이었다. 당시 경허가 부른 오도송悟道頌이 여기에 있다.

> 홀연히 콧구멍 없다는 말을 듣고
> 문득 삼천대천세계가 내 집임을 깨달았네
> 유월 연암산 아래 길에
> 들사람 일없이 태평가를 부르노라

또 '콧구멍' 얘기다. 이게 무슨 소린가. 콧구멍이 어쨌다는 건지 미련한 중생으로선 도무지 짚이는 게 없다. 선이라는 게 원래 합리적 설명이 되지 않는 세계의 일이다. 깨달음이라는 분별조차도 깨야 하는 체험적 자득의 세계, 일컬어 불립문자不立文字요 교외별전教外別傳이라, 그것이 선가의 공리다. 경허의 도가 어떤 것인지 알려고 해봤댔자 달은 다른 곳에 있고 손가락만 휘저어대는 것에 불과할 뿐이다. 다만, 도통이라는 게 그렇게 쉬운 게 아니라는 걸 짐작할 수는 있다. 도란 아무래도 단박에 깨우치는 게 아닌 듯하다. 경허의 고군분투는 득도가 목숨을 건 사생결단 이후에야 얻어지는 선물임을 알게 한다. 경허는 그래서 만고의 규범이 되는 스승이시다. 감히 그의 도를 가늠함은 만용이지만, 삶을 몽땅 투여한 그 치열함은 가슴을 치고 들어와 내가 선 자리를 돌아보게 만든다.

늘 짚신 삼았던 스님

대웅전 처마엔 '천장암' 현판이 걸려 있고, 그 안짝 벽면엔 '염궁문念弓門' 편액이 붙어 있다. 모두 경허의 글씨다. 호방하고 활달한 경허의 기풍이 고스란히 녹아든 서체다. 전설에 가까운 선사의 친필을 보는 것만으로도 감개가 무량하다. 대웅전 안에는 경허의 초상이 걸려 있다. 당당한 풍채에 깊고 강한 눈빛. 당장 일갈이 터져나올 듯하다. 사부대중을 뒤흔든 기이한 사자후를 거듭해서 토했던 경허 생시의 호연한 풍모를 미루어 짐작하게 한다.

오도에 이른 뒤 경허가 펼친 첫 법문은 이른바 '알몸 법회'였다. 경허의 모친과 대중이 구름처럼 운집한 가운데 홀라당 벗은 알몸을 드러낸 쇼킹 이벤트였다. 몸에 걸린 마음의 망집妄執, 즉 분별심의 타파를 촉구하는 설법이었지만 대중은 경악했다. 이날의 파격을 시작으로 경허의 만행은 본격적인 시동을 하게 된다. 음주는 그에게 얼굴을 단청丹靑하는 공사였고, 여색은 참아야 할 금기가 아니었으며, 근엄한 도량도 때로는 한낱 조롱거리에 불과했다.

범인들로서는 요량料量이 되지 않는 행각이다. 여기에서 범속凡俗 안에 머문 나의 자리를 다시 뒤돌아보게 된다. 내가 알고 있는 상식과 지식, 윤리와 논리의 진부함이 오히려 나를 옭아매는 굴레는 아닐까. 기를 쓰고 분발하는 일상이라지만 이게 다 헛놀음은 아닐까. 하지만 이는 생각에 그칠 뿐 나아갈 방향이 보이지 않는다. '만법귀일萬法歸一이요, 일귀하처一歸何處라', 만 가지 법이 하나로 돌아가는데, 대체 그 한 가지 돌아가는 곳이 어디냐라는 법구가 있지만, 경허는 그 한 가지 돌아가는 자리를 똑똑히 본 선지자였다. 일체의 장애를 넘어선 자유인. 선과 악을, 유와 무를, 도와 비도非道를, 인간과 축생을, 이 모든 경계를 자유롭게 넘나들며 활강한 인물이다. 그저 경허라는 존재가 아득할 뿐이다.

경허는 천장암에서 많은 제자들을 가르쳤다. 1884년에는 흔히 경허가 낳은 '세 개의 달'이라 부르는 혜월慧月, 수월水月, 만공滿空이 한자리에 모여 경허의 지도를 받았다. 불교사에 있어서 기념비적인 날들이었다. 아이 같은 천진불天眞佛로 유명했던 남녘의 하현달 혜월스

서산 연암산 천장사 327

님은 이곳에서 경허에게 보조국사의 『수심결修心訣』을 배웠다. 당시 열넷으로 가장 나이가 어렸던 만공은 시봉 역할을 했다.

　수월, 이 스님은 1883년에 천장암에서 머리를 깎았다. 그는 늘 짚신을 삼아 남들에게 보시하는 스님이었다. 홍성 땅에서 태어났으나 어려서 부모를 잃고 머슴살이를 하며 자란 그에겐 성도 이름도 확실한 게 없었다. 수월은 단 한 번도 자신의 신분을 얘기한 적이 없는데, "그런 일로 짚신 삼는 일을 방해받고 싶지 않다"라고 했다 한다. 수월은 낮에는 나무하고 밤엔 방아 찧어 스승과 절 식구들의 뒷바라지를 했다. 글을 몰랐던 그는 그저 『천수다라니千手陀羅尼』만을 외워 삼매에 들었다. 이후 한 번 보거나 들은 것은 결코 잊지 않는 불망념지不忘念智를 얻었고, 잠이 없어졌으며, 앓는 사람의 병을 고쳐줄 수 있는 힘을 얻었다고 전한다. 그러나 통한 도가 하늘을 뚫는 것이었을지언정 수월은 늘 짚신을 삼았다. 절에 손님이 오면 발싸개인 감발을 벗겨 손수 빨아서 불에 말렸다가는 아침에 신도록 하고, 밤새 몸소 만든 짚신 서너 켤레를 바랑 뒤에 달아주었다. 만공은 생전에 "수월 형님만 생각하면 난 늘 가슴이 뛴다"라고 술회했다던가.

　지금, 수월은 우주의 어느 푸른 공간에서 짚신을 삼는가. 경허는 또 어디에 계신가. 산을 내려오자니 저 아래가 아득하다. 삶이란 얼마나 야릇한 서커스인가. 무엇으로 난항을 면할 것인가. 경허는 알렸다. 너의 몸을 송장으로 알아 모든 게 꿈인 것을 알라고. 마음의 본성을 찾아 죽도록 분발하라는 말씀이시다. 이우는 저녁 해에 산색이 이미 검다. 갈 길이 멀다.

불자들의 성지 천장사

산중암자로 천장사는 마치 제비가 날개를 펼치고 있는 형상이라 하여 이름 붙여진 연암산 중턱 깊은 골짜기에 위치한 작은 절집이다. 충남 서산시 고북면 장요리에 있다. '천장(天藏)'이란 '하늘 속에 감춘다'라는 뜻으로 장자가 물가에 매어둔 배를 온전히 숨기려면 산이나 들이 아닌 배 그곳에 숨겨야 한다는 말과 통하고 있다.

연암산 입구에서 산길을 5분 정도 달리면 주차장에 도착한다. 절까지 차로 이동할 수도 있지만 숙련된 운전자라도 쉬운 길은 아니다. 걸어서 올라가면 땀이 나겠다 싶을 때 절에 도착할 수 있다.

암자에 들어서면 천장사는 작은 암자이지만 경허와 만공 등 이 절을 거쳐간 큰스님들의 행장으로 인하여 유서 깊은 가람이다. 불자들은 이 절을 성지로 추앙한다.

대웅전이 들어 있는 인법당 건물은 'ㄷ'자 형 목조 기와집. 자연석 주초 위에 원주를 세워 지은 정면 6칸, 측면 2칸의 겹처마 팔작집이다. 인법당의 오른편 끝엔 경허가 용맹정진했던 반 평짜리 쪽방이 있다. 천장사 최고의 성소다. 키가 작은 사람이라 할지라도 도무지 눕기 어려울 만큼 비좁은 이 방에서 경허가 1년간의 장좌불와 고행으로 도를 얻었다. '천장암' '원구문' '염궁문' 현판글은 경허의 친필이다. 대웅전 안에 경허와 만공의 초상도 걸려 있다.

암자를 벗어나면 연암산은 인근에 있는 덕숭산에 가려져 잘 알려지지 않은 산이다. 작고 낮은 산이라 등산의 묘미를 만끽하긴 어렵다. 지난 2000년의 산불 여파로 등산로가 말끔하지 않다는 단점도 있다. 곳곳에 타다 남은 나무가 발에 걸린다. 그러나 10년 만에 빠른 속도로 복원되고 있는 식생의 현장을 답사할 수 있다는 점은 색다른 재미다. 멀리 산 아래로 펼쳐지는 광활한 들판과 서해의 조망도 괜찮다. 등산은 천장사 서편으로 난 소로로 접어들면서 시작한다.

암자로 가는 길

승용차 서해안고속도로 - 해미IC - 홍성 방향 29번 국도 - 고북면 소재지 - 가구리 버스정류장 사거리 - 고북농공단지 쪽으로 우회전 - 천장사 주차장

대중교통 센트럴시티터미널에서 서산행 버스 이용(수시 운행) - 서산공용버스터미널에서 고북행 버스 이용 - 고북정류소에서 장요리행 시내버스 이용 - 천장사 입구에서 하차

경산 팔공산 **천성암**

비우는 게 아니라

마음을 부처님으로 꽉 채우고서야

비로소 망상을 깰 수가 있습니다

저만치 홀로 피어 있는 꽃처럼

　국도 저 멀리 산자락으로 연기가 피어오른다. 산불이다. 봄 가뭄 탓이다. 연일 이어지는 건조한 날씨로 산불이 잦다. 봄바람은 꽃향을 실었으되 거칠기 그지없어 일단 타오르면 불길이 쉬 잡히지 않는다. 갓 난 새순과 겨울을 뚫고 오른 꽃들도 재가 되어 흩어진다. 오래 살아 굳센 나무들도 불길엔 속수무책, 화상 입은 신음을 토할 겨를조차 없이 무너진다.

　파죽지세로 몰아치는 불. 숲에 사는 새들은 대피했을까. 느리게 기는 재주뿐인 벌레들, 유순한 짐승들, 모두 무사할까. 큰불도 작은 불씨에서 시작된다. 모든 재앙치고 처음부터 크게 시작되는 게 어디 있을까. 사소한 실수 하나가 삶을 통째 조롱거리로 만들 수 있다. 작은 방심이 토네이도처럼 나를 휩쓴다. 그래서 옛사람들은 '신독愼獨'을 가르쳤다. 신독. 홀로 있을 때에 도리어 스스로 삼가라!

부처의 가르침은 더욱 삼엄하다. 삼계화택三界火宅이라, 삼계의 번뇌는 마치 불타는 집 안에 있는 것과 같다는 얘기다. 생로병사와 우비고뇌憂悲苦惱로 점철되는 화택 세상. 그러나 사람의 무지가 깊으니 자신을 삼켜버릴 불길이 시시각각 다가옴을 알지 못한 채 불난 집 속에서 놀이에 빠져 있는 아이와 같다. 사람에게 사람 이상을 요구하지 않는 건 생활의 매너일지 모른다. 사람은 못 될지라도 괴물은 되지 말자는 정도의 타협이 시속時俗을 견디는 자구책일 수 있다. 그러나 부처는 사람 이상이길 요구한다. 눈 감은 자여, 너의 생에 닥친 산불을 보라!

어떤 사람이 미친 코끼리에 쫓겨 우물 속으로 들어가 등나무 줄기에 간신히 매달렸다. 그런데 머리 위에선 쥐가 등나무 줄기를 갉아먹고 있다. 우물 벽에선 독사가 혀를 날름거린다. 바닥에선 괴물이 대기하고 있다. 이 사람은 극도의 공포에 떨며 대롱대롱 매달려 있는데, 그때 등나무 줄기에 지어진 벌집에서 꿀이 흘러내려 입안으로 떨어진다. 꿀맛이 너무도 달콤한 나머지 그는 목전에 다가온 죽음을 잊는다. 우리네 삶의 진상이 이와 같다는 게 아닌가. 삶이란 어쩌면 난관의 연속이며, 부처는 여기에서 벗어날 노하우를 전한 분이시다.

암자로 가는 산길은 초입부터 숨이 가빠진다. 가파른 산세 탓이다. 언제 내린 비일까. 빗물에 쓸려온 모래와 자갈이 길 위에 질펀하다. 길가 풀숲엔 봄 햇살이 따사롭다. 고운 먼지를 집어쓴 풀잎들이 졸린 눈을 부비며 나를 바라본다. 파랗게 싹을 내는 나무들의 몸 사이로 바람이 지난다. 산모롱이 너머로 보이는 하늘은 맑아 봄소식이 청량하

다. 풀들의 마을, 나무들의 동네에 봄이 무르익으니 꽃향기가 가득하다. 동체대비同體大悲, 산중 생명 모두 격의 없이 섞여 자애롭다.

길은 정신없이 가파른 산을 거의 직립으로 일어선 채 감아오른다. 십 리쯤 이 길을 오르자면 급기야 다리에 쥐가 날 텐데, 한 삼십 분 헐떡거리자 길이 끝나고 암자가 나타난다. 천성암天成庵이다. '하늘이 이룬 암자'다. 팔공산 정동향 높고 외진 산등성이에 자리했으니 하늘이 지었다는 은유와 상징이 적절하다.

천성암은 절답지 않은 절이다. 절집임을 알게 하는 별다른 표시가 드물어 여염집을 닮았다. 꾸밈과 치레가 없다. 경계가 없는 방목장, 주장이 없는 유유자적을 생각나게 한다. 근래의 으리으리한 불사 경향은 절집의 세속화를 증명하며 불가의 수행자들마저 코피 터지게 치열한 속세에 있음을 말해준다. 전각의 번다한 치장이 도에 넘쳐 한복 저고리에 비키니를 걸친 것 같은 외양마저 나타난다. 색즉시공이거늘 유한한 물질의 허장성세로 과연 무엇을 도모하려는 것일까.

천성암은 낡았으되 깨끗한 옷을 입은 산골 아낙을 닮았다. 시늉이나 과장이 없이 그저 생긴 대로 살아온 역사의 푸른 그늘 같은 게 서려 있다. 저만치 홀로 피어 있는 꽃처럼 쓸쓸하고 단아하다. 소박한 민들레처럼 하늘하늘 작고 아련해서 그저 손만 대도 더운 숨을 뿜으며 으스러져버릴 것만 같다. 하늘 아래 작거나 낮지 않은 게 어디 있으랴. 하늘 아래 헛것 아닌 게 무엇이랴. 『원각경圓覺經』은 말한다.

헛것인 줄 알았으면 바로 떠나라. 헛것을 떠나면 그것이 곧 해탈이다.

튼실한 근본이 비친다

천성암을 창건한 이는 의상대사라 한다. 해동의 화엄초조華嚴初祖 의상. 그가 젊은 시절에 여기 천성암을 주둔지로 삼은 채 짬짬이 전국을 주유했다는 소식이다. 초창 이래 일련의 파란만장과 독야청청의 역사가 흘렀을 게다. 믿을 만한 증빙은 빈곤하지만 그 유서의 깊음이 그림자처럼 어른거린다. 하늘과 시간과 스님네들이 합작해 누비고 기운 암자의 조촐한 디자인엔 터진 실밥 한 올 보이지 않는다. 평범할수록 튼실한 근본이 비치고, 소탈할수록 개결介潔한 매혹이 서리는 현장이다.

일전에 어느 암자를 찾았을 때 나는 물어뜯을 듯 덤벼드는 개 때문에 혼쭐이 난 적이 있다. 유정무정有情無情 개유불성皆有佛性. 개든 올챙이든 망초꽃이든 불성이 있다는 뉴스다. 그렇다면 개에게도 사람의 진상을 알아보는 뭔가 직감 같은 게 있는가. 맹견 앞에서 나는 약간의 사기 저하를 느꼈었다. 살짝 들킨 기분. 내 안의 흉물이 탄로났다는 낯간지러움 같은 것. 그날 이후 나는 절집의 개가 불편하다. 그런데 오늘은 천성암의 진돗개가 꼬리를 살랑이며 반겨준다. 벨벳처럼 부드러운 눈길을 들어 오랜만에 만난 외삼촌을 대하듯 싹싹하고 친절하게 바라본다. 이 의젓한 놈과 나는 전생에 어떤 연이었을까.

어떤 스님이 조주선사趙州에게 물었다. "개에게도 불성이 있습니까?" "있다." "있다면 어째서 가죽부대 속에 들어 있습니까?" "그가 알면서도 일부러 범했기 때문이다." 다시 어떤 스님이 조주에게 물었다. "개에게도 불성이 있습니까?" "없다." "일체 중생이 모두 불성이 있다 했는데 개는 어째서 없다 하십니까?" "그에게 업식業識이 있기 때문이다."

조주는 개에게 불성이 있다고 했다가 없다고도 했다. '있다' '없다' 알음알이로 시비를 가릴 게 아니라 오직 '무無'를 들여다보라는 전갈이다. 그 유명한 무자공안無字公案의 전말이다. 상대적 개념에 불과한 '있음'과 '없음'에 연연함은 마른 뼈다귀로 국물을 얻으려 하는 것과 같은 우매일 뿐, 오직 온몸을 의심으로 둘러싸고 무無자 하나만 참구하라는 독촉이다. 돌을 던지면 개는 돌을 물지만 사자는 던진 사람을 문다. 수행이란 이렇듯 생각이나 언어 이전에 사물의 실상을 투철하게 궁구하는 일이다. 여기 산중암자에도 그런 치열한 수행의 세월이 흘렀을 게다. 이 암자의 가벼움은 어쩌면 무를 향해 날아오른 옛 스님들의 부력을 웅변하는 것인지도 모른다.

암자 뜰에 작디작은 들꽃들이 함초롬하다. 숫제 별 떨기 쏟아진 꽃밭이다. 온몸으로 견뎌낸 동토도, 땅속 어둠도 다 잊고 처음부터 다시 시작하는 봄 생명들의 순정한 합창은 부활의 송가인가. 여리게 피어나는 것들을 보면 세상 이치를 대충은 알 것만 같다. 잘 살아가는 일의 간단한 비결 한 자락을 보여주는 것만 같다. 여리고 순한 것들이 온전히 피어나는 세상이 아름답지 않겠는가. 그리하여 두두물물이 부처이고 온 세상이 법당인가. 모든 순정한 생명들은 우리의 눈에 밝은 초롱을 달아준다.

부드러운 눈길을 들어 오랜만에 만난

외삼촌을 대하듯 싹싹하고 친절하다

아이 낳게 하는 천도복숭아

살림채 앞을 거쳐 비좁은 석문을 지나자 관음전이다. 천성암이 부처를 모신 절집임을 알게 해주는 거의 유일한 건물이다. 이 암자는 한국전쟁 때 재로 스러졌다. 이후 어렵사리 복원된 법당이니 그리 긴 세월을 살아온 전각은 아니지만 고색창연하다. 결 고운 이끼들이 지붕을 뒤덮은 채 화사한 햇살 아래 두런거리고 있다.

관음전 전면은 통째 바윗덩이다. 보잘 게 없는 것 같지만 실은 볼 게 많은 암자가 천성암인데, 이 장중한 너럭바위는 암자의 풍광에 결정적인 힘과 격을 실어준다. 바위 위에 서자 산 아래 세상이 연꽃들처럼 일제히 만개하며 지구의 거대함을 가르쳐준다. 시각적으로 빼어나며 후각으로는 어떤 상서로운 향기마저 엄습한다. 의상이 여기에 절을 지은 건 바위 위에서의 조망이 주는 몰입 때문이 아니었을까. 저 장려한 풍광이 우레처럼 들려주는 할과 방, 소리 없는 경책에 매료된 게 아니었을까. 꽃을 들어보이는 부처의 미소를 보지 않았을까. 발아래 저 너른 세상이 내 것이 아니며, 세상에 내 것이 아무것도 없다는 헐벗은 정신을 이곳에서 얻은 게 아니었을까.

바위틈에서 자란 몇 그루 거목을 홀린 듯 바라본다. 맨땅에 헤딩을 하고 말지 어쩌자고 저 가망성 없어 보이는 바위의 틈으로 뿌리를 들이민 것인가. 바위의 견고한 몸을 열어 수백 년 수령을 유지한 기적의 기생을 가능케 한 건 바위인가 나무인가. 바위와 아예 한 몸이 된 노거수에서 불멸을 본다. 수행도 이와 같을 게다. 불경은 말한다.

맷돌이나 숫돌이 닳는 것은 보이지 않지만 어느 땐가 다 닳아 없어진다. 나무를 심으면 자라는 것이 보이지 않지만 어느새 자라 큰 나무가 된다. 하루하루 꾸준히 수행에 정진하다보면 어느샌가 그 수행은 깊어져 마침내 저 불멸의 궁극에 이르게 된다.

당나라에서 공부를 마치고 귀국한 의상은 당에서 가져온 천도복숭아나무 두 그루를 천성암에 심었다고 한다. 그때 그 복숭아나무가 산신각 옆 풀숲에서 지금도 잘 자라고 있다. 일제 때 잘렸지만 밑동에서 올라온 새순으로 명을 잇고 있다. 천성암 주지 우화스님의 천도복숭아 자랑이 푸짐하다. 아이를 못 낳는 아낙들이 이 나무의 복숭아를 먹고 임신을 한 사례가 즐비하다는 것에 긴가민가 의아해진 나는 눈을 끔벅일 수밖에 없다. 그럴싸한 논리 대신 깊은 신심에 응답하는 부처의 자비를 에둘러 저리 말하는 것일 테지. 후후, 그거 산중 러브스토리의 소산 아닌가요? 슬쩍 딴죽을 걸었지만 우화스님은 믿음밖엔 난 몰라 하는 투로 끝내 진지하다.

우화스님은 열아홉 나이에 범어사梵魚寺에서 출가, 이후 줄기차게 청산을 떠돌며 선방의 한철을 지내길 거듭했다. 일본에 유학을 가 구년간 정토학을 공부한 건 눈물이 나도록 고마운 경험이었다고 한다. 책만 봐도 고맙고, 바람만 불어도 고맙고, 존재함 자체가 고마워 날마다 환희에 가득찼다는 것이다. 정토신앙의 학문적 접근을 통해 거듭 태어났다는 얘기다. 정토 수행법의 요체는 일심염불에 있다. 정토 신앙의 주요 경전은 『정토삼부경淨土三部經』이다. 염불을 하면 부처를 볼 수 있다 이르는 책이다. 우화스님은 깨어난 새벽부터 잠자리에 들 때까지 아미타불을 왼다.

"염불이란 일념으로 부처님을 생각하는 일입니다. 염불 삼매로 부처의 지혜와 광명을 관함으로써 번뇌 망상을 타파하는 것이죠. 흔히 일체유심조를 내세워 마음을 비우라 하지만 그게 어디 쉬운가요? 비우는 게 아니라 마음을 부처님으로 꽉 채우고서야 비로소 망상을 깰 수가 있습니다."

정토신앙의 염불선은 아미타불을 일심으로 부르면서 염불의 주체가 누구인지를 참구한다. 염불을 함으로써 생각이 끊어지지 않게 하다가 궁극에는 생각의 끊어짐 자체도 없어지게 되니 근본적으로는 간화선看話禪과 다를 바가 없다. 우화스님은 흔히들 자력행과 타력행을 구별하고 차별하지만 태어남부터 죽음까지 자력이란 없다고 본다. 오직 부처의 원력으로 성불에 이를 수 있다는 생각이다.

"어린애가 어찌 어머니를 다 알 수 있을까요? 어미가 하라는 대로 하면 됩니다. 부처님에게 절대적으로 의지하면 마침내 마음을 비울 수 있습니다. 마치 어린애가 성장하면 저절로 우유병을 버리듯, 그렇게, 마음이 부처님으로 커지면 마침내 번뇌에서 벗어나게 된다는 게 정토신앙의 요지입니다."

외곬으로 공부하는 그가 미덥다. 부처가 설한 팔만대장경의 수많은 언설을 한마디로 줄이면 '눈떠라!' 그런 것일 게다. 그러나 눈뜨기 전에 시드는 게 세간의 생이다.

"발심發心이 중요하지요. 승려들이 산에 사는 건 습習일 뿐 세간과 출세간의 우열이 없습니다. 승려에겐 발심이라는 게 있을 뿐, 수행 방법만 안다면 속세에서 오히려 더 빨리 도를 깨달을 수 있습니다. 나무아미타불."

어려움은 없지만 외로움은 많다고, 외로움도 도반道伴이라고, 우화 스님은 말한다. 공부하기 싫어하는 사람은 무엇이든 핑곗거리를 찾지만 참다운 수행자는 그 어떤 장애를 만나도 올올이 채찍질할 뿐이라고, 그저 그리 말한다.

팔공산 최고의 명당 천성암

산중암자로 팔공산은 예부터 불교의 전당이다. 거찰과 수많은 암자들이 있어 불자들을 불러들인다. 이런 점에서 볼 때 천성암은 차라리 숨은 절이다. 작은 규모와 소소한 불교 유물로 이루어진 암자라서 이름을 널리 알릴 여지가 거의 없다. 전기가 들어온 지도 10년 정도밖에 되지 않았고 암자에 닿을 수 있는 산길도 가파른 흙길이다. 현수막이 붙어 있는 절 입구에서 절까지 도보로 30분 정도를 숨이 턱에 찰 때까지 올라야 절에 닿을 수 있다.

암자에 들어서면 천성암은 의상의 행적이 스몄다는 풍설로 나름의 깊은 유서를 자랑한다. 일견 퇴락한 것처럼 보이는 소탈한 건물들의 자연스러움과 가난함 역시 미덕이면 미덕이지 흠이 아니다. 찾아드는 사람이 드문 암자라는 점도 신선하다. 그 무엇에 앞서 암자 아래로 펼쳐지는 조망이 어엿하다. 안개나 구름이 발아래로 펼쳐지는 날의 조망은 가히 압권이다. 천성암 주지 우화스님은 천성암이 앉은 자리가 팔공산 최고의 명당이라 본다. 암벽과 너럭바위로 이루어진 기반의 절묘함을 그 어느 절집이 따라올 수 있겠느냐 자부한다. 의상이 당나라에서 가져와 심었다는 두 그루 천도복숭아나무, 선묘낭자의 설화가 박힌 석간수 선묘정도 눈여겨볼 만하다.

암자를 벗어나면 천성암이 아주 작은 암자의 모범이라면 인근에 있는 은해사는 거찰의 견본이다. 영천시 청통면 치일리 팔공산 기슭에 은해사가 있다. 대한불교조계종 제10교구 본사로 계곡을 따라 이어지는 진입로가 아늑하고 아름답다. 경내 전각들은 대부분 복원된 것들이라 운치는 떨어진다. 은해사에 딸린 거조암과 백흥암은 국보와 보물급의 문화재를 보유하고 있다.

암자로 가는 길
승용차 경부고속도로 경산IC – 하양읍 – 은해사행 국도 – 와촌면 – 갓바위행 국도 – 5킬로미터 진행 후 우회전 – 대동마을에서 갓바위 쪽으로 진행 – 천성암 표지판에서 우측으로 진행
대중교통 서울역에서 동대구행 기차 이용 – 대구에서 하양행 시내버스 이용 – 하양에서 하차 후 은해사행 버스 이용(수시 운행)

고창 선운산 도솔암

인생, 고작해야 백 년
어찌 닦지 않고 방일하는가

눈 내린 암자의 황홀한 고요

선운산禪雲山, 336m을 오르는 이른 아침. 며칠째 연달아 내린 눈으로 온 세상이 하얗다. 구름 한 점 없이 새파란 하늘에선 햇살이 쏟아진다. 이토록 밝고 투명한 날이란 흔치 않은 법이다. 이런 날, 삶이란 더 이상 초라하지 않다. 순백색 순정함으로 삶을 환기시키는 눈산을 오르는 일이란 얼마나 큰 길운인가.

눈길을 밟아 먼저 산을 오른 이는 누구일까. 산의 초입, 눈밭에 한 사람의 발자국이 가지런하다. 눈이 치워진 저편 지름길을 놔두고 굳이 눈 덮인 길을 홀로 걸어든 걸 보면 그의 어떤 심취가 깊은 것임을 알 수 있다. 길을 가린 눈밭 위에 한 사람의 흔적이 남아 그것이 길이 된다. 누군가 먼저 걸어갔고, 그 흔적이 길이 되는 행로는 까닭 없이 매혹적이다. 얼굴도 모를 사람의 발자국이 야기하는 믿음과 교감. 똑

바로 나아가던 발자국이 가끔은 휘어진다. 혼자 걸어간 사람이 보인 감정의 기복이랄까, 발길 닿는 대로 걸어간 마음의 술렁거림이 보인다. 눈 녹으면 금방 사라질 발자국이지만 앞서간 사람의 흔적이 정겹다. 한 사람의 발자국이 세상에 온기를 보탠다.

부처도 앞서 걸어간 존재였다. 길 없는 길에 흔적을 남겨 길을 냄으로써 뒤에 오는 사람들에게 새로운 길을 남겨주었다. 획기적으로 삶을 확장할 기회를 주었다. 파도치는 바다에 길을 내어 따르는 자들의 삶을 번쩍 들어올려주었다. 나는 그 누구에겐가 길이 된 적이 있었던가.

선운사 곁을 스쳐 이젠 살짝 널찍한 오솔길로 접어든다. 그렇지만 여전히 눈길이다. 한 뼘 폭으로 내린 눈이 산을 뒤덮고 산사를 짓눌렀다. 이미 제설작업을 마친 소로는 걷기에 무리가 없지만 눈으로 코팅된 길은 백자처럼 하얗게 반들거린다.

푹신하게 내린 눈이 한 점 새소리마저 흡입한 탓인가. 적막이 가득하다. 봄이면 상사화가 만발하는 계곡의 물길은 꽝꽝 언 얼음장으로 변한 채 흐르는 소리를 기척하지 않는다. 그저 뽀드득뽀드득 눈을 밟는 나의 발자국 소리만 내내 고즈넉하다. 그러하니 좀 전에 빠져나온 도시가 현세의 바깥처럼 멀다. 세사의 아귀다툼도, 부질없는 불화도 멀리에 있을 뿐이다. 한바탕의 삶이 끝난 뒤의 정적이 이런 것일까. 산다는 일의 사막과 폐허를 지나면 이렇게 황홀한 고요에 닿게 될까.

발길을 멈추어 소나무 하나를 바라본다. 장사송_{천연기념물} 제354호이다. 육백 살 나이를 자신 반송. 성성한 푸른 침엽이 짐승의 빳빳한 갈

기털처럼 건강하다. 하염없이 늙어서도 굳센 노송의 모습에서 살아 있는 것이 향유할 수 있는 최대치의 긍지와 진수眞髓를 느낀다.

장사송 옆엔 진흥굴이 있다. 꽤 넓고 어엿하게 트인 자연 동굴이다. 신라 24대 왕이었던 진흥왕이 불도를 닦았다는 전설이 서린 석굴이다. 전설은 말한다. 법흥왕의 태자로 태어난 그는 일찍이 인도의 왕자로 태어났으되 모든 걸 버리고 광야에서 도를 닦아 마침내 성불에 이른 석가모니의 소식을 듣고 선망과 소망을 품었다고. 때가 되면 기어이 석가모니처럼 기탄없이 출가하여 크게 깨우칠 작심을 했다고. 그러다가 왕위를 물려준 뒤에 드디어 왕비와 공주를 대동하고 여기 진흥굴에 머물며 구도로 일관한 말년을 보냈다는 것이다. 신빙할 고증은 미약하지만 바람에 실려온 전설은 지금까지 전해진다.

진흥왕 전설

승려가 된 진흥왕은 생의 최후에 무엇을 보았을까. 왕이라는 권세로도 못 다스릴 세상의 고뇌를 일소할 단서를 찾았을까. 평생 헤어나오지 못한 에고의 사막에서 벗어나 타인들 속으로, 무욕의 진경으로 쑥 들어갔을까. 전설은 허술하고 왕은 여기에 머물지 않으니 붙잡고 물어볼 방법이 없다. 그러나 속세를 초탈한 옛사람이여, 그는 아마도 평온한 영혼을 꿈꾸었으리라. 무소의 뿔처럼 혼자 가는 고행으로 꽃비 내리는 화엄 세상에 들고 싶었으리라. 그런 서원으로 욕망과 시달림에서 해방됐다면 삶이라는 아슬아슬한 도박에서 끝내 이겼겠지.

시름을 씻고 만족을 얻어 진정한 왕중왕이 됐을지도 모를 일이다.

소 치는 사람이 말했다.

"나는 이미 밥도 지었고 우유도 짜놓았습니다.
마히 강변에서 처자와 함께 살고 있습니다.
내 움막엔 이엉이 덮이고 방에는 불이 켜졌습니다.
그러니 하늘이여, 비를 뿌리려거든 비를 뿌리소서."

부처가 말했다.

"나는 성냄과 미혹을 벗어버렸다.
마히 강변에서 하룻밤을 쉬리라.
내 몸은 하늘을 지붕 삼고 탐욕의 불은 꺼져버렸다.
그러니 하늘이여, 비를 뿌리려거든 비를 뿌리소서."

마히 강변에 처자와 함께 사는 소 치는 사람은 밥과 우유, 등불이 있어서 아무런 근심이 없다. 반면에 마히 강변을 건넌 부처님은 탐·진·치 삼독의 불을 끈 채 그저 하늘을 지붕 삼아 하룻밤을 쉬기 위해 강변에 자리를 잡았다. 편안하다. 아무런 걱정이 없다. 도란 이와 같다. 전설 속의 진흥왕이 한사코 바라보았을 지향을 알 만하다.

이윽고 도솔암兜率庵에 닿는다. 비질로 눈을 치운 언덕배기 끝에 눈을 뒤집어쓴 전각 지붕이 화사하고, 그 지붕 너머로는 청솔이 우거진

산마루와 거대한 암봉이 펼쳐진다. 청명한 풍광이다. 홀린 듯이 발길을 재게 놀려 암자로 들어선다.

눈길을 마냥 걷다가 얼결에 도솔암에 도착한 사람들일까. 암자보다는 설경에 시선을 앗긴 꽤 많은 사람들이 설렁설렁 경내를 돌아다닌다. 배낭을 멘 산행객들도 섞여 있다. 도솔암은 비록 산 중턱에 있지만 쉬 닿을 수 있고 만만히 오를 수 있는 입지에 있다. 암자를 싸안은 선운산 자체가 암팡지되 낮고 자그맣다. 어떤 위세도 배척의 기색도 없으니, 사람들의 얼굴마다 흐뭇한 만족감이 서린다. 지치고 외롭고 짓밟힌 그대여, 오라! 암탉이 병아리를 품어주듯이 내 그대들을 보듬으리라! 암자는 그리 말하는 것 같다. 타고 앉은 지세의 안온함으로, 전각들의 넉넉한 개방적 작풍으로 품을 활짝 벌린다.

도솔암의 창건사는 확실하게 알려진 것이 없다. 사적기에 따르면 본사인 저 아래 선운사禪雲寺와 함께 백제 때 초창되었다고 한다. 진흥왕 전설도 창건사를 거든다. 진흥왕이 진흥굴에 머물며 정진을 하던 중 미륵삼존불이 현현, 이에 감복해 선운사를 비롯하여, 중애사重愛寺와 도솔암 등 여러 사암을 창건했다는 설이다. 백제 땅이었던 이 산에 어찌하여 신라의 왕이 출현했다는 것인지 믿거나 말거나 식의 풍설이지만, 미륵불의 현현이나 '도솔'이라는 암자명으로 미루어 볼 때 미륵신앙의 배경 속에서 창건된 절임을 추정할 수 있다.

몇 해 전의 발굴조사에서 명문이 발견되기도 했다. 출토된 기와에 적힌 '도솔산중사兜率山仲寺'라는 명문. 옛날에는 도솔암이 아니라 중사였던 것이다. 조선 후기에 접어들면서 도솔암은 상도솔암·하도솔암·북도솔암 등 세 암자를 포괄하는 이름이 된다. 상도솔암은 지금의 내원궁 도솔천이다. 하도솔암은 현재 마애불상이 있는 자리이며, 북도솔암은 대웅전이 있는 공간으로 도솔암의 전면을 이룬다.

설맹인가, 눈을 뜰 수 없다

대웅전을 거쳐 조금 가파른 층계를 올라 도솔천 내원궁에 당도한다. 전각의 처마에도, 이마를 들이민 옆댕이 암반에도 야구방망이만 한 고드름이 주렁주렁 매달려 있다. 고드름, 거꾸로 매달려 자라는 그 역리逆理. 폭설과 한파 속에서도 물구나무선 채 키를 키우는 고드름의 묘는 어쩌면 수행의 고난과 성취를 대변한다. 『발심수행장』은 수행자의 본분을 이렇게 고했다.

> 메아리 울리는 바윗골로 염불당을 삼고, 슬피 우는 오리새로 마음의 벗을 삼을지니라. 절하는 무릎이 얼음처럼 차가울지라도 따뜻한 걸 구하는 생각이 없어야 하며, 주린 창자가 끊어지는 것 같더라도 밥 구할 생각을 말지니라. 인생, 고작해야 백 년, 어찌 닦지 않고 방일放逸하는가?

요약하면 너의 목숨을 걸라는 얘기다. 저 삼엄한 고드름처럼, 얼음장 같은 겨울처럼 그렇게 냉담하게 깨어 잠시도 멈추지 말라는 경책이다. 그래야만 도솔천에 태어날 수 있다는 것이 불가의 뉴스다.

메아리 울리는 바윗골로 염불당을 삼고

슬피 우는 오리새로 마음의 벗을 삼을지니라

도솔천이란 무엇을 말함인가. 육욕천 가운데 네번째 하늘이다. 불교의 우주관에 따르면 세계의 중심은 수미산須彌山이다. 이 수미산 꼭대기에서 십이만 유순由旬 위에 도솔천이 있다. 여기엔 내원과 외원이 따로 있다. 내원궁이라고도 부르는 내원은 석가모니가 보살일 당시에 머물며 지상으로 내려갈 때를 기다리던 곳으로, 오늘날에는 미래불인 미륵보살이 설법하면서 지상으로 하강할 날을 도모하는 일종의 대기실로 간주된다. 외원에서는 수많은 천인들이 오욕을 충족시키며 즐거움을 누리고 있다고 한다. 욕계의 제4천에 불과한 도솔천이 이렇듯 이상적인 정토로 등장하게 된 것은 미륵보살사상과 결부되어 있기 때문이다.

도솔천에 오르면 보리심이 저절로 우러난다고 한다. 나는 지금 그 영묘한 도솔천 내원궁 앞에 서 있다. 천상의 도솔천을 전각으로 형상화한 법당 앞에서 다시금 옷깃을 여민다. 사방에 가득한 눈으로 법당은 안짝 깊숙이까지 밝고 산뜻하다. 무궁히 밝은 저 백설처럼 내 눈에 초롱이 들어올 날은 언제인가. 별도 달도 없는 밤하늘이 도솔천처럼 훤해지고, 고난 중에도 눈부신 생각들이 일어날 날은 또 언제인가. 부처를 기다리는 심정으로, 여쭙는 심사로 두리번거린다. 길이란 모든 길이 부처로 통한다는 전언이 있지만, 어서 빨리 가고 싶은 그 길은 그러나 아스라이 멀다. 그런고로 도솔천이란 가당찮은 백일몽과 거의 진배없으나 이룬 바 없는 길이라 하나 굳이 내려놓을 길도 아니니 여하튼 해 떨어지기 전에 한 발이라도 더 내딛고 볼 일이다.

도솔천에는 다음과 같은 사람들이 태어날 수 있다고 한다. 끊임없이 정진하여 덕을 많이 쌓은 사람, 깊은 선정을 닦은 사람, 경전을 독송하는 사람, 지극한 마음으로 미륵보살을 염불하는 사람, 계율을 지키며 사홍서원四弘誓願을 잊지 않은 사람, 널리 복업을 쌓은 사람, 죄를 범했지만 미륵보살 앞에 진심으로 참회하는 사람, 미륵보살의 형상을 만들어 꽃이나 향 등으로 장식하고 예배하는 사람 등등……. 종목은 많지만 자신 있게 나를 내세울 단서를 찾기 어렵다. 등짝으로 죽비 떨어지는 소리 들린다. 내가 익히 아는 것은 괴로움일 따름이니, 그것은 손톱 아래로 파고드는 가시처럼 매양 아파 가난한 영혼은 때로 승냥이처럼 운다. 괴로움도 길인가? 그것도 깊어지면 도에 이르는가?

　도솔천 내원궁을 내려와 마애불상 앞에 선다. 그러나 보수공사가 한창이라 얼기설기 철제 구조물에 휘감겨 불상이 보이질 않는다. 미륵불은 석가모니 이후에 중생을 구제할 미래의 부처를 말한다. 마애불의 배꼽에는 선운사를 창건한 검단선사黔丹가 봉해놓은 신비스러운 비결 하나가 숨겨져 있었다고 한다. 비결이 개봉되면 새 세상이 온다 했다. 사람들은 미륵불의 전설을 철석같이 믿었다. 이 비결은 1893년 가을, 동학 접주 손화중에 의해 꺼내졌고, 동학혁명의 불길을 일으키는 데에 일조했다고 한다. 미륵신앙이란 결국 세상을 바꿀 수 있다는 신념이다. 예토穢土를 정토淨土로 개벽한다는 믿음이다.

　하지만 사람의 역사에 개벽이 있었던가. 딴에는 맹렬한 역사라지만 풍상의 궤적일 따름이다. 세상을 바꾸기 전에 나 자신을 바꾸는 일조차 서툴 수밖에 없는 게 삶이라는 난적. 쌓인 눈만 무심히 밝다. 설맹雪盲인가? 순정한 백설이 눈부셔 눈을 뜰 수 없다.

백제 땅에서 느끼는 신라의 숨결 도솔암

산중암자로 전북 고창 땅 선운산(일명, 도솔산) 북쪽 기슭에 자리한 도솔암은 선운사에 딸린 산중암자. 선운사는 조계종 제24교구 본사로, 신라 진흥왕이 창건했다는 설과 위덕왕 24년(577년) 백제의 검단선사가 창건했다는 설이 있다. 그러나 가장 오래된 조선 후기의 사료에는 모두 진흥왕이 창건하고, 검단이 중건한 것으로 기록하고 있다. 도솔암의 창건도 선운사의 그것과 맥락을 같이한다. 도솔암에서 선운사까지는 걸어서 40분, 차로 가면 10분 정도 걸린다. 하지만 산행의 도중에 만날 수 있는 풍경과 진흥굴 등을 생각하면 걸어서 가는 것을 추천한다.

암자에 들어서면 현재 도솔암의 전각은 대웅전, 나한전, 도솔천 내원궁, 요사채 등으로 이루어져 있다. 도솔암 내원궁에는 보물 제280호인 지장보살좌상이 봉안되어 있으며, 마애불좌상은 보물 제1200호, 나한전과 내원궁은 각각 문화재자료로 지정되어 있다. 신장 15미터에 이르는 마애미륵불상은 도솔암 최고의 성보다.

암자를 벗어나면 도솔암에 방문하는 김에 선운산 산행까지 아울러도 좋다. 도솔암에서 낙조대로 올라 천마봉에 오른 뒤, 다시 도솔암으로 하산하는 코스가 널리 애용된다. 주차장에서 천마봉까지 약 4.7킬로미터, 2시간쯤 걸린다.

암자로 가는 길
승용차 서해안고속도로 선운산IC – 선운산IC 삼거리에서 좌회전 – 부안면사무소 – 부안초등학교 – 오산저수지 – 탕정 삼거리에서 우회전 – 반암교 – 선운사 삼거리에서 좌회전 – 선운산도립공원 주차장
대중교통 센트럴시티터미널에서 고창행 버스 이용(40분 간격 운행) – 고창에서 선운사행 버스 이용(20분 간격 운행)

김천 수도산 수도암

행복도, 불행도 별로 생각해보지 않았습니다

그냥 있는 존재 그 자체를 생각할 뿐

좋으면 좋은 대로, 나쁘면 나쁜 대로 완전하다

기도 효험이 많은 절이라고 한다. 김천 수도암이다. 빌러오는 이들이 많다. 삶에 어찌 마가 없으랴. 때로는 엎어지고 쓰러지고 자빠진다. 기도란 쓰러진 자리에서 다시 짚고 일어서고자 하는 갈망이다. 아직 못 가진 것, 못 채운 것을 얻고자 하는 소망이다. 그래서 불자들의 기도는 절절하다. 기도가 꽃이라면 그 효험은 꽃향인가. 산 중턱 사하촌 수도리에서 만난 아낙의 얘기인즉 이렇다.

"정치인들도 입후보하면 수도암서 새벽기도하고, 했다 하면 덜컥 국회의원이 된다 카더라고예. 대통령 후보 마누래들도 툭하면 여기 와서 새벽기도하고, 그라믄 덜컥 된다 카더라고예. 그런 게 좌악 소문이 나면서 대핵교 셤칠 때면 아지매들이 많이들 오고예, 공일날엔 관광버스들이 막 올라댕기고 그러는 거라예."

비는 족족 협찬하는 부처님이신가. 기복일 뿐이런가. 삶이란 그다지 평온치 않다. 새들이 노래하는 산가山家의 툇마루에 앉아 한 손에 든 향기로운 술을 천천히 홀짝이며 꽃이 피는 숲을 한가로이 바라보는 일, 내 생각에 그것이 인생의 가장 평온한 상태다. 하지만 장애가 많으니 사는 일은 곡예이기 십상이다. 세상은 험하고, 불평과 불안은 겹겹이 일어난다. 번민과 고독으로 밤새 머리칼을 쥐어뜯게 된다. 그러니 기도할 수밖에. 기도로써 무엇인가를 얻었다면 그것은 일말의 평온이 아닐까. 내 안의 짐승 같은 욕망이 얌전히 꼬리를 내리는 기척.

부처는 비는 족족 협찬하는 업무를 관장하시는 분일 리가 없다. 괴로움은 물론 즐거움을 만나도 흔들리지 않기를 마치 큰 바위가 폭우를 맞아도 부서지지 않는 것과 같이 하라 하셨지 않은가. 마군魔軍을 오히려 수행을 도와주는 벗으로 삼으라 하셨다. 『보왕삼매론』에 이런 구절이 나온다.

> 세상살이에 곤란이 없기를 바라지 말라. 곤란이 없으면 업신여기는 마음과 사치한 마음이 생기나니, 오직 근심과 곤란으로써 세상을 살아가라.

수도산 정상부 해발 1000미터 고지에 자리한 수도암. 이 절을 찾은 것은 몇 년 전에 이어 두번째다. 처음 오를 적엔 산길이 좋았다. 초록으로 물든 정갈한 산길에 마음을 내려놓았었다. 그마저 허세였나? 가

마솥 누룽지처럼 시름이 들러붙은 마음은 한시도 평온할 때가 없다. 아슬아슬하기는 도박만이 아니다. 새장의 새만이 갇힌 존재가 아니다. 환장할 일은 언제나 나! '나'라는 사건 그 자체다.

수도암은 대적광전, 약광전, 나한전, 관음전, 선원 등으로 이루어졌다. 대적광전 안에 모셔진 비로자나불좌상보물 제307호은 근엄한 상호에 풍만한 풍채를 지닌 돌부처다. 두 손을 가슴에 모으고 오른손으로 왼손의 검지를 감싸쥔 지권인智拳印을 취하고 있으니 비로자나불이다.

설화 한 자락이 서려 있다. 9세기 경, 이 불상을 제작한 후 수도암까지 운반할 방법이 없어 고심하던 차에 한 노승이 나타나 불상을 등에 둘러메고 한달음에 모셔왔다는 게 아닌가. 수도암에 거의 이르러 칡넝쿨에 걸려 넘어지자 산신령을 불러 크게 꾸짖고 인근의 칡넝쿨을 모두 없애게 하여 현재까지 수도암 근처에는 칡넝쿨이 없다는 것이다.

성물을 존앙하는 불자들의 신심이 실린 설화다. 그러나 돌부처인들 영원하랴. 세월의 농간 속에서 궁극엔 바람처럼 흩어지리라. 돌부처가 그러하거늘 인간인들 잠시 이는 바람이 아니고 무엇이란 말인가. 곰곰 생각해보면 우리네 삶은 바람을 닮았다. 어디에서 불어와 어디로 가는지 알 수 없다. 지구라는 당구공에 찰나 동안 불다 소멸하는 잔바람. 이는 세상을 살면서 아마도 가장 본질적인 문제이겠으나 우리는 그걸 잊고 산다.

대적광전 돌부처는 신라시대 부처님이다. 약광전엔 고려시대에 만들어진 불상이 있고, 나한전엔 조선시대 부처님이 있다. 세 왕국의 세 부처가 봉안되었으니 수도암만의 자랑이다. 나한전의 나한은 그 신통력으로 여러 가지 영험한 기적을 일으킨 것으로 유명하다. 수도암의 나한전에 나한을 모신 것은 무학대사無學, 1327~1405가 권유를 하고, 이성계가 지시를 해서였다고 한다. 이후 나한전이 유행했다는 일설도 있다.

경허스님이 머물던 절

대적광전 앞에 서서 비로자나불의 눈길이 향하는 곳을 따라가다보면 저 멀리 우뚝 솟은 봉우리 하나가 희미하게 보인다. 가야산 정상이다. 해인사海印寺가 예서 가까운 것이다. 해인사 학인들은 매년 봄 고려대장경 장대불사경전 목판을 머리에 이고 경내를 도는 법회를 마치고 나면 가야산에서 수도암이 있는 수도산까지 산행을 한다. 비구니 스님들의 수도처인 청암사靑巖寺에서 점심을 먹고 수도암을 참배한 뒤 다시 해인사로 돌아가는 하루 여정은 법회 준비에 지친 스님들을 위로하는 들놀이인 셈이다.

가야산 정상을 스님들은 흔히 연화봉이라 부른다. 연화봉 앞에는 일一자로 길게 뻗은 일자봉이 받치고 있다. 연화봉은 공덕을, 일자봉은 평등한 이치를 통기해, 이 메시지를 받은 수도암에선 지혜와 덕이 나타난다는 게 스님들의 믿음이다.

수도암의 앉음새는 짱짱하고 둘러싼 지세는 호방하다. 이 절을 창건한 도선국사는 공부인人이 우후죽순처럼 쏟아질 도량이라 하여 칠일간 덩실덩실 춤을 추었다던가. 실제 많은 선지식들이 수도암에 이름을 남겼다. 고암古庵, 전강田岡, 월송月松 같은 스님네들이 이 절에서 사생결단의 기세로 도를 닦았다. 1943년 구산스님九山, 1909~1983은 수도암 정각에서 '무자화두'를 들다가 홀연히 깨달음을 얻었다. 도를 얻은 옛사람들은 어디로 날아갔는지, 눈만 끔벅이는 머저리에겐 그저 오리무중, 아연할 따름이다.

  도를 통하고 나서는 앉아서도 졸고, 서서도 졸고, 마냥 졸기를 일삼아 했던 경허스님도 1899년경, 수도암에서 한때를 났다. 경허가 쓴 수도암 현판이 지금도 남아 있거니와, 경허로부터 수도암 선원이 유래한 것으로 본다. 수도암에 머물 때 쉰하나였던 경허스님은 스물여섯의 청년 한암스님을 처음 만났다. 경허는 한암에게 『금강경』을 설했고, 한암스님의 안광에서 비늘이 떨어지며 갑자기 깨달았다. 경허가 한암에게 물었다.

  "남산에 구름이 이니 북산에 비가 온다고 했는데 이것이 무슨 소리냐."

  "창문을 열고 앉으니 기와를 입힌 담이 앞에 있습니다."

  경허스님이 다음 날 여러 대중에게 말했다.

  "한암의 공부가 개심을 넘어섰다."

  이게 무슨 소리? 구름이니 비니, 기와 입힌 담이니, 도무지 잠꼬대처럼 들릴 따름이지만 대기大器들의 경합에 불꽃이 튀었을 게다. 도 닦는 수행자들의 상상세계는 현실의 범주를 뛰어넘어 아찔하다. 그

러하니 내가 아는 것이 무엇이 있을쏘냐. 광야에 떨어지는 번개를 죽비처럼 얻어맞고서야 돌머리가 열리려나.

도의 길에 목적이란 없다

　수도암 선원장 원인스님이 차를 따른다. 주지 소임도 겸한 분이다. 법랍 사십 년. 산승으로 산 세월이 길었으니 사바의 진흙탕을 보는 눈이 밝을 게다. 날마다 도를 얻기 좋은 날을 살았을 것인즉, 마음은 안으로부터 열려 있을 게다. 몸은 소년처럼 날렵하고 눈 속엔 호기심 같은 게 서려 있으니, 천진 한 자락이 살짝 스친다. 누더기 승복에선 청빈이 비친다. 청빈 혹은 무소유를 떠올리자면 얼마 전 세상을 벗어난 법정스님이 생각난다. 원인스님이 법정스님을 말한다.
　"맑게 잘 사신 분이었습니다. 언행일치로 진정한 양심의 면모도 보이셨어요. 그런데 지나친 청빈주의에 치우친 경향이 있습니다. 물론 부처님도 소욕지족少欲知足, 작은 것에 만족하라, 가르쳤습니다. 하지만 그건 하근기들에게 주는 사탕 같은 것이죠. 상근기에 이르면 달라집니다. 나 자신조차 나의 것이 아닌데 무엇인들 나의 것이랴. 도의 입장에서 보면, 대승불교의 견지에서 보면, 소유와 무소유, 있다와 없다로부터 벗어나야 합니다. 청빈이 극단으로 가면 그것도 집착이지요. 물질의 있고 없음과 상관없이 청정법신淸淨法身 그대로를 바라보면 소유의 개념 자체가 없어집니다. 법정스님께서도 이를 모르셨을 리 없었으리."

원인스님은 열네 살 때 해인사에 놀러갔다가 현 조계종 종정 법전 스님을 만나 산문에 들었다. 어린 나이였지만 고달픈 행자생활을 하면서 단 한 번도 집 생각이 나질 않았더란다. 시급히 도를 깨우칠 생각뿐이었다고. 선근善根의 싹눈이 새파랗던 것인가. 일찌감치 '애늙은이' 소리를 들을 정도로 홀로 조숙했다.

"중이 되길 참 잘했다는 생각 외에 후회는 없었습니다. 만약 제가 속가에 있었다면 탐·진·치 삼독에 빠져 허우적거리며 참 비참했을 거예요."

도를 닦지 않고서 어찌 사람일 수 있는가, 하는 투다. 치열한 공기가 감돈다. 마음이 본래 부처인데 왜 무명無明이 생겼을까, 혼자 토굴에 살며 그 하나를 물고 늘어졌다. 몸에 병이 오고 노이로제까지 걸릴 지경이었다. 그러다가 서른 살 무렵, 덕유산 토굴에서 영가스님永嘉의 「증도가證道歌」를 읽고 일거에 의심이 풀렸다고 한다. '무명의 성품이 그냥 참 불성이요, 환화幻化의 빈 몸뚱이가 그대로가 법신일세!' 하는 그 한 구절에 필이 꽂힌 거다. 머릿속이 훤해지더란다. 그러하다면 도란 어떻게 생긴 물건인가.

"본래의 순수성으로 돌아가는 일, 그래서 일체의 마음을 비워낸 고요한 상태, 한마디로 무심이 도죠. 허나, 무심을 도라 말하는 순간 유심이라. 무심마저 놔버린 무무심無無心으로 가야합니다. 그것으로 본래심을 회복하는 공부가 수행이지요."

"스님께선 무문관 삼 년 결사를 두 차례에 걸쳐 하셨더군요. 얻으신 도가 많을 것 같습니다."

구도에선 목표를 두지 말고

있는 그대로를 충만하게 느껴야 합니다

"별게 아녜요. 많은 것을 반성했습니다. 절대적인 고요 속에서 어떻게 명민하게 살아갈 것인가, 사람들과 더불어 어떻게 살아가야 수행자로서 보편적인 상식에 걸맞을 것인가, 도의 길에 목적이란 없는 게로구나, 그런 반성과 공부를 했어요."

"그쯤의 공부라면 세간에서도 흔히 벌어질 텐데요?"

"세속이든 산중이든, 어느 위치에서건 반성은 필요합니다. 물론 세속에서는 목표가 필요하겠죠. 그러나 구도에선 목표를 두지 말고 있는 그대로를 충만하게 느껴야 합니다. 마음의 충만감, 있는 그 자체의 구족具足함을 깨닫지 못하면 목표는 계속 늘어날 뿐이니. 일일시호일日日時好日이라, 좋으면 좋은 대로 나쁘면 나쁜 대로 완전한 겁니다. 팔이 없으면 없는 대로, 몸이 아프면 아픈 대로 완전합니다. 도의 본질이란 그런 거예요."

"나날이 행복하십니까?"

"행복도, 불행도 별로 생각해보지 않았습니다. 그냥 있는 존재 그 자체를 생각할 뿐."

"부처님은 목숨마저 내줄 수 있다 하셨는데요, 스님께선 오늘 제게 눈 하나를 빼주실 의향은 없으신지요?"

"하핫! 눈알 빼주는 정신은 숭고하지만 아직 그 단계까지는 못 갔습니다. 사후기증 정도야 할 수 있지만……."

아무에게나 눈을 빼주랴. 눈만 두세 개 달려 있다고 근사한 인격, 멋진 자유가 거저 얻어지랴. 마음은 두더지처럼 무명의 땅거죽을 헤치느라 광분한다. 그렇기에 놓을 것을 놓고, 비울 것을 비우는 사람인

스님 앞에서 짐짓 켕기는 기분인데, 그가 자리를 털고 일어나 황급히 내뺀다. 내일부터 하안거 결제가 시작되기에 이제 방부房付를 붙여야 할 시간이라는 거다. 스님 스무 명이 선방에 들 참이다. 시쳇말로 '열공모드'로 들어가는 것.

산중암자가 뜨겁겠다.

빼어난 기도처이자 수행처 수도암

산중암자로 수도암은 경북 김천시 증산면 수도리 수도산 8부 능선인 해발 1080미터에 세워진 암자로 아래편에 있는 청암사와 함께 신라 헌안왕 3년에 도선국사가 창건했다고 한다. 옥녀직금형(玉女織錦形, 옥녀가 비단을 짜는 형국)의 명당으로 기도처로 널리 알려져 찾아드는 불자들이 많거니와 철철이 수행자들이 모여드는 수행처로서도 유명하다.

수도암은 수도리 마을에서도 산길을 한참 더 가야 한다. 하지만 잘 포장되어 있어 통행에 큰 불편함은 없다. 길의 끝에는 주차장도 마련되어 있다.

암자에 들어서면 조선 후기의 문인 우담 정시헌은 "절이 가장 높은 봉우리에 있으면서도 평평하고 넓게 트였으며, 가야산을 정면으로 마주보면서 봉우리의 흰 구름은 끊임없이 모였다 흩어지니 앞문을 열어두고 종일토록 바라보아도 그 의미가 무궁하여 참으로 절경이다"라고 예찬했다. 대적광전의 석조 비로자나불좌상(보물 제307호), 약광전의 석불좌상(보물 제296호), 대적광전과 약광전 앞에 동서로 하나씩 뚝 떨어져 자리 잡은 삼층석탑(보물 제297호) 등이 문화재로 지정되었다.

암자를 벗어나면 암자 답사와 등산을 겸하기에 적격이다. 수도산은 김천과 거창의 경계에 우뚝 솟아 있다. 정상인 신선봉에 오르면 덕유산과 가야산, 황악산, 금오산이 손에 잡힐 듯 조망이 좋다. 평균 1200미터 고원에 수림과 초원, 바윗길이 어우러져 절경이다.

암자로 가는 길
승용차 경부고속도로 김천IC – 3번 국도 – 양천동 – 구성면 – 지례면 – 관기리에서 좌회전 – 성주 방면 30번 국도 – 평촌리에서 우회전 – 수도암
대중교통 서울역에서 김천행 기차 이용 – 김천공용버스터미널에서 청암사행 버스 이용

헛것인 줄 알았으면 바로 떠나라

헛것을 떠나면 그것이 곧 해탈이다

그저 서로가 다를 뿐임을 인정하고 나면

오만 가지가 모두 조화로우리

산중암자에서 듣다
ⓒ 박원식 2011

초판인쇄　2011년 2월 18일
초판발행　2011년 2월 25일

지은이　　박원식
사진　　　주민욱(월간 『사람과산』)
펴낸이　　김정순
기획　　　이근이
책임편집　김효근 박상경
디자인　　방상호 모희정
마케팅　　한승일 임정진 박정우

펴낸곳　　(주)북하우스 퍼블리셔스
출판등록　1997년 9월 23일 제406-2003-055호
주소　　　121-840 서울시 마포구 서교동 395-4 선진빌딩 6층
전자우편　editor@bookhouse.co.kr
홈페이지　www.bookhouse.co.kr
전화번호　02-3144-3123
팩스　　　02-3144-3121

ISBN　978-89-5605-513-8　03810

이 도서의 국립중앙도서관 출판도서목록(CIP)은 e-CIP 홈페이지(http://www.nl.go.kr/cip.php)에서
이용하실 수 있습니다. (CIP제어번호 : CIP2011000558)

*본문에 쓰인 사진은 월간 『사람과산』의 소유물로 무단 복제 및 전재를 금합니다.